聆听鑫声

大学一线辅导员的工作手记

金　鑫　著

中国原子能出版社

图书在版编目（CIP）数据
聆听鑫声 ：大学一线辅导员的工作手记 / 金鑫著. 北京 ：中国原子能出版社, 2025. 4. -- ISBN 978-7-5221-4144-2
Ⅰ. G645.1
中国国家版本馆 CIP 数据核字第 2025AY1059 号

聆听鑫声：大学一线辅导员的工作手记

出版发行	中国原子能出版社（北京市海淀区阜成路 43 号　100048）
责任编辑	蒋焱兰
特约编辑	黎　铮　吴　维
装帧设计	侯怡璇
责任校对	刘　铭
责任印制	赵　明
印　　刷	北京华联印刷有限公司
经　　销	全国新华书店
开　　本	787 mm × 1092 mm　1/16
印　　张	18.25　　**彩插**　4
字　　数	353 千字
版　　次	2025 年 4 月第 1 版　2025 年 4 月第 1 次印刷
书　　号	ISBN 978-7-5221-4144-2　　**定　价**　**48.00 元**

发行电话：010-88828678

这是一本特殊的书，有书信、有独白、有回答，每一封信都是一段时光的见证、一次次心灵的碰撞、一份份情感的传递。作为一名大学辅导员，我们与学生的同行不仅是在校园的这些年，还可以从校园到职场甚至延伸到家庭，很多人都会经历人生的这“三步曲”，每一个阶段都充满了挑战与机遇，也伴随着成长与蜕变。所以，在这些书信中，我节选了部分曾经的困惑或迷茫，可以感受到大学辅导员的努力、思考与感悟，体会到对未来的期待与憧憬。

序

在信息化浪潮奔涌的新时代，思政教育如何以“润物细无声”的方式扎根青年心灵，是每一位高校教育工作者的必答题。浙江工业大学生物工程学院党委副书记金鑫以博文的方式设计出“聆听鑫声”个人工作品牌，将辅导员与学生的书信对话凝结成《聆听鑫声——大学一线辅导员的工作手记》一书，不仅展现了一名大学思政工作者的初心与热爱，更为新时代“三全育人”实践提供了鲜活样本。

书信，承载着跨越时空的情感与思想共振。金鑫深谙这一载体的独特价值，她以“聆听”为名，用文字搭建起师生心灵相通的桥梁，陪伴着学生从校园到职场、到家庭，一起感受人生必经的“三步曲”。书中收录的每一封信件，既有对学业困惑的理性解答，也有对生涯规划的细致指引；既有对心理压力的温情疏导，也有对家国情怀的深沉嘱托。这种“见字如面”的交流方式，在即时通信充溢的今天，反而因其沉淀的真诚与思考的深度，成为叩击青年心扉的“慢教育”典范。翻阅书稿，我欣喜地发现，这些书信并非单向的教导，而是双向的成长对话：辅导员以“同行者”姿态分享人生体悟，学生则以开放的心态诉说困惑与期待——这正是思政教育从“大水漫灌”转向“精准滴灌”的生动实践。

金鑫始终将学科特色与育人使命深度融合。书中案例既体现了她对生物医药领域学生职业发展的前瞻性引导，如结合“健康中国”战略分析行业趋势；也展现了她在科研压力疏导、实验室人际交往等场景中的创新探索。例如，她通过书信帮助研究生平衡实验进度与心理健康，引用“生物多样性”的学科隐喻，让思政教育自然融入专业语境。这种“专业思政”的视角，与我校“以学科优势赋能立德树人”的理念高度契合。她巧妙融合传统书信与新媒体传播优势，本书节选的内容并非简单的经验总结，而是有实践的体系化思考。从“00后”学生的代际群体特征分析，到新媒体时代思政话语的转型策略；从家校协同育人的路径探索，到突发危机事件的情感干预案例，金鑫以书信为切入点，构建起“倾听—共情—引导—赋能”的闭环育人模型。她将线下尤其是一线工作的深度交流转化为线上可传播的教育资源，更注入了“Z 世代”青年喜爱的表达方式，打造了“个体对话—群体共鸣—文化浸润”的育人生态，传递着“以心灵温暖心灵”信件互助的朋辈支持理念，让思政教育既有底蕴，更显朝气。

此书付梓之际，我既感慨于大学思政工作者的耕耘热忱，亦欣喜于我校“大思政”格局的蓬勃生机。期待这本带着温度的书信集，能成为广大辅导员案头常备的“工具书”，启发更多教育者以“俯身倾听”的姿态读懂青年；更希望青年学子从中感受到，在成长的旅途中始终有人以智慧与温情相伴同行，共同发展、共同成长，让思政教育如春风化雨，滋养每一颗向阳生长、向上生长的种子，为培育担当民族复兴大任的时代新人书写更绚丽的篇章！

浙江工业大学党委副书记　吴巨慧

2025 年 3 月

目　录

第一曲：青春协奏曲

还记得吗？那个金秋九月，我们相遇在美丽的大学校园。你是懵懂的大一新生，怀揣着对未来的无限憧憬；我是初出茅庐的辅导员，满怀着对教育工作的热情。我们一起经历过军训的烈日骄阳、一起感受过校园文化活动的丰富多彩、一起分享过学习生活的酸甜苦辣。校园时光，转瞬即逝，我们在彼此的陪伴下，褪去青涩，逐渐成长。

像战士一样去战斗

药学院的同学们：

军训马上要开始了，虽然过程比较艰苦，但是希望每一名药学院的同学都能像战士一样去战斗！

一、学习防暑知识，迎接军训“烤”验

大量补水是我们防中暑最有效的方法之一。由于出汗流失了很多矿物质和氯化钠，能多补充一些淡盐水和矿泉水是最好的选择。不过特别要注意的是，当身体开始出现缺水情况时，一般是没有感觉的，只有当体内水分流失得很严重的时候，身体会向你发出警告，这时会感到口渴，此时再补水已经来不及了，也同样很有可能导致中暑的发生。所以，平时养成一个良好的饮水习惯，是预防中暑的重要前提。

预防中暑应当采取哪些防护措施呢？

第一，应做好预防性体检工作。体质虚弱或慢性病患者，由于对高温的适应能力较差，尤易发生中暑。

第二，夏季应合理安排休息时间。可实行延长午休等办法。

第三，供给合理的饮料及营养。出汗多应饮用 0.3%的冷盐开水或冷冻盐汽水应适当增加蛋白质和维生素 B、维生素 C 的摄入。

第四，注意个人防护。衣服宜宽松，以保证通风良好。

二、安全度雷雨天

第一，注意关闭门窗，室内人员应该远离门窗、水管、煤气管等金属物体。

第二，关闭电器，拔掉电源插头，防止雷击从电源线入侵。

第三，在室外时，要及时躲避，不要在空旷的野外停留，在空旷的野外无处躲避时，应尽量寻找低洼之处（如土坑）藏身，或者立即下蹲，降低身体的高度。

第四，远离孤立的大树、高塔、电线杆、广告牌。在户外不要使用手机。

第五，如多人共处室外，相互不要挤靠，以防被雷击中后电流互相传导。

军训有艰苦而乏味的部分，同时也是难忘而有乐趣的，让我们为大学的唯一一次军训——像战士一样去战斗！

2007 年 7 月 5 日

致全院的致歉信

药学院的战士们：

首先，我为今天早上 7 点 10 分至 7 点 35 分之间发生的事情表示最大最真诚的歉意。对大家因为我的一两句话而往返于寝室和支干路的辛苦说声“对不起”！

昨天因为下了一场大雨，让我们的军训在第 2 天就“遭遇”好天气，不知道是该开心还是担心。但是我想凉快的天气对于大家来说是最实际，也是最亲切的。而今天从 5 点多的骄阳中，让我想象到下午甚至是之后的几天训练一定是比较辛苦的。先提醒大家一定要保护好自己，注意防暑。

今天一早开局不利，我不想说太多的话或者找一些原因让你们以为我是为自己找借口。我只能说，是我自己的工作失责，没有准确传达信息。让你们满怀希望的时候又面临失望。当我看见早上你们脸上失落的表情时，我觉得好像都是你们对我的不满与怀疑。我很内疚，在军训第三天就出现了比较严重的失误，这与我们的连长和排长都没有关系，只是我自己，我很抱歉。

在道歉之余我还想说两句：第一，我觉得你们很坚强。至今我们还没有同学出现晕倒的状况，我希望整个军训期间都不要出现，当你们觉得不适时就及时和排长报告。第二，我觉得还需要更团结。一周之后就很快面临合唱大赛，我希望我们能一起努力，唱出我们的团结和自信，展现我们良好的风貌。

2007 年 7 月 11 日

你已站在舞台

亲爱的同学们：

学院的信息栏终于在广宣部同学的努力下投入使用了，为此先要表示感谢。其实这个平台对我们非常非常重要，它既能有效、及时地发布最新通知和公告，也是我们辅导员和大家交流的方式之一。真的希望这个有限的信息栏能传递的信息不是有限的，而是能带给大家无限的快乐，能拉近我们彼此的距离。

很多同学都问我，大学学什么？这个问题真的很大也很难，投机取巧的我采用了香港中文大学前校长金耀基的回答和大家一起分享。他说大学是“learn to learn 学怎样读书；learn to do 学怎样做事；learn to together 学怎样与人相处；learn to be 学怎样做人”，不知道这样的回答是否能给大家带去一些思考，指出一个方向。

第一封公开信之所以叫《你已经站在舞台》，是因为随着学校、学院各类赛事的开展，大家拥有了更多展示自己才华、展现自我气质的机会。你已经站在舞台，剧幕已为你拉开，请你记住：无论是主角还是配角，你都非常重要！很多同学可能有点矛盾，又希望能参加比赛、活动，但是又担心自己做得不够好，不够出色。虽然结果很重要，但是在这个过程所积累的经验、所结识的朋友、所增长的见识，等等，都不是一个简单结果可以涵盖的。所以真的希望大家能珍惜每一次的机会，能亮开嗓子去歌唱，能伸展肢体去舞蹈，能打开思维去创新……

好了，今天就先到这里，你们闪“药”的大学之路刚刚起步，一切都充满挑战，也充满期待。真心祝愿大家身体健康、学习向上，还有很重要一点——快乐生活！

2007 年 10 月 15 日

看见 07 的尾巴

亲爱的同学们：

见信息栏哇！

数学考试已经结束了，几家欢喜几家愁呐，但还不是小结的时候，因为周末还有一场化学考试。等大家考试结束后，希望能抽出宝贵的一点时间来进行思考，毕竟大学的学习和高中还是很不一样的，更多的是自己去努力，自己去找问题、找答案、找老师，也让大家拥有了更多的酸甜苦辣。尤其是现在的时间变得多了，似乎偶尔也感觉时间的含金量不够了，怎么利用好时间真是一门学问。你们也有问过自己了吗“我的时间谁做主？”时间都花在了各类眼花缭乱的活动中，还是网络中，是想着怎么学东西，还是只在寝室里忙着感慨——感慨“我很忙啊，忙着浪费时间”。

转眼你们进入学校学习近两个月了，要知道再过两个月也是你们期末考试的日子了。时间过得真的很快，尤其是 12 月，除了学院可能要举办的一些活动之外，好好复习，准备迎考是大家的头等大事。

不过如果有时间，站在07的尾巴上，总结一下初进大学的体会也是很不错的。因为梦想，因为憧憬，也因为现实，相信你们的感触会很多很多。不一定都是愉快和新鲜的，也会有惆怅和失落。即将开展的学院活动中也会有一个平台让你们抒发一下，把自己的声音用文字表达，也许不够响亮，但是要够力量。

陆陆续续听到一些声音，有的让我感到安心，也有的让我感到担心。但是无论怎样，面对学校、学院一些制度、活动等问题时，大家在抛出疑问前先想一想，自己是有依据进行分析的，还是盲目认为的；是有比较的，还是想当然的。要知道所有的活动、所有的制度、规定都是不可能让所有的人满意，尤其是面对充满创意、充满个性和激情的你们，除了要保持每个人独特的闪光处外，我也期待着你们能尽快适应学校的生活和学习，真正开始你们的大学之路。

作为你们的辅导员老师，在有需要的情况下，也非常乐意参加你们的班级会议和活动！

2007年11月16日

一起去跨年

亲爱的同学们：

新年快乐！一看题目就知道我想说什么了，是的，我希望能和大家一起去跨年！

有同学问我“为什么看节目要用‘诱惑’的方法？”我想说：因为31号是学校的放假时间，如果有同学改变决定，计划看晚会，我想，这是对学校活动的积极支持和热情参与，这些同学应该受到表扬和感谢。况且跨年晚会很特殊，是工大第一次举办要穿越零点的活动，并不轻松。但是若真的有鼓励措施也是锦上添花的事，你们是自由选择的，不来不代表你们不积极，可能有更重要的事情等着去处理和解决，我也会支持的。

有同学问我“那晚上无聊么？”我要说：学校十佳、迎新、才艺等晚会都是无法和本次的相比。首先场地上，本次晚会在屏峰校区的大体育馆举行，为此学校专门找人设计搭建了专用舞台，其次演员方面也是集中了全校最优秀的文艺人才。作为晚会的工作人员之一，在节目设置方面我可以给大家透露一点，街舞、走秀、歌舞表演一个都不会少（提前透露了点）。总之这是一台不能用“精彩”二字来形容的晚会。从场内布置到各个环节，都是在一般的舞台上不可能看到的。

有同学问我“有什么意义？”我必须要说：学校第一次举办跨年晚会，是非常非常重视的。对于我们而言，这是一次很难得的机会，那么多人在一起送走 07 跨入 08！一起倒数，一起迎接新一年的到来，我想到时候场面一定会很激动！对你们而言，是第一年也是唯一一年在屏峰学习（除非转专业）。而受场地、人员等因素的影响，这样的活动一般（暂时）只在屏峰校区表演，以后去本部了，可能再举办这样的活动得从那边赶来，又因为住宿、交通等很多原因，如果真的有，你会来吗？

亲爱的小朋友们（嘿嘿，请允许我这样叫），前面提到的种种是解答大家对晚会的问题。但是我想说，如果能和你们一起跨年是多么幸福的事情，如果能和你们一起记录 2008 年的第一秒是多么激动的事情，如果能和你们一起大声呼喊是多么快乐的事情，如果能和你们与那么多人在一起体验这美妙“之旅”——我想对于你们的大学生活、对于我的大学生活，对于我们每一个亲身参与的人而言都是终生难忘的！

2007 年 12 月 24 日

药演 08

亲爱的各位同学：

时间过得很快，八分之一的大学已经过去了，看看你收获了什么：新的朋友？新的知识？新的运动项目？……这种种是不是已经成为了你生活中的习惯或者是不可分割的一部分呢？第 2 个八分之一已经来了，你准备好了吗？准备努力学习、快乐生活，准备和所有药学院的老师以及同学们度过这个药演的 08！

新一年首先应该祝大家每天都有份好心情，在学业上取得新的进步，这学期大家的课程都多了很多，你们是时间的老板。各位老板们，请用好你们的权力哇！

再次给大家简单介绍一下近期的活动吧，最近一个月的时间我们主要集中精力把“风火班级行”办好，从舞会到团日策划、从辩论赛到答辩会，为班级出一份力，把二十几颗真挚的心紧紧串在一起，我想参与者一定是快乐的，助威者一定是幸福的，而所有人一定是有收获的，在生活中收获能量是一种动力，更是一种武器！

除了班级行之外，团学会的同学们正在策划我们的寝室文化节活动，也是“闪药青春★药演 08”主题活动之一。至于那葫芦里有什么药，得先卖个关子，套用经典广告“值得期待★总有精彩”。

今年的寒假真是太多意外，雪灾让我们惊叹一幕又一幕，看到了关爱；感动中国让我们眼泪一把又一把，看到了价值；娱乐圈里的门门门让我们惊叹一阵又一阵，看到了无奈……不过这些都是现实的生活，不断考验、不断体味，相信大家心中也是各自滋味。

新一年的“聆听鑫声”也应该有所变化了，总是听我唠叨也不好，接下来打算开辟一块“我有我心声”的空白，希望大家能把自己的话，无论是对自己说，还是对我对其他老师说；无论是问号，或是句号、感叹号；无论字数，无论字体……都能表达出来，但原则是你的心声。《聆听鑫声》的时间不是很长，所以很年轻，但是仍然感谢同学们的信任和支持，让我知道这些字里行间有被你们关注和反馈，新的空白是属于你们的，是你们创造的天地，不需要留名，不需要负担，畅所欲言，哪怕是心情不好时发泄的“墙洞”。

你们听我的声音，我也想听你们的声音，因为和声一定比独唱更美妙，因为只有努力沟通才会消除人与人之间的隔膜，因为信息的传播不仅仅是用嘴传递更需要用心交流……有太多的原因。希望你们能继续支持这平凡的“聆听鑫声”，最简单的方块字、最真切的言语，送给最闪药的“听众”。

2008 年 3 月 4 日

在春天 开一朵小花

亲爱的各位同学：

春天已经来了，最近和你们一样，我们也感觉春眠不觉晓，怎么也睡不够。当看到桃花开、桃花谢，樱花开、樱花谢……就希望这天热得能慢一点，这样也多一点拥有春暖花开好时节的心情。

最近，我在支干路上总能看到大家的身影，为树挂牌、保护黑熊、奉献爱心等等。我觉得你们太厉害了，不光有很多创意的想法，更是有很强的动手能力；不仅有对自然界的关注，更有一种崇高的人文精神。这些是更多同学需要向你们学习的地方，也是更多更多老师需要向你们学习的地方。看见大家在忙碌，在微笑，在快乐，我觉得好像你们的情绪也折射到我的身上，我真的被你们感染了。所以我要谢谢大家，谢谢大家在这个春天，丢了一粒种子在我的心中，它也开出了一朵小花！

其实作为工科的学生，在竞争中有自己的优势，但离开校园进入社会后“学好数理化，走遍天下都不怕”的观念已经不够了。也正是因为看见了你们的行动和态度，我想我们若能关注更多人文的信息和具备更多的人文素养，可能就如添加了一种兴奋剂，能让自己在同样背景的学生中更胜一筹。

不知道大家是怎样理解人文精神的，难道就是多读几本名著、多看几场电影、多听几首古典音乐、或者多背几首唐诗宋词吗？人文素养和精神其实不难寻找。也许它就在我们的化学实验里、就在我们的物理课本中，它蕴涵在更多的科学领域。除了关注我们的课本，更需要关注课本以外的学科前沿、关注时事政治、关注民生新闻、关注环保话题、关注艺术……为树挂牌、保护黑熊、奉献爱心……就是最好的体现，我们已经开始用实际行动证明，世界在与我共同关注！

上课之余我们要多出去走走，多走、多看、多想，还要多行动。要关心自己，也要关心周围的人和事，有了别人的帮助、有了自己的督促，可能这一路能走得更顺利和幸福。

所以如果你愿意，让我们都做出一份努力吧：让工科的学习经历成为基础，在基础之上撒下一粒粒的种子，有自然、艺术、政治等这些奇妙的种子开出一朵朵小花时，我们也成为了新药学之子。

2008 年 4 月 2 日

爱 因为在心中

亲爱的各位同学：

周五晚上的激动持续到现在。从答辩会开始前就紧张，在活动进行中满是欢乐和感动，而结束之后还有久久不能平静的声音。借用药学 0701 的同学们的歌：爱，因为在心中！

回到寝室，我像只兴奋的猴子，给大家发短信，一定也影响了各位才子佳人的休息，要在这说声对不起！但还是有很多的收获，在此我特别要感谢拥有以下手机号的同学：

136****9521 / 137****9323 / 158****8976 / 136****1514 / 158****9723
158****6341 / 158****9906 / 136****1336 / 137****8577 / 136****3035
158****9934 / 158****8679 / 158****9078 / 158****9168 / 158****9899
137****8775 / 158****6939 / 158****7347 / 136****1336 / 136****1253
158****7451 / 136****3605 / 158****9168 / 158****8771 / 136****9521
136****3642 / 158****9726 / 158****6428 / 136****1529 / 137****9323
136****1326 / 158****9934 / 137****9213 / 136****1529 / 158****6428
158****9934 / 136****1553 / 136****1292 / 137****9617 / 137****8497
158****9293 / 158****6754 / 158****7528 / 158****9500 / 158****7518
135****5695 / 137****9322 / 137****1918 / 137****4210 / 136****2326
158****9854 / 158****9752 / 158****9902 / 158****9160 / 158****9866
137****9617 / 158****9896 / 159****2092 / 136****1553 / 158****9814
158****6915 / 158****9930 / 158****6915 / 158****0016 / 136****1229
136****6386 / 136****4600 / 158****9942 / 138****6262 / 158****0798
136****1327

呵呵，是啊，谢谢大家！至于内容保护就不公布了。相信一次活动一次比赛已经让同学们看到了集体的力量。对于我给各个班的节目感谢回语也如下：

药学 0701

没有更改音乐剧的名字是对的 这就是 爱 早知道,你们就该把我的花全都拿去全都

生药 0701

天龙八步~还能走更远 哇塞~今天你们怎么睡啊~睡不着啊~睡不着还得睡啊~口水啊~眼泪啊~欢笑啊~疯啦（一激动“部”字打错哈哈）

药学 0703

你们演绎出了新的团结 展示出了新的力量~晕啊~怎么没有把这一切录下来 CCTV 的春晚不过 4 小时~我们呢 我们呢 我们呢~超过

药剂 0702

打劫打劫~我来打劫大家的睡眠了!!! 今天好好休息~明天是新的一天 我们要打劫自己的每个微笑~每刻欢乐~哇哈哈 你们真的很出色!

药剂 0701

亲爱的小罗和小朱还有你们的家族群~睡了么~你们班实在很狂很强大 很狂狂很强强大大 你们每个人实在很有一手 也很肯露一手！！谢谢！！！

化药 0702

温柔啊温柔 什么是温柔 答案就在不言中 精彩啊精彩 什么是精彩 眼光就看吉他奏~有才啊有才 什么是有才 化药 2 班是有才~

生药 0702

问这个世界上谁最可爱 吼 答~P 话~当然是生药 2~因为你们活生生要了个精彩~好好休息 乐得睡不着了吧~嘿嘿嘿

化药 0701

每一个活动都需要策划 每一种生活也都需要策划~化药 1 班策划出的是我们的微笑和感动~真的要感谢你 对 看短信的你！ 暖暖的 甜甜的 回味的 最美的

药学 0701

爱！因为在心中！受不了了~就是催泪弹啊~歌无所谓完美,完美的是打动人心~每一句都打动人心~打动我心~已经过了 12 点 今天是新的一天 在新的一天药学 1 班一定更“家”团结！因为~爱在心中

……

当然还少不了男儿行的 303 团队！除了对班级之外，也要给这个小团队很多鼓励和赞许！也希望在接下来的活动中能看到你们更精彩的表现。

除了每一个班级的小药丸的参与之外，团学会的各位干事、副部长、部长~主持人~甚至是给我们开投影设备的勤工中心的同学，也应该给你们大把大把的掌声，正是因为大家的齐心协力，所以，我们可以忽略一些不够完美的细节，但是也正因为这些小小的细节，相信在以后的活动中我们都能更趋向于完美！侬有信心伐？偶有！！ ^_^

当然，如果你，看见了偶以上的种种发言，也希望你们能把你们的想法写在贴纸上，同所有的药学院的同学一起分享，也让别的学院同学看见我们的心声，看见我们可爱的言语！让我们紧紧拥抱在一起，真心感受集体的力量，让我们深深爱上这个虽然不大，但是很有特色的学院。我们每天都在刷新药学院的新一页！

最后给大家一点新活动的提示~哈哈：

爱寝室，爱寝室的每一位室友；适应集体生活，适应每个同伴的生活习惯；锻炼自我，锻炼表达、聆听、学习、处理的能力；在有限的空间，打开思维的无限之门……

2008 年 4 月 15 日

新一天，新鲜在每一天

亲爱的新同学们：

开学快乐！

首先要预祝你们能在工大药学院学习的每一天新鲜、快乐！很高兴在这个新的舞台上与你们共同演出；在新的战场上与你们共同拼搏。

自我介绍，介绍和你们未见面的我和已见面的它——聆听鑫声。我叫金鑫，是药学院 07 级学生的辅导员，原本也应该是你们的辅导员，但因为工作借调，所以暂时在其他部门工作。“聆听鑫声”是 2007 年 6 月“诞生”的，你们是这个声音的听众，声音里也是源于你们的故事。它的存在是为了拉近我们之间的距离，是希望能帮助你们更快地了解校园生活，是一份属于我们的美好记忆！虽然我不是天天陪伴在你们身边的老师，可能也不是你们遇到困难时第一时间赶到的老师，但我希望可以成为姐姐一样、朋友一般的人。

今天是 9 月 1 日，对于小学生、中学生而言是开学的日子，但你们是大学生了，所以给予大家的第一个“惊喜”便是开学时间的延长，不知道此时你们都在想什么，而我在想你们。我在想你们是否能把自己的身体照顾好，让父母放心；能否把学业照顾好，让老师放心；能否把心情照顾好，让健康放心。因为生活从今天起将发生一个大的变化，你既是英雄，要独自承担和面对太多责任与期许，也是一个担当，在大集体和团队中奉献你的力量。大学的生活可以平淡又充实，也可以精彩而纷繁，还可以忙——忙着浪费时间……关键是，你想要什么？请想一想“我想要什么样的大学生活？”

最后要补充一点，“聆听鑫声”不是说教版块的基地，它有它的乐趣和生命力。我不是古板的说教老师，我有我的原则和方式。很高兴认识你，对，在看我写的东西的你，有时间我们可以一起笑、一起闹、一起迷茫、一起快乐！你可以通过以下方式找到我：15*********。

2008 年 9 月 1 日

因为选择，所以幸福

亲爱的同学们：

今天想和各位“领导”汇报一下金同志的近况。在学院老师、同学的支持下，前几天代表学院参加教工的一个演讲比赛，侥幸得了二等奖。所以现在把我的稿子和大家分享一下，由于时间匆忙，也许还有太多漏洞和不足，但是里面的故事都是我的亲身经历，希望也能让你们一同与我分享这份喜悦。谢谢。

各位领导、各位老师：

大家好。

能有机会站在这里和大家同享工作的忘情与激情，我感到幸福。听到诸多老师言辞间表达出对学校的关爱、对同事的关心，更让我自觉身为其中一员的骄傲。作为留校工作的年轻教工，4 年的学习生活是一笔人生的宝贵财富，给我留下了许多难忘的瞬间，1 年的工作经历，虽然时间很短，但是给予我的能量却是不可忽视的。今天我带来了身边平凡但令我感动的小故事，本想起一个美丽的名字，但是翻了词典，听了意见，我发现任何华丽的词汇都不能恰当表达出我的心意。它们好像是一本书，但没有最后一页，又好像是一个剧本，但没有最后的情节。它们由爱催化，所以在我心里开出许多花，正因为我快乐于我的选择，所以现在我倍感幸福！

如今，工作满一年了，作为“80 后”老师，作为教育战线中一名普通的工作者，我知道我无法用深邃的思想思考个人价值，我也无法用最美的词句赞颂我的职业。但是我可以学会用经典的思想理论诠释工作的意义，给我自己；也可以采撷如花的词句构筑心中最美好的诗篇，献给我的学生。

有这样一位循循善诱、和蔼可亲的老师，让我铭记于心。记得 2005 年的春天，校园流行语中“郁闷”一词出现的频率很高，我也被感染了。都说学生烦闷的原因有来自考试的学业压力、来自找工作的生活压力，我自封是莫名的情绪焦虑。我给最信赖的专业老师写了一封信，信中透露出对学习的厌倦感、对同学的距离感、对父母的陌生感、对生活低落与消极的状态，甚至还有觉得活着没意思的念头。我告诉她她眼里的好学生总在被窝里流泪，是一个不勇敢、没有自信的人。果然，第一时间她给我打来了电话，那是我从来没有听到过的，最美的声音。她对我说：“孩子，怎么突然不开窍了，傻孩子！”言语间满是疼惜和安抚，那一刻仿佛有一双温柔但充满力量的手在紧紧拉着我，从心灵的深处给我爱的支持。“孩子”两个字瞬间将感情融化，将情感升华。之后的两个月，老师总是不定期给我写信，也会把她遇到有趣或震撼的感受与我分享。记得有一年开学，她不再教我课了，但是还托学妹送了礼物给我，打开一看，那个礼物的图案印着我最喜欢的演员，我从没和她说起过这些，真不知道她是怎么知道的，我也真不知该怎么形容这感受，但是我内心快乐，在这里我要给这位母亲般的老师鞠一躬！

四年的点滴生活不足以用一二个故事表达，但将浓缩在故事中的情感放大带给我的却是快乐充盈的 1460 天。曾经的一幕幕，记忆犹新，因为老师们用爱在关心我，用心在关爱我，而我又好像是举着一只望远镜，看到过去也遥望未来。毕业了，有幸留校工作，从学生到老师，从索取到给予，角色的转变让我更加深刻体会到曾经的老师、现在的同事在工作上的兢兢业业。

又有这样一位事必躬亲、言传身教的领导，令我肃然起敬。记得刚工作的时候，学期结束我写了一份总结，老师看了后将我叫到办公室，他很是鼓励了一番，然后将总结中存在的问题也一一指出。从句子的用词到写总结的格式，从行间距、字体的规范标准到内容的要点分列，不仅针对我写的文字，脱离手上的几页纸，更是将一些工作方法和做事的态度印在我脑中。想到老师工作繁忙，但是如此细致地对待我实习阶段的工作总结，心里就特别暖和。自那之后我明显感觉在写总结时就会更认真，有时发现也不仅是在学期结束需要整理，在工作的过程中就应该阶段性地积累一些感想，同时也开始寻找适合自己的方式去总结工作。

还有这样一位活泼可爱、亲近学生的老师，令我感动不已。学生中有一个主题活动叫“榜样在身边”，现在的工作环境也同样适用。在我还是学生的时候就认识了这位可爱的老师，她的办公室号码、QQ 号码在学生中广泛流传；她乐观积极的学习生活态度和亲和力的沟通方式，学生们都很喜欢；无论是学生个人的需要，学院的工作需要甚至是面对国家灾难的需要，她都保持昂扬的工作热情，被学生称为“心灵健康使者”。因为她的努力工作，因为她对工作的那份爱，无形也感染了我。做她的学生是幸运的，做她的同事更是幸福的。

有这样一群默默奉献、激情满怀的老师，让我无比骄傲。在团委、在药学院、在学生处，不同的工作部门让我认识了不同的老师，很多老师都保持着自身的风格和魅力，也许他们没有建立丰功伟绩，但是在工作的每一分钟他们都忘我投入，在学生面对困难时他们都真情援助。正是怀揣这样的工作热情和坚守这样的职业道德，才演绎出每天“工作一分钟，精彩60秒”的动人画面。

正因为我的周围有这么多好老师、好同事，所以自感幸福指数很高。我也在传递这样的情感给我的学生。从07年暑假开始，每学期我都会关注我和学生的感情线，小心经营“聆听鑫声”，将我的声音传递到他们的耳朵里、眼睛里、心里。虽然工作部门发生变化，但是时常还会打电话，每到这些弟弟妹妹生日的时候，我一定还会发短信。因为我和他们的距离是在保持中更紧密，比友情更坚定。

我的老师，我的领导，我的同事，我的学生，有太多的人在帮助我，也有更多的人需要我的帮助。记得《大爱师德》里有这样一段话“人从出生到成长需要爱的灌溉和抚养，教师的爱是人类社会中除母爱和父爱外最无私的爱，也是爱传送带上关键的一环，有了她，学生的心灵才能充满阳光；有了她，学生才能满怀爱的信念走向社会。”我真的很高兴能在这条传送带上付出我努力的汗水，收获我激情的泪水，因为今天我作出了正确的选择，所以我相信明天会更幸福！

谢谢大家！

以上也算是对我工作一年多来的一个小小总结吧，谢谢你的驻足“聆听”，虽然我和你们没有见过面，但是在我准备的时候，在我比赛的时候，我的脑海里总是能浮现出药学院同学那可爱的面孔。我相信每一个药学人都会因为学院的快乐而快乐，学院的骄傲而骄傲，学院的兴奋而兴奋。因为这也是药学人应该具备的素质之一。

2008年10月29日

最美的风景

亲爱的同学们：

好久不见。最近在网上看到好多同学把秋游的照片拿出来晒晒。真的让我好羡慕。也许会被你们笑话，看到那么多熟悉的脸，或搞怪、或平淡，有那么多的微笑，还有那么多的惊喜与抓拍瞬间。好像随着这些小小的定格画面，我也被你们带去游玩了一番。看到你们笑，你们闹，你们一起共同完成一些简单的，刺激的事情，哪怕是最最平淡的如吃饭，我都觉得实在是太快乐了。也许就像有同学说美妙的是因为彼此在一起。我总自作多情在想，要是我也可以加入你们的队伍，成为你们的一员，那多好。

看得我心动，看得我嘴馋，看得我大笑，看得我摇头，更多的是热泪盈眶。这不禁让我想到了现在的季节，嗯，秋天，有一点浪漫的颜色，有一点凉意。可是衬托在你们的愉快旅行之下，却是满满的收获。原来，你们收获友情，而我收获风景。谢谢，你们去过的地方都是我不曾去过的。每一块田地都有田地的天地，每一寸土壤也都有生命在呼吸。看过近处的风景更会期盼能去遥远的地方开始一场绚烂之旅，可是走过了异地他乡的山水后可能还是家门前的石头最美，溪水最甜，人最亲。

当你们在嬉笑、打闹，在品味青春的最佳滋味时也不要忘记给父母带去问候、给朋友送去关心。哪怕只是最简单的“天凉了，请+衣!”这也是我想送给大家的。天凉了，越是在寒冷的季节，心跳的速度、心情的温度才会体现出一种叫热血的玩意儿。我知道很多人都会说自己是热血青年，是的，小楼同学在冬天一定还穿很少的衣服，腾飞的垫被可能还很薄……虽然我现在没太多机会来查大家的寝室卫生，可是我还是想管管这些“闲事”，因为你们教了我太多的东西，送给了我太多的快乐。而我却不能给你们什么。

我真的很想你们!

对了，小雯的生日也马上要到了，凉凉的天里该过个怎样的快乐生日呢？……每天可能都会有同学过一些难忘的日子，生日—恋爱—失恋—思念家人—怀念已故的亲人，我相信每天都会有太多的风景在等着我们欣赏，也是在考验我们。但是我们应该相信,前方的风景会更美的。因为经历生活，自己的心中就已经不小心绘制了特别的风景，不一定美丽，但是一定会特别。

秋天来了，但是我的心里却因为你们——07 级药学院的同学们而提前感受了暖暖的春。谢谢你们，我把最诚挚的祝福献给你。

2008 年 10 月 29 日

风采 风光 风情万种

亲爱的各位伙伴：

两天不见，你们可好？

首先借一位同学写的小短文开个场：

总有一些人会觉得掌声不够
总有一些事会出现安排不周
总有一些情绪让人捉摸不透
总有一些话少了常见的温柔
有些人累了
有些人哭了
有些人气愤了
角落里独自神伤的人羡慕奋斗的人
有些人伤心了
角落里独自神伤的人羡慕奋斗的人
奋斗败下阵的人羡慕能站上舞台的人
能站上舞台的人羡慕获奖的人
获奖的人羡慕那些没获奖又得到大家好评与肯定的人
我们总不能事事顺心
但是我们可以有一颗平和心
想想现在的我们已经很不容易
那为何为了眼前的事弄得不开心
我们已经闪药了，不是么？
其实到最后大家都说得很对
也许
我们该知足，该感谢
至少我们已经成功了

谢谢H同学。希望大家能给他和他的作品一些掌声。前段时间我们都为等待已久的晚会付出了很多时间、精力、物力、财力、人力、脑力，尤其是我们有限的注意力。确实在些许的不完美中，完整的晚会式比赛还是呈现出如烟火般的绚烂之处。这些期待让我在活动开始前就翻开了去年 12 月初的第六届班团风采大赛的照片。桃红色的背景，雪白的樱花，舞台上大大的胶囊里还翻腾出的缤纷气球……很值得回味。高分贝的呼喊声至今还在耳边澎湃。你的记忆中还留有这些片段吗？

很多时候我都会担心、会怀疑、会落寞，但是真正面对困难的时候却没有逃避的大道为我喝彩。真的羡慕好多同学有参与的热情和关注的专情。因为等到工作时才发现自己错失了太多的机会和挑战，所以现在的我还是很“疯癫”地蹦上舞台或者讲台。在台上，我会对自己说：“我不是老师，我只是一名演员。我的观众就是台上台下、台前幕后的每一个人，也许是同学，也会是老师，我要为灯光师歌唱，更要为结束后辛苦打扫场地的每一位学生干事舞蹈。”当我想到这些简单却意义重大的人或事时，就会特别有激情。不会害怕，不必害怕。

有一天醒来会忽然明白原先不懂或者不理解的很多道理，这个“有一天”总是不经意来访，也许你已经熟悉过这个味道，也许你还在期待它的光临。我们不要强求别人给我掌声，当我们尽情投入为之欢呼的时候，美名早已远扬。

2008年11月25日

真听 真看 真感受

亲爱的同学们：

很久不来唠叨了，在考试之际、放假之前再将最近的感想向大家汇报~还是热的哈~

听了两场评选会议，学生工作创新奖和优秀分团委的评比与之相关的还有前天优秀团学会的评比。这些都和我平时的工作紧密相连，是我之前、现在也许以后仍会做的工作。今天所看到、听到的各种项目均属于教育（党建）、就业、心理、学风等范围。学生工作创新奖注创新、注成效，体现的是项目本身的质量，各位领导专家的评选很大程度也是按照这个要求进行。通过老师们的陈述和PPT展示，让我看到的是如海宽泛的工作项目，如海深沉的工作内涵，如果说细节决定成败，那今天我还看到了细节放大成效。最终获得荣誉的各学院的项目，题材丰富、载体多样。

个人觉得被评选上的项目不代表都是最好、最出色的，但是在该范围内可能是有优势可言。我会为暂时“落选”的项目表示一点遗憾，可是谁知道下一次评选花落谁家呢？选取的重点究竟是几个，要突出最优，还是突出最广，要推出去一项，必定得舍弃几项。手心手背都是肉，好几个方面的工作都是精心酝酿和开展的，可能在“做”和“说”的注意力支配上还有犹豫和取舍。我想“有舍才有得”是在参与各类评选中很能体现的一句话。

优秀分团委的评选相对更像一种运用多媒体技术的总结会议。不得不说的是艺术学院，在团学会的评比中他们也是运用了创新方式试图“颠覆”或者出“另类”模式，很吸引人，精神很值得学习，形式有待于验证。我想模式是他们进入优秀分团委行列的重要影响因素之一。为什么会有这样的成效？撇开他们的内容不说，以往的 PPT 展示调动了评委和观众较多的听觉、视觉，而艺术学院的视频模式除了让我们有视觉的调动外更是对眼球产生了强烈的刺激和运动，从而牵涉了我们的其他脑动力，更容易兴奋。但是由于我们的注意力过分集中于形式的变化而缺少了对其内容的分析和探讨，也没有精力、时间进行回忆和研究，因为大量的影像、图片资料已经占据我们的大脑。忽略其文字内容是必然的。我觉得如果因为其形式的招数而赢得了胜出的机会，并不是一件好事情，会偏离评比的宗旨，那以后大家都做视频、做广告、做创意，等等，可是究竟评比比的是什么呢？形式是重要的，创新的模式也是需要的，所以我觉得他们的精神很值得学习，但是要注意的是榜样和效仿要把握好尺度分寸。

也是因为艺术的开创式的展示，我不由想到除了视听的重要，也许触觉互动也将有一天出现在我们评选的现场，情景剧的引入，道具的增加等等都可以在有限的 8 分钟、10 分钟之内出现，因为时间属于我们，我们有权力在有限的时间内通过各种形式来展示团队的智慧。那是否有一天优秀分团委的评比需要到师生活动中心一楼举行了，那人文有了才艺的优势、化材有了人气的优势、外语有了语言的优势……哈哈，难以想象 10 年后的优秀分团委评选！作为药学院的团队能入围优秀分团委的行列很荣幸。

优秀的大团队孕育优质的小团队，不得不说我们学院的团学会。去年的团学会评选中，我们获得优秀团学会和最具潜力奖。今年我们获得优秀团学会和最佳组织奖，据说所有参与评选的团学会中我们的节目表演很占优势，我并不在意我们的节目是什么，我的快乐来自学生们愿意为大我去奉献小我的精神，来自学生们不因获得过而忽视、因为想获得而争取的态度，更来自保持最新鲜原动力的激情。因为和几个学生干部保持比较紧密的联系，对于团学会，类似协会、社团的工作还想说几句话。

打个比方，仅看文字——如果我是“联通”作用，我的学生就是“移动”作用，移动的是小咨询，联通的是大信息。很多事件在学生中会有很多“流传”，传言更会有很多版本，虽然无论好坏对学生个体是没有太大的影响，但是多了久了形成了氛围就会影响大批的学生，这个就是小咨询的含义，也是大信息的前提，个人认为在任何事件的处理中，老师应该及时出面做好信息的发布，也是信息能够更好传递的重要环节，我想可以提出“新闻发言人”的概念。

近期，在举行志愿者协会优秀分会的评选，学生负责人问我 PPT 的音乐是用哪个钢琴曲比较合适。我表达了意见，用周华健《我是明星》这首流行歌曲，具体解释：1. 钢琴伴奏太泛滥；2.《我是明星》主题好，残奥会的主题音乐和志愿者活动有一定联系；3. 想要不一样，要有准备、有技巧。特别社团（如邓读会、志愿者协会）和一般社团应该区别对待，一般社团的活动同学们放大胆子迈大步，但是对于特别社团建议“谨慎前行、步步为赢”。因为此类社团均有总会，总会是发布工作、汇集成果的起点和终点，分会的作用在于协助为主，开拓为辅。将下达的任务圆满完成、每一次行动出色收尾是含特殊性和技巧性的。学生开展活动往往注重好戏开场，但是有成效的过程和出色地收尾更能体现出活动的成功，表演节目看重压轴，开展活动看重收尾。

除了给予社团的一点意见外，送给团学会一句话“团学实力，超团学动力”。想到几组对应关系：

一、主动关心、被动管理。团学会一般由辅导员老师负责日常管理工作，同时担任指导老师的角色，指导老师和管理老师是不一样的。主动了解运行和在开展活动中的指导作用是老师最关键的工作，而管理是由学生负责人自主进行。

二、正面影响、负面案例。各类项目的运作总是会产生“精”济效益（精神），出现积极成果往往令人欣喜、骄傲，但消极状况的出现也可能是最佳时机，即案例的归整。如果说危机是危险中能带来机遇，那么消极状态中的团队很可能存在上升的机遇。

三、上扬激情、下沉内涵。学生工作因为主体的活跃性，使得工作本很有活力，也因为学生的旺盛精力和敏捷反应很容易张扬情绪，我想需要的是上扬的激情而不是张扬的无情。各学院越来越注重活动品牌的塑造和内涵的沉淀，推广有内涵的活动是为了培养有素质的学生，也只有有内功的组织者才能挖掘更有深度的活动。

四、加新媒体、减深理论。学生的动手能力飞速提升，传统媒体的运用显然无法满足学生的好奇心。电子相册已经过时，音画同声的 PPT、播博结合的网络媒体早已兴起。怎样运用好网络成为工作的助手个人认为是个很严峻的问题。开心网、校内网早已成为学生们每日必去的地方，在院网发个信息可能还没在校内网更新状态来得更吸引同学们的关注。《聆听鑫声》的电子稿也是第一时间呈现在校内网上。网络攻势可能会成为学生工作的一个新的执行载体之一，与学生同步才是学生工作的王道。“90 后”学生对于理论的消化能力很强，因为电子产品、网络程序的运转都需要理论知识，但是对于更具体的政治理论、道德理论、伦理理论等等确实消化能力有限。理论的加深是思想的升华，但是深是一个过程，是积累，不是直接把深的理论灌输给学生。减不代表去除，可能只是一时的减速。

写了这些也只是对今天所见所闻的一点总结吧，记得去年听了分团委评比后我也写下一些心得。以前表演老师说过，表演的最真实内涵和把握的原则就是“真听、真看、真感受”。我想，生活何尝不是在表演，每个人都在演绎喜怒哀乐，但求是真听、真看、真感受吧。

新年快乐！元旦快乐！

2008 年 12 月 23 日

关于前三后⑦的那点事

亲爱的 07 手心肉：

昨天听了几分钟的讲座，关于大学生恋爱的。我也凑热闹，和大伙一起重塑下爱情观。去的时候已经很晚了，所以只有站着的份，但是场内的气氛不错，有点热闹、亲切，似乎还有些性感。好多台词或者标题会用比较隐晦的字和词来吸引我们的眼球，我们自己有时候更改状态也会这样，小撩拨一下读者的心。

讲座有一个提问环节，同学 A 问嘉宾：“安全期是指哪几天？”一阵哄堂大笑，嘉宾抛了个绣球，一个男生举手来接，这位“才子”说是前三后七，又一阵哄堂大笑。我也一直跟着笑，哇哈哈。于是造就了今天的题目。嘉宾最后还是没有直接说出答案，但是她给所有耳朵一个聆听的方向：无论是前几后几，用计算安全期的方式来避孕是很容易计算错误的，她自己就失败过一次。确实，女孩子会因为情绪紧张（考试期间），体质欠佳等很多因素导致生理周期的不稳定。如果仅以这个月或者上个月的掐指一算，很可能会算出一个令人崩溃的安全期，况且，就昨天的现场反馈来看，这个安全期的具体说法还真是五花八门。

很早就看过这样的话“……金钱可以买到性，却买不到爱情……”生活每天都在变，总体是变得越来越好、越来越便捷、越来越民主。在学校这个“象牙塔”，扪心自问如果我和我的男（女）朋友发生了进一步的关系，我能承担的最多责任到什么程度？我懂得怎样保护他（她）吗？我需要通过正规的途径去了解什么是爱什么是性？

关键是，这不光是男孩子的事情，也是女孩子的事情！太多渠道给我们的信息是模糊的，灌输的概念是抽象的，很多只是最表层的，但是被我们却当成了唯一和全部，譬如注重“感觉”“随缘”“随性”。可是我用学到的一句话作为结束——“性不仅仅是两腿之间的那点事”。

2009 年 4 月 15 日

风雨无阻

亲爱的同学们：

本周末，排除一切活动，我如愿加入了学院球赛啦啦队的行列——包括排球、篮球、足球。虽然迟到了，被班长电话催了（崔班长果然是催人的料 O(∩_∩)O 哈哈），我还是到的。周六我们的足球对法学，让我想到 07 那届，赵 y、王 n 舟、何 t 飞等一批人马在场上奔来跑去，法学那届有个特别结实的学生，我感觉他一挺身就能把人给推出去……那次比赛让我改变了对足球的看法。

每一次击掌声把我拉回来，现在面对的是 08 级的同学，91 年的足球队长一次次射门，一次次进球，一次次膝盖的重复受伤，一次次队员的相互鼓励和场外的欢呼。我不得不在结束后一直想一直想这些画面。我真的很快乐。尤其是今天，今天是淘汰赛，我们以小组 3 场全胜的成绩进入淘汰赛。我想昨天天气那么热，今天却有那么大的雨，组织方为什么不休息一下，下着雨，可能会摔倒更多，可能会生病更多，可能会赢，也可能会输。可是当踏进操场的第一脚，我就被红色的队服所吸引！真的很出色，你们！

3:1，队长再次为我们定局！顺利，太顺利了，顺利到让我难以置信，就是这样。这是为什么呢，是因为每一个人的奋力和每一个人深知配合的重要性，是因为无论在怎样的环境中都坚定取得胜利的信念和努力为之付出的行动，还是因为更多其他的？当结束的哨声吹响时，看见队长和对方守门员握手、击掌，看见很多队员和对方学院的队员相道告别，我的心里真的是舒服、暖暖的。

我也不知道是因为今天的天气，还是因为今天的所见，我特别激动。很难止住我的泪水和发自内心的快乐。很多次，很多同事都和我说，让他们自己玩就好了，你不用去，或者你去了他们反而放不开。可是我好像更喜欢“死皮赖脸”地黏着大家。也许我也自私了，因为和大家在一起我特别满足，我也喜欢这样的感觉，好像有很多人在一起的幸福，好像一个家的那种。我喜欢和大家开玩笑，说着玩笑话，分享各种经历，甚至恶作剧。有时候面对给你们的承诺，我很难忘记，就好像到现在我还惦记我欠小周的 KAKA 和梁静茹的海报；我还没有告诉小孙和小唐勤工网有很多的兼职信息；我和温同学说我要去走一下他的寝室虽然现在还没去；我还担心小高会不会因为我问他上课时有点严肃的样子而责怪我；我想让 T 能开开心心玩游戏，但是我希望他能把那一点游戏的激情也给学习；我想让胡 mm 露出最灿烂的微笑，就像在新生班级照片簿上的那张一寸照一样，那个很漂亮、很干净的孩子，还有那个很难在生活中看见的，没有压力和烦恼的微笑；我想陈 mm 能保护好她的胃，千万少吃宵夜和粽子、茶叶蛋等那些不消化的东西……

工作时间并不长，可是这么多人参与了我的生活，我的付出并不多，可是还能看到大家的微笑，为什么会这么好，为什么这么多的幸福，这么多可爱的人。还一定一定要感谢小刘带队的辩论赛，08 的三名同学和 07 的配合也取得了第一场的胜利!! 谢谢排球、篮球场上的出色表现，也许知道实力有限，但是我们却没有回避、没有放弃!!

在我看来这是一个完胜的周末。

2009 年 4 月 19 日

和很多问号的约会

亲爱的“迷茫”们：

你们好!

今天溜回本部，咖啡令人兴奋以至于半夜三更还在运动，动手不动脑。最近除了小忙，就是小忙碌。近来有些小发现，憋不住~刺激到耳朵就当我排气吧。

请相信我，对事不对人，并且很多问题是共性、普遍的，只是如果通过一点点的努力我们就可以处理得完善些，那多好!

班委力量——请放下姿态、增添责任，勇敢接受班级同学的监督。团结的班委推动班级的凝聚力，如果对同学总是说“你们”“你们应该”，总不小心表露不耐烦口气或强硬态度，总少解释一遍，多牢骚一句，那交流只会拉开彼此的距离。官腔是妖怪! 要真正服务同学、真心帮助同学、真情传递同学、真诚对待同学。如果“老师说好、同学说不”，说明做得还远远不够；如果“老师说不、同学说好”，那四金我会自我反省；如果“老师同学都说好”，那是正常，也是最基本却不容易做到的。想一想，我真的这么能干吗？没有我工作无法运转了吗？大家配合我的工作是因为我，还是因为我的班委身份？

班会力量——请珍惜机会、增进情感，勇于对同伴报以微笑。第一个发言的人是最勇敢的，可能内容不精彩、声音不自信，但都无法与魄力所比拟。口才的锻炼、人际关系的转变、积极的行动，都是这个平台的赠品。我是一个有团队精神的人吗？我是一个适应性强、具有亲和力的搭档么？

“学生干部”不是权力象征，“团队精神”更不是口号标语。我总以为我们都是群居动物，离不开别人的配合与帮助，在那些人眼中，我们就是别人。一个自由作家需要和出版社打交道，一个私企老板也需要和部门经理沟通，生活中的吃穿住行都不可能完全由“我”独自完成。也许现在还可以侥幸“做自己”，独自吃饭、独自学习、独自娱乐、独自伤心，离开学校的那一天，突然发现好多本能都退化了，好多勇气都消磨了，好多才能都蒸发了，张嘴不会说话，做事只顾自己。成绩单上的寥寥数字只是符号，它们只代表曾经的短暂时间里发生过的简单积累。现在享受个人世界，以后会享受焦虑和无助。

现在把别人甩到一边，以后别人也可能会把自己扔到后面！

2009 年 5 月 6 日

大学不是迷宫

亲爱的你们：

高一有阵子我特别喜欢在语文课开小差，一边听老师解读课本中的优美文字，一边偷看窗外屋檐下的鸟窝，听声音就知道那里面有雏鸟。从只听鸟鸣到看见它们飞—是自由落体式的那种很揪心又好玩的姿势。一次札记上我把这个有趣的故事写下来，老师给我的评语大意是：开小差不是好现象，但为此有了这篇小文还是要值得表扬并且庆幸的。

至今很感谢她，卢老师，很开明。现在想想，也许当时我写得并不好，可老师一次次的鼓励，在情感上我对语文的兴趣就增加了。这个插曲让我发现了自己的优势和弱点。

中学有班主任、家长管着，我只是鸟笼里的小麻雀。到了大学，才明白我可能是某屋檐下的一只黄鹂，我能歌唱！不仅如此，还给了我鼓励别人歌唱的勇气。刚来工大，好像一个迷宫，在这个不大的地方我迷路了，“哭”得很伤心。不仅是大学校园、生活理想和现实的差距，更具体的就如出现了感觉生活迷茫、朋友的味道淡了些、多了复杂少了纯粹，有时候很难理解。

你会有这样的想法或者念头吗？

不知道该怎样安慰，在我迷茫、郁闷的时候我甚至找不到词语可以形容，很笨拙地混日子。我想当然觉得自己的想法是对的、是好的；我的朋友就应该站在我这边——无论何时何地；我解决不了问题会很沮丧，然后谨小慎微；我怕别人知道我的不足，我怕那贵的要死的自尊心变成廉价品；我的生活只有一扇窗户，而房子的门紧紧关着……

我弄丢了朋友，伤害了自己，伤害了老师，后知后觉。后来，在没有预知的早晨醒来，我似乎明白了一些道理。我对自己坦白从宽，接受——即使是最好的朋友，她也有选择与我答案不同的机会；嘴上宽容大量，其实偶尔自尊心在作怪、虚荣心在捣乱；从回避别人的优秀到主动发现，在一定程度羡慕别人的优点——用声音赞美对方……

这是怎样的过程？是一个从“回避—接受—享受”的过程。

因为我知道就连生下我的父母都无法改变我的倔强，为什么让与我毫无血缘关系的同学为我改变？我知道了，好朋友相互吸引不全是因为志趣相投，偶尔是因为与众不同。我知道我需要尝试理解别人，也许不一定认同他的观念和行为，但是我得努力！我要开门，迎接朋友，享受生活！

我们长大了，从我们发现有好多新烦恼的那一刻——我们就悄悄长大了。好多问题以前无需考虑，可是现在棘手而急心。我在变，我身边的人也在变啊！如果你和我一样要面对痛苦的问题，那我想说：不要用消极、怀疑的态度去回避，要用积极并且有效的行动去解决。行动之后要“饶恕”结果，无论是否最终令我满意，因为过程有很多琐碎的收获，只要低头、弯腰、伸手，就可以捡到！见多识广的“附加值”是与时俱增的小烦恼，是大学生活的催化剂，是生活旅途中必须路过的。

2009 年 5 月 11 日

我也爱打小报告

Hi~08：

不知该怎么形容昨天的心情，真是坐过山车，因为有同学和我分享她的快乐，也听了小愤怒的声音。不错，谢谢大家的短信，无论你们的心情当时如何糟，好歹我是听见了，还不错！你终于能直接把心中的不满泼到这只老鼠身上。无论怎样我们在学校的学习生活出现不顺利或者差错，我都有不可也不会推卸的责任！

我们都是新生，实话说很多班委、团学会的副部长、干事等学生工作上都缺少经验，有的方法能及时学会，但很多哪怕老师总是不停唠叨，还会习惯性地忘记。比如，各种工作的阶段性信息汇总和报告。（与每个人都有关系！）

先聊聊在活动安排方面的简单流程吧。大型活动（如五四火炬赛、运动会）学校的通知直接发到辅导员办公室，由辅导员安排进程。一般性的校园活动（如各类新生赛事、社团活动）校学生会直接把通知给各团学分会，由团学会或社团第一负责人安排活动进程。所以在这个过程，有些活动一定会有同学（包括学生干部）不知道谁去参加，一定也会有我不知道的情况发生（没有人和我提前招呼）。我们学院的主体在朝晖校区，所以在各种活动的开展过程中，老师和团学会的同学、和班级班委、和社团第一负责人、和参与者的及时交流非常非常重要！

为什么适时向上一级阶段性地报告工作和信息汇总如此重要？（适时是合适并且及时的时间；上一级不一定就是领导）⋆以下纯属个人意见，若有雷同，巧合巧合。

1. 让他知道我的工作情况。当我某项工作进行很顺利时，好让他放心（因为他也有需要向他上一级汇报的可能）；当我遇到困难或者问题时，可以及时交流，他能给我指导建议，若他也倍感棘手，那我就有机会参与共同谈论方案的过程，这是我提高能力的机会！工作效率、成绩等同时也得以预见。

2. 让他知道我的工作态度。不要担心能力不足，每个人的能力都是有限的。让他了解我的态度更重要，作为团队的一员积极、踏实、周全必不可少。要重视小任务，上级往往都是从细节去考察我的能力，没有一个领导会将重要的任务轻易交给“新手”。适时地汇报，很能体现出工作态度，态度决定一切。

3. 让他知道我的工作位置。他的工作相对更复杂，精力有限，对下属的关心很难准确详细。适时地汇报可以让他知道我处在团队的基层还是其他位置，暗示他我的工作职责和内容；甚至在某些方面，还能让他明白因为我的某些能力，我具备该工作的不可替代性。工作位置决定"只有我可以"——这就是优势。

4. 让他知道我的工作原则。不同的位置存在收入的高低和地位的相对差异，但与尊严没有过多联系。让他了解我的原则和"脾气"，既要保持闷头干活的干事形象，也让他看见抬头表现的干部潜力。

好啦，剩下的，我们面谈！

2009 年 5 月 14 日

被投票引出……

亲爱的最具药学活力的年轻们：

大家 HELLO~C U！

18 号，在活跃的校内网，一同学发了关于辅导员何时结婚的投票帖，一时很多同学都参与投票和讨论，很热闹。我吗，哭笑不得，从里面的一些留言看，大家对我的评价比较另类。有老师问我适应这样的方式吗？我想我没法改变，不如好好"享受"。

给同学开会的时候，我常会用"迟到请客水果、酸奶""12 点 26 分准时开会""晚上 8 点 53 分准时开会"等来提醒。如果这样的方式可以对"时间观念"重视，我觉得比"xxx，你怎么迟到了"要有效。我坚信，充满亲和力的方法是适合 08 级的。当然，我们会犯错误，给我们申辩的机会和惩罚的措施；告诉对或者错的同时，再给一点微笑与鼓励；每一个人是不一样的，也许我们无法为每一个人量身定做学习计划、职业规划，但是不同层次的同学需要不同层次的关怀，在每一次可能的机会中，我想让你知道——你和别人不一样。你们一样健全，但是优秀的地方不一样，绽放的颜色不一样。如果大家都那么优秀和成功，就真没必要进入学校学习。附一句调调"真正的强者不是压倒一切，而是不被一切压倒。"所以请相信自己，当然，别过分相信自己。

和同学交流的时候，我常会用"哇咔~""力挺你！""见鬼"之类的轻松词语。

有时候老师就是演员，演员的扮演是取悦观众、为了让观众快乐和收获，老师的扮演也是这样。不仅如此，作为“演员”的幸福感还来自教会同学我可以做到的，也可能帮助同学做到我无法做到当时他们可能完成的事情。这是份靠“嘴”吃饭的工作，但只靠“嘴”显然无能。有句话说“对人充满体恤、谦和平易、从善如流，这样的领导者才能真正赢得人心。”我只是一名普通的辅导员，很多时候不是官只是兵，不是教授专家，更像兼职保姆。可我给自己“领导者”的定位，我相信活力、热情是可以传染，它来自我们期望学习和成长的原始愿望——我想象它属于太阳能。

和同学讨论活动的时候，我也改变了曾经的工作方式，比如团学会部门考核。以前我们都是开会，每个部长就部门的工作进行总结，然后各部长讨论、投票，最后产生不同等级的部门。08 级的部门考核中，我改变了方式，自评和众评结合。关上门自己打分，自我批评、自我肯定才能了解自己。自评是必要的，但不够客观。打开门，把部门的本学期活动设计成表格，让服务对象给我们打分，既做活动的调研、同学反馈，也看各部门在同学心中的地位。同时让部长有一定紧迫感，用实际行动让他们知道“宣传的重要性”“活动质量的重要性”“人际关系的重要性”等等，我也期待大家用行动告诉我这些答案。给部长一些约束，给同学们更多的监督权。

有个同学和我说他渴望不平庸，却一直做着让自己将会平庸的事情，我问自己为什么，其实有时候我也和他一样，后来我明白，原来我想做别人没有做过的事情，显示自己的不平庸。可后来发现能做“第一只被吃的螃蟹”都不怎么容易，所以我明白了一句话——

成功者不是做与众不同的事，而是做事与众不同。

2009 年 5 月 20 日

形式主义

亲爱的 07 团员青年：

新一天好～

上周我们刚结束了一次极其重要的会议，不知道在那天的会议进程中大家都发现了什么？是认识了新的学弟学妹还是见到了学院领导班子的齐聚一堂。我发现了一些有趣的事情，说来也希望大家别笑话我，因为我也有在听取会议内容，感受会议精神呢。

发现 1：08 级的小朋友很有活力。在拉歌环节我特意站在最后，虽然我不知道该加入哪一帮，可是 08 眼中的“头”是我，所以不免要特别在意他们的表现。“让你来，你就来，扭扭捏捏下不了台”……发现没，传统的拉歌台词在这里已经不适用了，我敢保证，10 年前类似词语就流行开了，而现在却是伴随着口技表演的打气声“吘嘘～吘嘘~”，声声入耳～听得全场气氛轻松。让大家领略了 08 的热情，应了去年的“药演 08”，我心头很热哈！

发现 2：会议资料。在相关老师进场前，我们有人说“老师，这边是一份纪念品请拿好，谢谢。”之后，有位老师就提醒说“不要说纪念品，是会议资料”我听到这儿，心里暗笑。其实那个袋子里有的东西就是会议文字材料+价值一般的纪念品，我个人觉得两人都只说对了一半。但凡参加一些座谈会、培训会，文字材料少不了，纪念小物偶有准备，是为了表示对参与会议人员的尊重和感谢，只要不攀比、不浪费、不以此作为给予过分福利待遇的机会，并不会遭到非议和鄙视，反倒体现了主办方的人文关怀。

发现 3：领导说话。其实，领导发言的内容并无不合适，只是在进行中我接到一条短信，大致内容是为什么会议是这样的形式。可能有的同学并不知道会议的是为了学生而开。不知道会议的时间是每三年才进行一次，而本次会议更是间隔了 3 年半之久。这意味着，可能对于在场的大多数同学而言，是最后一次也是大学唯一一次。仔细听领导说话的内容，除了“格式化的套话”，还有很多真情实感！

拿生日来打比方，有的人喜欢点蜡烛、许愿望、切蛋糕，有的人喜欢低调地忽略一切形式，有的人可能吃一碗长寿面同时却捐款 100 万元给慈善机构，有的人支出 100 万元给自己一个难忘、奢华的成年礼、纪念日。这里面形式各异，目的相同。

需要变换形式，以新颖的形式引导新的思路，展现新的风姿；需要认识形式，不同的时代要有不同的形式主义，不同的形式主义会有各异的解读；需要形式的传承，如同论文写作需要格式和数据的支持，需要理论知识，随心所欲的“形式”多是散文。

2009 年 5 月 20 日

我们还有很多时间，我们还有很多故事

药学院一位小明星的真实想法：

很气愤～凭什么女生的住宿条件永远都要低于男生……本以为在社会上才会遇到的重男轻女待遇，让我早早在大学这个小社会就体会了一把。一句容大的安排……我想很难服众。这里是工大吗？我是在工大读书？而不是在容大打工，连个住宿还要听他们安排～药学院，你难道真有性别歧视？大一的时候，女生六人间，男生四人间。大二的时候，难道你还想重蹈覆辙，甚至更加过分，你以为我没有见过那个一边床一边桌子中间只能放一张凳子又没有独立卫生间在市中心没有空调仅有一扇小破窗的烂寝室？而男生却可以住在研究生院……刚刚看了校报，药学院刚刚才说“学生利益高于一切”……原来就是牺牲女生利益，保护男生这样得来的吗，药学院的男生你们住得心安理得吗？药学院是个男女生比例 1:1 的学院，不是只有两三个女生的寝室……气愤气愤太气愤了！！！

这是我们药学院一位小明星的真实想法，掌声先响个两分钟！

这也是我们药学院很多女生的想法，有的人在寝室说、有的人在短信说、有的人在电话说、有的人痒痒地在状态上暗示、还有的人自己对自己说……终于有人借助科技的力量把它放到了网上。很强大吧，这就是我们的力量。

梳理了我的意见，小结如下。

1. 别气愤。学校组织不是学院，不是团学会，更不是随便一个社团部门，它有规范章程、结构框架，它有文化，也会有缺陷，所以我们才想努力变成 211，当然在昨天，我们变成了省部共建。如果没有学校的发展就不会有学院的发展和机遇，所以现在遇到的疑问也是学校发展过程中存在的问题。有笑声和欢呼相对的就有埋怨和消极，但我们不得不在这个规则范围内做好自己应该做的事情。有的时候可能仅仅是配合。

2. 别伤心。和重男轻女绝对没有关系。后勤有考量，它的部门职责要求了它必须从学校的住宿情况、从实际、从大局出发考虑。药学院只是其中一员，建工、机械、生环、化材等，很多学院、很多同学都和我们一样面对变动。有的同学还得搬迁回屏峰校区。也许从感情出发，很为难，但是从道理出发，必须为。

3. 别埋怨。男生住宿安排也是临时决定，其间也是有过商议和不确定。我个人以为是考虑寝室数量、研究生招生情况、各学院男、女生数量等才决定此安排。我想别的学院的男生一定也想住条件好的寝室，就好像男生都想找完美女友，可是不是每个人的条件和运气都具备。有时不是人数多或者人数少的问题，而是平衡和刚刚好。更何况有些困难等我们毕业了，都未知。

4. 别泄气。大学生活是一种经历，也是一份体验。在我们之前，很多学院的学姐学长都经历过，他们享受的不仅仅是吃住行的问题，而是如何在条件优越时不骄傲，在条件艰苦时不泄气。

5. 别挖苦。其实我们的男生也会住得不安。最最真实和简单的例子，发生在去年暑假，我的一个同事老师住在老研究生楼的某个朝北的寝室，她暑假回家待了不到 2 个礼拜，等回寝室就发现又臭又乱的。无意间看见自己的寝室全然成为老鼠窝（老鼠妈妈在寝室生了一窝）必须得用恐怖形容。从此，她住时就习惯性要盖住卫生间的通道。

6. 别害怕。其实大家都有很强的适应能力，一定可以适应本部的生活环境。只是我们有点担心，面对可能遇见的困难时有不确定。这些都是正常的。有这样的情绪是绝对合情合理!! 我是和大家一样的药学人!

作为学院的一员，我有责任做一些，哪怕只是打几个字；有听和说的义务。也许我说得不全对，但是和大家一样、向可爱的女生学习——说自己心里的话。并且我不能也不想让别学院的同学“看笑话”，我们是敢于说真话的人，除此之外我们还有理解和宽容的能力。

作为学校的一员，在能力范围内维持一个良好的生活学习秩序是任何一个工大人应该做的。也可能因为我的情绪影响大家，让大家说错误的话、作错误的判断。这是我最不愿意看见的！这也是为什么选择今天晚上要到本部住，在屏峰我晚上不能上网，不能及时看到善良、活泼、纯真的同学们尤其是女生们的伤心。现在上网就能知道大家的意见，我是你们的金导，起码今天——我们是一起的！

除此之外，我还需要补充几点。

1. 我们会在考试后军训前，从东 18 搬到其他一栋楼过渡，在新的住处（屏峰校园内）开展军训（18 号楼搬，17 号不搬的可能性很大，具体通知还没有出，随时可能变动）。

2. 我们搬迁去本部的时间大致安排在开学前 1 周左右的时间。这个可能是仅我们学院，所以有一定的特殊性。但是绝对不是学校和我们过不去，而是为了以后在本部的住宿环境考虑。可以肯定的是男生寝室楼要进行装修和维护，当然女生寝室楼也可能会存在类似的情况。

3. 不是喊喊我是药学人就体现了我们是团队，不是说女生先搬、男生后搬就体现了集体的相互包容，更不是觉得自己不满意就找领导、拉帮派成立小团体。我们是一个团队。什么是团队？团队不是一群人在一起干活。团队是通过共享领导、相互负责、责权清晰，在相互有效的方式下，在一起完成共同目标的一组人。

我们需要的是在困难时多一点信心、多一点理解、多一点豁达、多一点乐观。请大家一定要相信，学校目前的计划不是个别领导的意见，更不是对学院、男生、女生的意见。其实答案非常简单：是为了尽可能减轻同学们的负担。有疑问，我们面谈好吗？

以下是一位大四学长的回复。

如果简单地将寝室的安排定义为重男轻女的话，孩子们大可以问问看你们之前的学长们大二住在尚4的情况，除了一张空床铺，每人一个几百立方厘米的抽屉，其他东西都要塞床底。对比后产生的思想落差与不平衡是难免的，从个人到学院再到学校，后勤所要考虑的问题并不是那么简单的，可以官腔一点说，这是个大家庭，不是独生子女家庭，如果不是安排，自由选择，那么在缺少纪律或原则的情况下，是不是要哄抢了，好的谁都想要。寝室是大学生活的一部分，但不是全部，硬件差并不代表你们不能把你们的窝整理得干净而温馨，刘禹锡是不是有篇《陋室铭》的，大家能在一个屋檐下和睦相处就是最好的了。也许我们也曾抱怨过学校，当四年后要毕业时，我们再回首所看到的更多的是学院的发展，是药学学子的卓越成绩，是药学恩师的关怀。当钱书记来向我们敬酒，单院长在毕业晚会上为我们献唱，我想告诉你们的是，日月如梭，四年，请深爱你的同学、深爱你的老师、深爱你的学院，有一天你会发现你一直被他们感动着，有些事情你们迟早会懂得。希望药学院，希望你们的未来都会越来越好。

鉴于并不清楚寝室安排，有误请轻拍！

以下是一位大四学姐的回复。

我们以前是重女轻男的，男生住宿条件一直是比我们差的，所以从历史的总年轮来说，男生女生还是一样的，我们还曾一度同情男生呢，风水轮流转么，再差到最后都会习惯的，这就是适应社会，况且现在还只是小社会而已~

以下是一位08MM给我的短信回复。

呵呵，可能是我们任性，没考虑到这么多，相信我们可以适应的，说不定习惯那边的生活后，觉得比这边好也不一定呢！就是想暑假在本部的话，找工作方便点，暑假是不是也可以留在这呢？！……刚考好英语，累啊！对了……那个表格OK了吗？

我想说——谢谢你，谢谢你的鼓励和乐观。

2009年6月10日

我的未来不是梦

亲爱的09们：

我的未来不是梦
谢谢你选择了我，请相信这个决定；
我骄傲选择了你，我坚定这个选择。
无论你来自哪个城市，今后将去向何方，
在这承载四年青春的旅途中，
我们要一起走过。
我会感动于你的真诚善良，
但我更想赞美你对生活的热爱，
我会看到你的喜怒与哀乐，
但是我更想见证你的收获与成长。
请记住，
今天是你人生的新一页，
这里是你生活的新起点。
我们的家庭不是最庞大，但却最温馨，
我们的名字不是最响亮，但却最动听，
我们的家是药学院，我们的名叫药学人。
我会用力地鼓掌——欢迎你，新的药学人；
想你大声地欢呼——我爱你，闪药的新生活。

——送给可爱的09药学人

迎新已经进入了准备阶段，很高兴能参与一些小工作，有责任也有义务为09级的小年轻做些事情。就像这首歌一样，我的未来不是梦，你的未来也不是梦，哈哈，俺们的未来要认真过，认真过每一分钟。

如果有一天，你选择做一名小小的学生干部，无论是寝室长还是学生会主席，我想说：请热爱并坚持你的选择。首先这个坚持至少可以是一年的时间。因为经过这段时间，你才会体会挫折，感受快乐，有所收获。别担心因为没有经验而谱写情有可原的小插曲，你的身后有学长、学姐，他们会在你遇到困难的时候帮助你，给你建议，这里只有参考答案没有标准答案；当你独自一人走在校园小径时，请将这份珍贵的孤单与你身后的辅导员一同分享，因为你迷茫困惑或者疲累时，辅导员在等你，等待倾听你的声音；如果有一天，你选择做一名普通安分的大学生，千万牢记除了专业知识的学习能力，表达、人际、社会等能力的锻炼、知识的摄取也是陪伴你 4 年的隐形课表，你需要为它们安排课时、实践操作、广泛应用。从我认识你的第一天开始，也请你考虑离开我的第一天，你希望那时以何种姿态踏入社会。不要一笑而过，明天很快就会来。

可能你还会谈恋爱，还会参与很多很多的竞赛，会投身于各类志愿者的活动，还活跃在社会实践的队伍中。请放下戒备，和身边的人真诚交流；请放下自卑，和内心的自己勇敢搏斗；请放下功利，和陌生的朋友快乐分享；请放下盲从，和真实的世界慎微触摸。难以想象你是什么模样，无法预料你会拥有怎样的生活，期待那天的“正面交锋”，准备投身每一场好玩的演出。开学见，09 新药学。

2009 年 8 月 4 日

新生，你好

亲爱的同学们：

当时空转换到 09 年的金色季节～杭州～浙江工业大学药学院，亲爱的同学们，你们做好准备了么，即将开始的是你们人生过程中短暂而又难忘的旅途。当时间定格在这一刻，请用心感受因为选择而带来的彼此接纳和包容，我会努力让分分秒秒汇聚成闪亮的日子，也希望你们享受并丰富每一个闪亮的时刻。想给你们让梦想发芽的土壤，想为你们因理想的实现而鼓掌。

在这寓意收获的季节里，有的人收获一封改变人生轨迹的录取通知书，有的人收获一份简单却难忘的幸福，有人收获的是掺杂一些迷茫的青春挑战，还有人收获了源于学业并延伸职场的选择。我都看在眼里，所有的～你将要面对的一切。

我是谁?

在提出这个饱含丰富解读的问题之前，请你先扪心自问：“我是谁？”

你是不是一位怀抱理想的年轻人，是不是带着对生活的热情和对大学的无比憧憬，正迎面奔跑。你享受逆风飞扬的快感，它来自你自由的天性，跑着跑着，你便想展开束缚已久的向往翱翔的羽翼，它来自你充满想象的力量……我在你的身后为你叫好，更重要的是我要保护你。

你是不是一位已经适应大学校园的年轻人，你发现理想和现实的距离很遥远。有时候一个美梦醒来，你会失落于你所处的环境，有时候一场噩梦之后，你又会感恩于身边的同学甚至那些陌生的朋友。善良的你会逐渐明白，其实生活就是在规则中游戏，现在你的游戏就是好好学习，认真生活。我在你的身边为你加油，更重要的是牵着你的手，我们一起走。

你是不是一位活跃在校园和社会的舞蹈者，是否发现校园给你的知识可能有限，社会给你的知识可能有误？你像当初奔向我一样涌入社会的浪潮，在被风浪拍打之后我将你揽到身旁，想告诉你，你看见的只是冰山一角。我偶尔会出现在你的身前和你探讨，更重要的是和你分享我眼中已经慢慢长大的你。

你是不是一位站在十字路口徘徊的思想者，因为你突然明白美好与真实其实也并非遥远——只要你选择准确的角度，把自己放在合适的位置并且努力寻找机遇。你不放弃对生活的追求，美好的事物对你也不离不弃。什么是现实？你真实把握的所有，就是你的现实。我又站在你的身后，笑而少语，更重要的是我想默默为你祝福。

无论你们来自哪个城市，今后将去向何方，在这段承载青春的旅途中，我们要一起走过。谢谢你曾经选择了我，请相信这个决定，我骄傲我选择过你，我坚定这个选择。我们的家不是最庞大，但却最温馨，我们的名不是最响亮，但却最动听。我们家在药学院，我们都是药学人。

每一天都成为生活新的起跑线，请记住，公元 2009 年我们开始了闪药的新生活。

2009 年 9 月 7 日

找呀找呀找工作

快走到大学三年级的口子上，很多人开始要给自己画个路口，有的人的路有好多方向，主要的那条大道会宽一些，这意味会投入很多的精力在上面；有的人只会有一条路，比如出国、考研或者工作；有的人则是一颗红星，两手准备，三心二意，四海无家……

我也说两句，先说考公务员吧，学院每年都有小部分同学进入这个队伍，但是命中率不大。举个例子：2009 年我们只有 1 个同学考上公务员；2010 年的考公大道上我们有 59 个同学报省公、12 个同学报国公，最后省公有 6 个进入面试环节。我的心愿是越来越多的同学可以实现自己的公务员梦，但是这不是终点，是一种新生活的开篇，未来的“80 后”“90 后”的政府领导，绝对不可能止步本科学历。

再说说考研吧，今年的英语在 37，总分在 275 左右的同学都还是比较幸运。如果以国家线为一个衡量标准，你与我国的重点院校距离远么？考研的另一个不确定因素即面试环节。虽然我没有考过研，但我知道很多同学大翻身就是在于复试，成绩平平但是面试出色，也有很多同学虽然考了不错的分数但是仍然纠结。面试录取过程倾向本校本院的情况出现在各大院校，可谁又能否认面试发挥的重要性呢？一次良好的面试发挥、扎实的专业知识是必须的，严谨的科研态度、灵敏的思维反应和体现“悟”性的自身素质一定也是教授所希望挖掘的。能考上外校的研究生既能证明自己的能力，也是宣传学校的绝好途径。当然，能考上本校的研究生也不失为稳扎稳打的选择之一。

我的心愿是大家不要迷失自己的方向，不是因为别人考研我才考研，不是因为逃避社会压力才躲进校园，不是因为父母让我学习我才逼自己考研。在学习机会日益开放和发达的环境，想取得研究生学历不太难。不要因为“研究生”三个字遮住了合适的工作向你在招手，更不能为了“研究生”三个字盲目拒绝那些绝佳的工作机会。有时候就业和恋爱一样，需要有一点缘分。一口气读成“死板”学者不如做个健康、快乐、正气、善良集于一身的工作族。

还有大家关注的找工作。据不完全统计，从 2009 年 9 月至 2010 年 3 月，招聘我院专业的企业有近 90 家（无重复），提供的就业岗位超过 300 个。我们今年有 257 名本科毕业生加 97 名研究生毕业生，这其中还会有个别是延长学制，就是说我们实际的毕业生在 350 人不到。接下来还会有一些招聘信息，但是真正在这些信息中选择了自己的首份工作的同学却寥寥无几。为什么呢？小企业不想去，大企业进不去；杭州的企业对同学的要求多，同学对外地的企业要求多；犹豫不决的也不占少数，总想遇见更好的，总是在期待中。相信大家应该知道浙江大学药学院的毕业生出炉了，今年的研究生竞争会异常激烈，甚至那些研究生还会和我们的本科生抢饭碗，在杭州这个地比天价的地方，多一个竞争者就是多一份挑战，这样的挑战是可怕的，也是我们要面对的！

我想大的企业要求多，相对要求也就高了，我们很多同学连听宣讲会的勇气有欠缺几分，进入这样的企业不说平台好，机会多，待遇优，但是面对复旦、海龟满地趴的地方，压力难道小么？小的企业或许是一部分同学可以尝试的地盘，当你在一个公司有着一定的位置，你的出身又相对专业，那可能你会被重视，那可能你会得到不一样的培训小灶，那可能你会有意外的晋级空间，那可能有朝一日不会太久就可以带着工作经验跳槽转战新的战场。那可能不需要“可能”。

有时候是否我们不需要去急着找工作，因为那样很盲目，我们应该重新认识自己。我，性格如何、擅长什么、优势劣势、机遇挑战、兴趣爱好、3 年后我的目标大致是什么、是不是更接近 5 年后预想中的自己。我有什么、我还缺什么、我怎么才能弥补我缺失的、暂时弥补不了是不是可以通过日后的学习有弥补的机会，如果没有机会，那要不要重新挖掘我的潜力，我一定要有与众不同的地方！

我的心愿是大家都能找到满意的工作，前提是你明白岗配人和人配岗的关系。否则岗位比我先设置，只有我符合岗位的要求我才可能上，不要再用“这个位置不合适我”自我暗示，真实是我没有符合它的属性要求。认真选择工作是正确，过分挑剔就是误区。今天，我选择一个工厂的工作，我就要努力做好分内的事情，同时了解行业的信息；有一天来了新人，我和新人共同工作、探讨；有一天又来了新人，我和新人们交流经验、相互取经；有一天又来了一些新人，我会把我的感想与之分享，成为团队重要的一员；有一天又来了新人，我结识了友谊，同时也铸就了自己的地位。有一天我需要充电，无须华丽转身，可能选择 MBA，可能是 EMBA（取决于你的工作时间长短），有一天，我要去远方或者我回来了，这时候一定是一个闪亮的登场！我的心愿是能在就业的路途中，陪伴大家走完剩下的五个月，为你们服务是我的使命！

2010 年 3 月 25 日

遭遇黑客

有时候感觉就要成功了，可走近才发现是个泡影，临近关头才被破灭。被炒鱿鱼，不知不觉就发生在我们的身边，你一定要当心。

近期有同学遇到烦心的事情，听说这样的事情我心里不禁郁闷，所以一定要和大家提醒，被炒鱿鱼是无奈的事情，可是这个陷阱也能提前预防！小 C 同学和某公司签署三方协议后遵守公司的制度按时实习。可是无意从 HR 嘴里得知公司并没有真正录用小 C 的意向，打算在实习期后就解除协议。经 HR 证实确有此事，并且还建议我们的小 C 同学尽早换个单位算了云云。

面对如此不负责任的企业，我们感到心寒，若最终如 HR 所说，我们会黑名单该企业。希望我们的同学在面试、实习、就业的过程中也多一个心眼，遭遇黑客企业我们更要力争自己的权利！

首先，在查找就业信息过程中，对于有意向的企业就要提前了解企业的信息，之前的录用情况以及在该企业工作的学姐、学长的心得体会。

其次，在面试过程中当遇到企业主动提议提前签署三方协议或劳动合同时，一定要明确各自的权利与义务，三方协议尤其涉及“违约金”这 3 个字。对于双方都是一种约束。小 C 同学就是因为没有和企业提前协商违约金所以公司提出违约，作为学生的我们就是很被动的一方——弥补的方式就是沟通协商，尽量争取多一些的实习补贴、交通、餐饮、通讯等费用！

最后，进入企业不是“嫁鸡随鸡，嫁狗随狗”……倘若工作的过程发现对于自身有严重影响的事情就需要大家能及时与相关部门、领导进行沟通，必要时刻还得拿起法律的武器！

还想补充一点，每个单位都有太多的部门、太多的职务，我个人的体会是职务有高低之分，面对自己的领导需要的是尊重而不是害怕，面对自己的下属需要的是宽容而不是轻视。各行各业上千分类，每个人都是大机器的零件，可能不起眼但是绝对很重要！尊重和宽容也都是有限度的，过分的尊重显得狭隘、过分的宽容也会变成无能，通过几年的工作总是会将我们锻炼成一个会做事更会做人的社会一员！遭遇黑客不要紧，关键我们有能力重装自己的系统，企业黑客不会置我们于困境，只会让我们在职场越挫越勇！！

2010 年 4 月 20 日

你不是奥特曼

“你属于哪座城市？你的青春要在哪里度过？”

大都市闪闪发光，机会多，压力大，不一定为你而备。你在大都市奋斗，突围。

你怀抱梦想而来，陷于庸常之中。你成为蚁族，成为房奴而不得。你在职场劳心劳力，有工作，却没有生活。你与疾病、坏感情、高房价狭路相逢。你时常迷失自我。你与自己期许的生活，很远。

要生活，还是要大都市？其实你可以有多项选择的。中国二线城市的活力，藏于 185 个超过 50 万人口的中国城市中。一线城市是现货，二线城市是期货；一线城市有优越感，二线城市有归属感；一线城市胜在 GDP，二线城市胜在 CPI；一线城市适合小众者，二线城市适合生活家；一线城市是‘飘之城’，二线城市是‘一生之城’。

世界这么大，心安即是家。

很喜欢这段话，深刻、深沉、深邃。这就是我们所看见的一线城市，也是我们不愿意去的二线城市。以前一直和我们的同学说，本科毕业的任务是找工作，而升学的目的还是为工作服务。忘记说，工作的目的是让生活变得更美好。世博会的口号也这么说，但是它没有说“一线城市，让生活更美好”，所以我们为什么要眼睁睁盯着一线城市呢？继续解读引号内的内容，它透露出经济危机、情感危机和人际危机等。

以我的感受为例，2007 年的本科毕业生第一份工作的月薪在 2 000 元左右，当时市郊—6 000 元/平方米可以轻松入房一枚，2010 年的本科毕业生第一份工作的月薪在 3 000 元左右（可能还没有），目前市郊—10 000 元/平方米，走关系还是可能入房一枚。这就是杭州的市郊房价和毕业生的出厂价。

很多时候有声音总安慰自己，小地方靠关系，大地方靠实力。可是真正工作后才发现，大地方有大地方的关系，小地方其实有小地方的魅力。谁算过——有多少人在二线城市，下班后至多用 15 分钟的时间便可品尝妈妈的手艺，而有多少人在一线城市，用这些时间来等拥挤的公交车，提防小偷、提防眼神？有多少人在二线城市，周末选择自驾去农家院，拖家带狗，享受有机蔬果，有多少人在一线城市，路过奢侈品窗口以为这就是优越感，而深感拥有这番风景但却不属于这座城市的自己？

要匹配的元素很多：选择一份工作，不是只选择它的月收入，还需要考虑它的发展前途、你的职业规划、城市的生活成本；选择一份工作，不是只选择它的样子，还需要考虑它的实质、你的能力、事业的机会成本；选择一份工作，不是只选择合你的胃口，可能还需要考虑你的伴侣是否能和你共同担当，必须要考虑你是否同时还能照顾到父母。

“我要找的工作是……”不是一句两句可以概括的，它是一种生活的态度。没有那么简单。

你不可以做求职 OUT MAN！

2010 年 5 月 13 日

就业“药学”你

近期听到一个有意思的事情，有个大四的女生在毕业前夕碰到班主任关心就业问题，可她给出的回复是：“我要先找老公，再找工作。”我想，有目标……总是好事。但对于大部分同学而言，找工作是眼前第一要务，也许找一份工作以维持生计，以独立生活，之后再添加感情佐料更适合大部分同学的生活发展。

做对的事情优先于把事情做对。在网络文化冲击现实的当今，很多话题引发出的问题都值得我们深思，放大的观点，扭曲的伦理，失实的报道，在环境的模糊与不可预知中，我们要判断是非。什么是对的事情？是法律允许范围内？是大众价值观默许？还是个体社会经验与情感承受上限？也许是叠加。很多同学都已迈向社会，面对越来越多的烦恼、越来越深的体会、越来越丰富的经验，希望大家不要迷失自己，能做对的事情、能选择对的方向。

今天在一个小店听到两个大四学生谈班级就业、升学情况，又谈到学校的事。有一位同学的言论深深打击了我一小下！他说：“学校最牛掰的是教授，然后是副教授、讲师，最没地位的就是辅导员，一个月两三千，干的事情最烦琐，就比学生的地位高一点，云云。”听得我也没法好好消化午饭，感觉怎么身份一下暴露了，十分巧合。他的观点，我不敢苟同，可是我觉得他的话也不完全都错。初入职场一阵子的我想和毕业生说一些感想：多一点学习；无论是外语、计算这样的基础技能，还是写作、唱歌、下棋、运动等类似的兴趣发展。职场除了繁重的工作压力，也会有展示自己的巧合机遇。多一些积累；要敢于做，善于总结，之后是想，想到一定程度，自然而然就有悟，能悟出自己的思想，就是积累。拿别人的思想武装自己，用自己的感悟影响别人。多一次选择；工作的第一次选择可能不完全准确，所以很多人会给自己多一次选择，但是把握这其中的时间很重要，我反对盲目选择，快节奏的生活要求我们有效率地选择，而效率不等于快。用多样的方式开阔我们的眼界，用健康的心态多一次适合的选择。

离别的校园总有不同的旋律，到处都是风景，因为毕业离校显得有些伤感，可想到 9 月的新生报到又觉得充满活力。有的同学继续深造，有的同学忙碌工作。祝福每一位毕业生的同时，也希望大家能铭记母校，不仅是我们的大学，还包括中学、小学、幼儿园。当感恩成为我们的习惯，就会自觉谦虚、互助、认同，会有归属感和幸福感。豆瓣因为分享受年轻人的喜欢，人人网因为分享让我们了解更多的世界，百度因为分享让我们不怕问题无法解决，JAY 因为分享让音乐变得与众不同，因为他们的分享，他们获得更多。我想，站远一点，欣赏的风景更广阔。让分享点缀心灵。

6 月 26 日，本、硕、博毕业典礼举行之日，药学院有 328 名同学各奔东西，顺利毕业。很感谢大家在就业过程中给予我工作上的支持，但是我还继续需要你们的努力和帮助！一直到这个假期的结束。也感谢领导对我的信任将就业工作交于我。为 06 级同学服务是我的荣幸，更是缘分。2006 年 11 月我和大家见面，2007 年 6 月共同度过军训，两年后的 9 月共同奋战在就业的大军中。“工科学习基础，理性思维方式，人文生活气质”是我给大家的评价，也带着一点期盼。我羡慕大家能有这样的学习经历，因为学习是知识的积累，成绩好无非是知识积累得多。思维方式也可以感性，但我宁可希望生活乐趣多一点感性认知。当然，对待工作，对待严肃的事情请保持理性。

就业“药”学你。什么样的你？乐观、自信、勇敢的你，走出校园，深烙工大药学印迹的你！

不舍得你的离开，随时欢迎你回来！

2010 年 6 月 10 日

要不要去宣讲会

9 月，已经陆续有很多企业过来进行宣讲会，借机宣传公司也趁机会招聘员工，10 月和 11 月会集中大批单位，可能同学们每周都会参加一次宣讲会，甚至更多。要不要去？可能将在不远的时间成为一个问题。仁者见仁，智者见智。

我建议：

1. 专业、行业企业的宣讲会一定要去，并且带着简历去。一般和专业相关的企业，尤其是一些中小型企业往往将宣讲会的目的着重放在招聘员工上，所以在进行必要的企业介绍、话题交流之后很可能会现场收简历，甚至会决定笔试、面试。有时候企业可能没有收简历的计划或者是面试的打算，但是在现场氛围、参与学生数等不确定的情况下很有可能会临时改变计划，到时候再跑回寝室拿简历是件累人的事情。所以有所准备去参加专业企业宣讲会是必须的！

2. 类似500强的大型或知名企业的宣讲会积极参与，那是难得的学习机会。很多大企业来高校进行宣讲会，在很多人眼中更像广告。有的人可能会说为什么这么有名了还是做广告呢？我个人觉得大学生充满活力，对外宣传中企业在高校的各类活动是他们的工作计划之一，例如企业奖学金、企业宣讲会，等等。占领大学生口碑的企业怎么会没有市场和活力呢？当然一定会在宣讲会的同时招聘到适合的员工，但是更多的学生还是会被拒之门外。这不是说让大家别去参加宣讲会，反之我建议大家积极参与，去看企业代表的形象（不是仅限于询问同学和老师：面试穿什么？去正式场合穿什么？那里有答案）、去听企业中层的发言（一般宣讲都会有企业员工和中层领导几人一起参与，他们的发言往往既幽默又给人以风度翩翩的感觉，听听他们说什么，他们怎么介绍自己、介绍公司，他们如何把自己过往的经历和所见所闻用自己的语言组织概括并告诉听众，去学习如何在众人面前说话）、去抓住机遇表达（既然你不打算进这个公司，那么在他们的宣讲会上大胆提问、回答，给自己一个锻炼的机会，那时你会发现，还没说话心脏就提到嗓子眼了，还没有站起全身就发抖了。即使说错也没有关系，反正你也不会去嘛。而且只要你敢说，我保证对方首先就给你称赞，这样以后你还可以说xx公司的人事经理还表扬过自己，只因为你的勇气~~不是你的智慧~~哈）

3. 上班了，回头我们再讨论要不要去宣讲会……

2010年9月20日

我也囧了回面试

最近参与了一次非常有意义的活动，学校学生团委副书记的面试。但是我想还是有必要谈谈我的感受。

参与应聘必须准备功课。谢谢笑笑给我提供的材料，谢谢冯老师给我找的学习读本。从网上也下载了很多团工作的文件，搜索了一些面试的问题，还有一些可能和工作相关的社会现象的解读。虽然我不能记忆所有的内容，但是我不否认我还是很认真看了很多东西，领导的讲话更是翻来覆去看。可以说，如果现在让我讲讲“两个全体青年”和“团基层组织建设”等相关内容，我一定对答如流，因为这些内容还一直围绕在我的脑子里。在准备的过程中，家里也发生了一些事情，有计划中、也有突发的事情，一度我怀疑自己是否能坚持。也曾想逃避，但是“面对”的信念以绝对性优势压倒“逃避”的侥幸，我对自己重复老套的话：“努力了可能不会成功，但是不努力一定失败！”

参加面试必须以礼待人。4 年前我也参加过留校的面试，那时候的我一点都不注意面试的细节，穿着简单的 T 恤就上“战场”了。这次面试，我提前准备了正装，我希望给大家一个良好的精神面貌，更是对“观众”的尊重。因为进入面试角色，我不仅代表我，还有我的学院，包括人文+药学。所以面试结束后我还和同事笑说：“哎，就觉得我的衣着能加个分，表现完全在扣分！”无论怎样，有的场合就是需要注意做好表面文章，符合环境的表面文章也可以体现文化。

面试过程控制紧张情绪。这次面试过程自我总结的第一条就是：我的心理素质太差了！虽然我也尝试在上场前深呼吸，但是看到那么多熟悉的面孔，狂紧张！可能很多人会不信，但是确实就是这样，特别紧张！一方面因为有很多认识的同事，在熟悉的人面前，还是有些小别扭；另一方面也很久没有经历类似的场面，还是很不适应。一般面对 PPT 都是有提示，然后发言，这次是无任何提示，没有太多思考的时间，所以脑子都乱了。在表述的过程有留白，只能向大家抱歉坦白自己有些紧张。心里想说：“哎，真的很需要锻炼！”紧张的情绪只会导致发挥更乱，前期准备再多，一紧张也都不知道跑哪去了，空空的，说不出所以然。

消化营养比吸收更重要。如果我看了 10 页文件，只明白其中的 3 页，而你看了 4 页文件，却理解了所有，那么我的学习能力暂时还不如你。这次准备的过程我就感觉到，需要学习的东西真的好多，而且很多东西不是看了纸质的印刷体就可以理解的，有的是必须通过实践，做这个事情，才能明白了解；有的是必须有一定的理论基础，或者说是哲学基础，才能弄懂内涵；有的是必须硬背，检验自己的记忆能力！ ╮(╯▽╰)╭我想说学习哲学还是挺重要的！当那些辩证法出现在脑中，需要这个方法论，那个思想的时候，不知道拿哪个来用，即使记住了也没有用。所以好多时候，我们和同学们说去组织一次活动，去参与一次竞赛，去挑战一回自己，去总结一番，都不是空穴来风！

坦然面对当下的最好结果。有前辈老师和我们说，当下的是最好，明天的会更好。通过这次参与，我可以感受到自己的一点点成熟，不会特别期待结果，不会特别伤感于自己的表现不好。因为，在没有正式开始面试的时候，我就已经学到很多平时没有学习的内容，有了思想上的进步。在准备的过程中，虽然有些棘手和紧急，但是我也在从容面对，并且不断鼓励自己要坚持完成这次体验的过程。我想这个就是锻炼，对自己意志的锻炼。很多时候，面对遇到的问题，我都可以随便揪出一个借口搪塞过去，其实我也知道，如果自己努力一下，可以解决问题，即使解决得不那么好。

好吧，马上闭关半个月，回来再忙！请大家加油，好好找工作，工作找找好！

2010 年 11 月 4 日

应聘小贴士

关于简历

写好简历是成功的第一步。在写简历前，你应该花一些时间了解自己的优点和目标。简历应该反映出你的能力和特长是否可以胜任你所申请的职位或其他相关职位。另外，请大家同时提交中、英文简历，因为看你简历的人很可能母语不是中文。

关于面试

一般的招聘面试流程是：专业笔试—HR/部门初试—管理层复试

最好的建议是充分准备，然后放松心情，在轻松愉快的情况下如实地展示自己。在面试之前能够了解一些注意事项会对你的面试大有帮助。在这里，我们整理了一些面试提示和技巧，希望能够帮助你获得成功。

做好面试准备

建议你在面试前最好多做一些准备。你可以访问主页了解一下，仔细阅读一下职位描述，仔细理解职位描述中提到的工作内容。准备一些和公司或者面试相关的问题，面试是你和企业相互了解的好机会！更重要的是，你可以通过这个机会进一步了解对方是否是你希望加盟的并能为你提供新的职业发展的舞台。如果是，你希望从哪个领域或职位开展新的职业生涯。

熟悉你的简历内容

如果你重新更新了你的简历，请将更新过的简历带给企业。面试中的许多问题从简历中来，你应该熟悉简历的内容，以便和面试官一起讨论你的成长经历。

得体的着装

你不需要穿着西服革履，舒适得体就可以了。

放松心情，才智泉涌

真实的表现和积极的态度往往会给别人留下良好的印象，放心去做吧。

需要动脑筋

你在面试当中可能会遇到与专业相关的话题，或者一些抽象的问题和考察解决问题综合能力的题目，具体会遇到哪些问题要根据你申请的职位而定，不过目的都是考察你潜在的能力，因为企业不仅想知道你做过些什么，还非常想知道你将来能做什么。面试的过程就是寻找那些有思想、创造力强的人。

享受面试过程

当你第一次坐在面试官的面前，面试官通常会和你简单聊聊。你可以通过向面试官提问你准备好的问题打开局面，例如，“我已经研究过了你们的网站和团队，能否请你给我具体介绍一些 xx 的工作？”如果你已经准备了一些犀利的问题，相信你可以将自己对工作的激情和潜在的能力良好地展示出来。面试官会针对不同的方面对你进行考察，但是大多数人会给你一个刺激的面试体验。保持良好的心态，尽情享受面试！

尽情展示你的才能

如果你被邀请参加面试或者电话面试，首先希望获知的是你对什么样的职位感兴趣。无论你申请的是社会招聘、校园招聘，面试官都有可能问到你的专业背景和技能。他/她甚至有可能要求你完成具体问题。请你勇敢地展示自己，无论你是否了解他/她所提到的专业领域。最重要的是，如果你能够充分展示你的聪明才智，以及较强的学习能力，在面试中你就是成功的。

尽情提问

在面试过程中，请尽情提问，特别是当你没有听清面试官的问题时，尽管让面试官重复他的提问。当面试官请你阐明解决一个问题的具体步骤时，不总是看结果，关注更多的是你解决问题的思路，以及你是否能够将整个过程简炼地阐述清楚。如果在面试后你还有一些问题需要解决，请同招聘部门联系，他们会帮助你得到答案！

避免在面试结束前猜疑自己的面试表现

在面试过程中，总是忍不住回想自己在上一步的表现如何。请避免在面试结束前猜疑自己的表现。你可能会和很多人交谈并回答他们所提出的大量的问题。实际的面试表现往往和你预想的没有必然联系，就好像你认为自己在一次考试中表现不佳，但往往实际上成绩很好。请放松心情，自然地表现自己——这才是企业在面试中想要见到的和沟通的你！

温馨提示

“等待”可能也是面试的一部分——如果没有良好的心态，可能在等待过程中你已经因为表现不好而被刷掉。所以建议你耐心等待，在这个过程中，整理自己的思路，准备迎接挑战！

2010 年 11 月 24 日

这样才好推销自己，不代表企业就必须用你

如果有一天，有人说，千万别嫁那个男人，他是欠发达地区出身。如果因此听说，女孩就放弃了，那我会觉得很可惜。嫁人，嫁的是人，不完全是钱、地位，有钱人未必能对你好，有钱人未必愿意给你花钱，有钱人的价值观未必和你等同，有钱人的钱未必真正是他的。当然，也可能反推以上“未必”。

对于找工作也是如此，有人说这个公司很糟糕，或者因为工作地点等很多原因告诉你别去。如果因此听说，你就放弃了，那我会觉得你很可惜。在杭州工作，未必就能月薪过万，甚至对于应届毕业生，连 3000 元的起步都不能保证。请号称接

受过高等教育的我们再理性对待就业的话题吧，听说的话真的不一定准确，也许有的人本身兴趣就不在手头的工作上，也许有的人性格就不适合目前的行业，也许有的人和自己的直接领导关系处理够呛，也许的情况很多，大家在做决定的时候要三思而行，要量力而为！

我很赞同大家去听取前辈或者学长学姐的建议，可是他们的看法仅限于他们。如果他们对你的了解超过你自己，那么你大胆去按照他们说的做。但是，他们对你的了解也只是很肤浅或者皮毛，那么请你自己决定，作为成年人为自己的行为去负责、担当！假若，你吃不准，完全可以去体验一天、实习一周，花 30、50 块钱自掏腰包去药厂、公司实地考察。你多问问领导和同事一些关于企业的话题（而不是你的月薪有多少），你多关心当地的经济、政治发展的趋势（而不是你的办公条件有多优越）！

我们一直在说，世界在变，社会在发展，机遇随时会出现。可关键是，我们的同学，你没有准备好呀，或者你准备不够呀！！！请真诚对待每一次的面试，请细读每一份招聘信息的要求，请认真准备你的面试和简历，请花点时间研究自己，这样才好推销自己。这样才好推销自己，不代表企业就必须用你！生活需要感性体验，过生活需要理性对待！

2011 年 3 月 17 日

生活的小快乐

亲爱的同学们：

这些生活中的“小快乐”你发现了吗？

记得以前想和同学们说些什么，我就打印出来贴在寝室的楼道里，因为那时候同学们大一，多数不能上网。虽然我也觉得这个办法很不聪明。后来，条件变更好（我指同学们的上网机会），我的思维也更新了（在 06 级学生的点拨下，我把文字及时发到“人人网”），慢慢寝室楼里不再张贴，高效方便！

毕业班的同学忙着找工作，可其他同学依旧过着悠闲的校园生活，上上课、打打水、吃吃饭、看看片、逛逛街、洗洗澡、谈朋友的女孩偶尔发发嗲和发发脾气、男孩偶尔忍忍嘴和动动嘴皮子，其实还是挺快乐。

上班，烦琐的事情多起来，像我们这样的工作就是痛并快乐着，所以越发感觉工作着的日子里，应该找些小快乐！你遇到过这样的快乐么~~

1. 摸摸口袋，竟然发现里面有钱。

2. 成功赶上将要出发的公交或地铁。

3. 别人为你按着电梯门的“开”键，等你进来。

4. 电话响了，你拿起听筒发现正是刚才在想的人。

5. 请别人为你挠背，他一下子挠到了最痒的部位。

6. 突然想起小时候最好的朋友的电话号码。

7. 你打算买的东西降价了。

8. 想着今天是星期三，其实是星期五。

9. 把最后一块图案放进拼图里。

10. 下雪后，第一个踩出脚印。

11. 开了半天车，一路都是绿灯。

12. 需要拥抱的时候，得到一个温暖的拥抱。

13. 排队时，你所在的队伍最快了。

14. 广告时间换了频道，返回来的时候节目恰好开始。

15. 发现明年生日那天是周六或周日。

希望你也能找到属于你的快乐。

2011 年 4 月 30 日

找工作的打开方式

今天碰见一位研究生，我问他是怎么找到就业信息和工作的，他说去浙江省人才市场的专场招聘会上。其实找一份完美的工作真是实力、幸运相结合的事情，高效率地找工作确实不是十分容易的事情。不妨尝试以下的方式。

1. 学校的冬季、春季、专场大型招聘会。上百家企业，上万个岗位。数量庞大，很吸引人。

2. 通过学校组织的各类宁波、杭州等分地区或者是分城区的校外专场招聘会。比如研究生研发类的工作，也许在校内招聘挖掘得比较少，但是此类专场招聘会的可遇几率就很大。只是多数集中在 9—12 月，可能是同学们就业热情并不高涨的时候。

3. 外企宣讲会。通过外企的宣讲会可能不会有很多的同学被录取，因为要求很少，招人很少。学习也是去那里的真正目的，学会提问，了解更多行业内外的信息。所以请不要只专注于本专业的宣讲会。相近或者不相干的专业，也尽情去听吧，只要是知名的好的企业！

4. 亲戚、校友资源。很多学姐、学长会介绍自己的学妹、学弟好的工作机会。这是拿钱也买不来的校友资源。所以，要尊重你的学姐、学长，也要善待你的学弟、学妹，之后可能他们也都会帮助你到。

5. 导师推荐。虽然导师推荐的成功率很高，但是根据每个导师的活动圈不同，有的导师可能和杭州周边地区的企业联系密切，有的可能是杭州地区的企业。这也是你可以“求助”的对象。老师对于学生的就业求助，是很愿意积极帮助的，所以不要担心你的导师有没有办法，关键是你有没有暗示。

6. 各类论坛。有人告诉我可以看看论坛，有个叫“应届生论坛”的网站里面就有很多就业信息。很惊喜的事情！所以大家积极挖掘网络资源啦。知之为知之，不知网络知！有的同学来自北京，他想回北京工作，可能就会很关注北京高校的就业网，来自山东的就会很关注山东大学的网站就业版块……你来自哪里？如果你是药学院的学生，但是以后想从事经济、管理类工作，那干吗不去看看经贸学院的网站，不去看看浙江工商大学的网站呢？要知道下个月工商大学就建校 100 年了！杭州的同学还可以去豆瓣网看看，里面有丰富的各类活动资讯，根据你参与的组别不同也会有很多就业、创业的讲座、招聘等活动的开展。积极关注就业，总不会错的！

7. 提前实习。有些企业与学校合作开展活动，提供实习机会，进而转正，如外企，实习转正，大二大三的时候提前关注些自己喜欢的企业，企业一般会很愿意留下实习不错的学生。

8. 各地人才网、人事网。一般参加事业单位考试的学生可以多关注。

9. 目标公司的网站。宝洁、中金、国有银行都需要在他自己的网站上根据他的模板网投简历。所以想进大企业的同志们得找好目标公司啊～（当然这些个信息各类求职论坛也有）。

……

接下来的就需要大家的积极帮助了，请你帮我填填空，告诉我，毕业生可以通过哪些渠道找到工作呢？凡参加的毕业生，不错的答案会有奖品！一定有的！（看仔细，是毕业生，不是应届毕业生，欢迎往届毕业生来献计献策哈！奖品邮寄。）

谢谢啦~~ 一定要认真一点！

2011 年 4 月 30 日

情非得已

听一首可爱的老歌，想一些值得爱的老朋友，念一段忘不掉的老时光。

那些过去的流沙岁月，让一些人走进我的生命，使一些平凡的 24 小时变得与众不同。

你成为我的眼睛，通过你的描述，我看见很多不同的风景，还有，触摸过美丽的剪纸画（王 p 小盆友），品尝过美味的鸭舌（韩 h 帆小童鞋）。我记得第一个到校的朱 t，第一个报到的应 m 星，记得俞 m 在食堂四楼高歌《红日》，还有越来越美的苏 z 颖和她那些动听无比的歌曲，周 b 纯永远淡定的“假正经”，以海青为代表的一瓶幸运星和充满爱的拥抱，误会郁 j 华是 06 级的学弟，沈 y 珍短信里总有一个可爱的微笑符号，赵 y 的山羊带着单纯和善良，和我一样喜欢过某服装品牌的越洁，章 q 在那年冬天忘记了我，陈 s 素美丽与智慧的“高不可攀”，蔡 y 的大眼睛还有陈 c 的多变总有小惊喜……

昨天好像还在山里，晚上开完会骑车去鑫淼寝室吃蛋糕，今天杨 z 远就把最后一批毕业照片带来了办公室。时间过得好快。

昨天还看了陈 j 转专业前在班团风采展上拉着床单表演，今天钟 d、乐凯就成了经贸的毕业生。时间过得好快。

昨天杨 s 杰还帮我搬《2010 届药学院毕业生特刊》，今天就在特刊上翻到了他的照片。时间过得好快。

昨天不舍得吃陈 h 磊送来的节日巧克力，周末被不知情的 08 级小朋友都吃完了，小伤心，今天的这个时候应该已经在家了吧。时间过得好快。

昨天看见付 l 娜还在为运动会急赶现场海报，感谢她的救场，今天她却拿走了毕业证书，还有研究生录取通知书。时间过得好快。

昨天我还单腿跪在蒋 y 茜的面前向她“求婚”状（学生活动表演），可能今天之后的不多久，她就带上所有老师和同学的祝福开始异地的新求学之旅，探索未知的自己。时间过得好快。

昨天我还在劝罗 y 凌不要放弃副主席的职位，今天他就早早找到一份属于自己的工作，走属于自己的路，创造自己的幸福。时间过得好快。

昨天我还在晚会上看何 y 雷的主持，笑看他的可爱、紧张、自豪，今天他也收获了诸多学校的橄榄枝，开始自己的奋斗故事。时间过得好快。

昨天凌 c 英还睁着漂亮的大眼睛问这问那，今天却发来无比感人的短信分享她离校的快乐和不舍。时间过得好快。

昨天李 x 还问我“老师，今天要上课么？”我说“一定要。”谁知，她真的跑去广 C，被山里的大水给困在教室，我倍感自责。今天她也毕业了，瘦瘦的小姑娘，一定记得多吃一点，对自己更好一点。时间过得好快。

昨天在闷热的寝室，楼 s 文告诉我包 w 军盛了满满 1 桶水在屋子，我问他为什么，他说这样寝室会凉快一点，我笑了。今天他说他毕业了，我哭了。时间过得好快。

……哎呀，这样写下去，有一种写不完的感觉。写得很快乐，很伤心，很幸福！特别值！只是故事太多，情非得已。

你会不会遇到一些画面……

当你送一个人去车站，上了这班大巴，可能真的就走了，不会回来。

当你在冬天的被窝里，收到一句想念的问候，倍感温暖。

当你将一袋热气逐散的糖炒栗子塞进一个人的手心，表达一种喜欢。

当你在胸前写下一个名字，认可友谊，为小日子们而掏心。

当你想和一个人嬉戏，总想和一个人嬉戏，总想只和一个人嬉戏。

当你伤心，不敢面对，才不去站在他对面。

……这里，有没有一个你。

不断地，只听这首可爱的老歌，无法停止想念这些值得爱的老朋友，深知永远不可能遗忘的老时光。——这便是我此刻的心情。

我想念！

2011 年 6 月 20 日

2008级，你好！

亲爱的2008级：

你好！

一转眼，又是一届毕业生，说实话，2006级同学毕业的情景还在我的眼前，现在就已经是2008级的同学了。和08级同学的缘分始于2009年的3月，记得那个时候刚去屏峰校区，在办公室见到的第一位同学是药学1班的赵y，恰巧还是他过生日的前后两天。刚和08级的同学接触，很多情况不是很了解，多亏了刘c、陈j在工作上给予很多的支持，当时10个班级的班长、团支书也非常的优秀，那段时间是大家相互认识、逐渐熟悉的阶段，也是我生活经历的转折点。

与其说辅导员管理学生，不如说学生陪伴辅导员，我们相互见证彼此的成长。你们大一的时候，我失恋了；你们大二的时候，我又恋爱了；你们大三的时候，我结婚了；等你们大四毕业时，我的生命角色又开始新的转变。所以我真的非常感谢大家，与你们在一起的日子，虽然一去不复返，但是不能否认是我青春年华里自认为最好的几年。

与大家一起生活、学习、工作的日子，发生过很多有趣的事情。在我的电脑里，一直有一份文件，是与大家快乐相处的短信记录。偶尔打开看看，发现真的很有意思，很遗憾，当时没有备注清楚是哪位同学发的，但是这些都是最最珍贵的礼物。比如有位同学说“点完名了，老师你专门让我点的那三个人全到了，又让你失望了……哈哈”我知道，肯定是我找人重点去抽查某三位同学是否到课，其实我一点也不失望，特别开心。有一条短信是这么说的“热血五四，烈火青春，递传火炬，腾飞梦想（唉，没有妙语赠金鑫，却作胡言道五四）”这个是我向某位同学征集五四火炬赛的口号，他非常有才华，很低调，很努力，我非常欣赏并且佩服这位同学。我想和你说：“也许暂时你没有实现大一时许下的一个心愿，但是梦想是由很多心愿组成的，有目标，能坚持，善于自省这些都是你的优点，他们也足以让你过上幸福的生活，我希望你能多笑笑，快乐地面对生活。”

有一位同学，在大一的时候很想转专业去法学院，后来发了消息给我说“我觉得我最终没有转专业，但是这个过程中我找了很多学姐，学长，老师，真的收获了很多，完全出乎我的意料。我开始慢慢规划大学的四年，我希望在药学院度过充实而快乐的大学生活。”她大四选择转去经贸了，所有的老师都祝福她，我想说无论大家在学校还是毕业以后，只要你的选择能促使你更好地发展，药学院所有的老师都会无条件支持和帮助你！

在08级同学军训结束时，有一条短信说：“我上车了，离开杭州这个火炉前往下一个了……这会儿我的大一算彻底结束了，回忆一下，虽然平淡了些但是还是有亮点，……，愿你拥有一个甜蜜快乐的暑假……我们九月朝晖见啦。”如果这段话放在两周后，我想对这位同学说：“你上车了么，是不是打算离开杭州这个火炉前往下一个了，这会儿你的大学算彻底结束了，回忆一下，你的感受是怎样的，愿你拥有无数甜蜜快乐的日子，我在朝晖随时等你回来。”

08级的同学们，谢谢你们。谢谢你们的一路陪伴，谢谢你们的宽容理解，谢谢你们的关心爱护。几百个字是无法表达我对你们的感谢，我给你们的祝福。如果你愿意，请不要把我的电话号码从你的通讯录里删除，因为我随时准备着，愿意听你说，“金老师（或者金老姐），我觉得最近有点累，有点烦。”

不解（温s米）

如果生活没有灾难，谁能教会你坚强
如果职场没有风浪，谁能助你成长
如果世事并非无常，你怎能体味悲伤
如果过往真能折回，你何必用心珍藏
异样的人出生时总是一般
为什么直升机研发了，朗玛峰上徒手相竞
为什么乌篷船被淘汰了，海峡间皮划艇在疾行
生命交给人一个没有底的谜，人一直追索着也改变了自己。

2012年6月4日

许下大学最美的愿

一眨眼，这些字已经过去三年多了，坐在电脑前我脑子都空了。2009级的同学和我之间的距离就是这么有意思，2009年我觉得你们离我很远，只是想为欢迎你们

写点什么，如今 2013 年了，你们即将毕业离我最近。虽然我不是你们熟悉的辅导员，虽然当我们彼此走近时的 2012 年我又跑去生孩子了，虽然等我回归工作时有人已签约、有人漂洋过海开始求学之路，但我特别想和你说："珍惜最后的校园生活，为自己许下大学最美的愿。"

前些天一位很久没有联系的朋友发邮件问候，我感觉很幸福，同时也很惭愧。幸福是因为朋友分享对生活的态度，说对"生活"这个事情越来越有信心，这样的分享是很温暖也很鼓励我。惭愧是我没有主动关心过朋友们的生活，所有的社会关系都需要维系，而友情维系的前提我觉得就是真诚，觉得交这个朋友让我很快乐，他可以有独到的眼光看问题，也可以有耿直的性格直指我的弱点，或者其他，总之和朋友在一起是轻松快乐也可以让我变得积极勇敢。上大学的时候我总觉得这样的朋友只会在小学和中学的同学中产生，大学毕业 6 年后我发现这样的朋友在大学校园中也会有很多。希望即将毕业的你们能在身边发现有这样潜力的同学和朋友，让他们成为你这四年青春中的一笔精神财富。

最近流行电影《致青春》，我也凑热闹去看，和身边的朋友开玩笑这样的电影就应该和闺蜜去看，可以大肆讨论寝室趣事、聊聊曾经的校园恋情，可以因为想念什么人或者什么事而掉些眼泪云云。因为正值青春的我看到一些片段的时候也会怀念我的大学时光，那时我更青春，如同你！不去评论电影拍摄如何，仅话题就值得毕业后回味，我不认为毕业 10 年或者 20 年就不属于青春了，恰恰相反，我想大学四年是一场青春的梦，四年后开始走一趟青春的路，内心有多憧憬，青春就会多长久，直到自认为成熟的年纪再回味青春的年华，那是多美的事情。不要提前暗叹青春，青春是可以永葆也值得永葆的！

所有的青春理想最终是要实现还是只梦一场，都不是你我说了算。也许要付出很多努力才可能看见微弱的光，尽管如此，我们也要一起努力！2009 年我们说："请记住，公元 2009 年我们开始了闪药的新生活。"2013 年我们说："要记住，公元 2013 年我们许下一个闪药的青春心愿。"加油！2009！

2013 年 5 月 8 日

像找人生伴侣一样地找工作

找个合适的工作有多难？找一个性格相投、兴趣相似、价值观差不多，既能通过外貌协会的考察也能在展示才华的时候让你莫名膜拜的人有多难？

你要的那个工作是不是……

与你的特点符合——你的优点能胜任它，而又能巧妙避免你的不足。

与你的兴趣结合——上班和玩儿一样，一边努力并轻松地干活，一边还特别享受。

与你的价值观基本一致——憎爱分明，不作假，不撒谎，不场面话，不矫揉造作。

与你的审美对口——A 级写字楼，电脑能秒杀，最好楼下有个星巴克云云。

与你的职业规划同步发展——越来越顺，旅游、加薪、培训、年假再加升职。

你做梦呢？

找合适的工作就和做梦一样，因为找合适的工作就像找人生伴侣，你的人生伴侣不是都称呼为“梦中情人”么。当然有的人找工作很快，可能合适，但是这种可能性很小！大部分是不一定合适啊，只能说找工作这种事情，3 分天注定，7 分靠运气，剩下的 140 分是努力！所以你现在明白了没，找个合适的工作很难！

你找女朋友了没？

不管你找没找，想想总是可以的吧。那就请你真心听从内心的呼唤，想想你要的女朋友是什么样子的，假设，我假设一下，你完全可以不赞同！也许，从大部分的观点来看……

你想找一个五官端正基础上能多漂亮就多漂亮的，有的人喜欢小清新，有的人喜欢小性感，如花肯定不是你垂涎欲滴的那种类型吧，因为他是男人！

你想找一个身材标准基础上能多分姿色就多分妖娆的，有的人喜欢骨感，有的人喜欢丰满，关键你知道自己喜欢什么样的！

你想找一个气质佳基础上或脱俗或清新或可爱或其他的，不管你自己是不是“屌丝男生”，你喜欢，哪怕是“屌丝小妞”你也会很喜欢！

如果你已工作并且把对方往神仙眷侣的路上推时，那也会考虑一下对方的工作行业对吧，想一想对方的收入，还有对方的家庭氛围、生活习惯、教育背景，等等吧。

你找个女朋友想得还挺多，想当然是可以想的，但是！万一遇上对眼缘的，有些都是白想！找不到对口味的，请你继续瞎想！

你找工作了没？

找工作碰壁了没，天气热，找工作很辛苦，多喝水！

你找伴侣了没？

找伴侣碰壁了没，男人女人太多了，找伴侣很纠结，多接触！

你找到工作了？

祝贺你！

你找到伴侣了？

恭喜你！

几年后你再问问自己——你想好了么，你要找的是工作还是事业？

几个月后你再问问自己和伴侣——你想好了么，我是你此刻的伴侣还是接下来人生路上的心灵陪伴！

找工作这种事，我只能站在边上关注你，为你加油，给你鼓励！

哎呀，大一进来就该为大四出去做准备！对吧！

2013 年 10 月 29 日

一份选择，一生幸福

谢谢你选择了我，请相信这个决定；
我骄傲选择了你，我坚定这个选择。
无论你来自哪个城市，今后将去向何方，
在这承载四年青春的旅途中，
我们要一起走过。
我会感动于你的真诚善良，
但我更想赞美你对生活的热爱，
我会看到你的喜怒与哀乐，
但是我更想见证你的收获与成长。
请记住，
今天是你人生的新一页，
这里是你生活的新起点。
我们的家庭不是最庞大，但却最温馨，
我们的名字不是最响亮，但却最动听，
我们的家是药学院，我们的名叫药学人。
我会用力地鼓掌——欢迎你，新的药学人；
想你大声地欢呼——我爱你，闪药的新生活。

——送给可爱的 09 药学人

2009 年 8 月 4 日，我在人人网的《聆听鑫声》写下这一段话送给新生。那天晚上在宿舍的兴奋劲记忆犹新，虽然不是新生辅导员，但能为学生做些什么，与他们聊点什么，我十分快乐。

我是辅导员

2007 年 6 月夏，我本科毕业。从学生到老师，从索取到给予，角色的转变让我怀着一点忐忑、一点兴奋、一点抱负、一点幸福走上了辅导员的岗位，继续留在母校学习、生活。我很喜欢学生工作，也为这项工作不断地学习和努力。我问自己，人的一生有多少十年，我未来的每一个十年将如何度过，我将最美好的青春牢牢印刻在这里，所以我也很期待。有人问我辅导员工作是什么样的，我说是记录、是青春、是未来。

2016 年 6 月夏，我工作满九年。人在职场，在其位谋其职的日子不过几个九年，我已经度过其中之一。工作的点滴不足以用几个故事表达，但将浓缩在故事中的情感放大，带给我的是快乐充盈的 3285 天。曾经幸运地借调到过不同的部门和单位工作，开阔眼界，虽然工作内容偶有变化，但是唯一没有变化的是我的本职岗位——辅导员。有人问我辅导员是干什么的，我说说大了是为学生实现梦想保驾护航，说小了是成为学生信任的陪伴者。我问自己，热爱能走多远，心里想的是坚持不懈。

辅导员的幸福记

我身边出现过很多“你”，每一人的出现都带着信任、交流、快乐、善意，每一个都有一些故事，让我闭上眼睛就看见这些画面，仿佛就发生在昨天。无论“你”的出场方式是“一见钟情”抑或“日久生情”，是“相见恨晚”还是“不打不相识”，谢谢你走进我的生命，感恩我走进你的生活。与其说辅导员管理学生，不如说学生陪伴辅导员，相互见证彼此的成长。有人说，辅导员工作很琐碎，辅导员工作是一份良心活，辅导员工作挑战多、锻炼大……是的，在我眼中，辅导员亦师亦友，在现实的社会中坚持理想，在平凡的岗位上坚守奉献，有笑有泪，有温暖。

记得有一年，我紧急被安排去新校区做新生年级辅导员，是新生第二学期开学初。因为已经是第二次带新生，所以比较快地适应了工作环境。有一位同学引起了我的注意，他每周固定在办公室勤工，每次轮到他工作，办公室窗明几净，他把每一个窗台擦得干干净净，把办公室每一个角落扫得一尘不染，把办公桌和会议桌材料物品摆放得十分有序，很遵守值班时间，衣着朴素，非常有礼貌。他们宿舍是我见过的最干净的男生寝室（没有之一），但是我每次走寝室都没有碰见他，同学告诉我他常去图书馆学习，还说寝室卫生都是他打扫的，第二天我把他的档案找出来查看，没有助学贷款、没有生源地贷款、没有临时补助，所有和资助有关的名单都没有查到他的名字，当天晚上我给他家里去了电话，才知道他家的实际困难。我向他妈妈介绍了很多学校的政策，助学贷款、国家助学金、临时补助等，只要有需要都可以随时告诉我。那天晚上，我和他妈妈一样都很激动，聊了很多。当他收到第一笔国家助学金的那天，他给我发了一条很长的短信：“金老师，谢谢你，我不知道该怎么表达。可能对你来说只是一个电话，你和我说是你的工作，但是因为这个电话，帮我解决了很大的困难，爷爷奶奶爸爸妈妈都十分感谢你。我也是。只要办公室有需要你随时叫我……还有，听说你是我们的临时辅导员，那下学期你还带我们么？如果你不带了，班长说打算写信给学院领导让他批准你继续带我们……”我带了他们3年半，电脑里一直有一份文件，是与学生快乐相处的短信记录。后来这个学生顺利毕业，回老家了并且在一家药企工作，去年拍了婚纱照，照片里的他像花儿一样幸福。

这件小事让我记忆深刻，因为每每说到辅导员工作，我们都会谈责任、谈爱心，我们可以根据学生主动提供的信息进行分析和解决问题，但如果是像他这样的情况，更需要的是观察和判断，需要主动追问、了解和沟通。有人说辅导员工作周而复始、繁琐杂糅，我看见周而复始里面充满了新创意，烦琐杂糅中有专注、有积累。除了这样温馨的情节以外也时有紧急的情况发生。

“金老师，我们班的张xxx晕倒了，现在在医务室!”“我马上过来。”跟家长作了沟通后我及时为学生办理住院手续，一边垫付各种费用，一边与班主任和学院领导及时联络。晚上11点的住院病房很安静，趁学生挂着点滴休息，我又去打了一壶水，买回了面包、脸盆、毛巾等备用。当第二瓶盐水开始时，我把陪护的床展开，问护士要了一个被套，躺下了。“金老师，你睡了么？”“没有，要喝水么？想到什么就喊我，想上厕所也告诉我。”“呵呵”虽然没有看见学生脸上的微笑，但是这句呵呵让我悬着的心放下了，感觉很踏实、安心。学生似乎有点内疚地问我，他生病是不是打乱了我的计划，我一边安慰他健康是最重要的，一边我想其实我的计划就是根据学生的计划来进行的，学生安全、快乐，我便踏实、幸福。他睡不着和我聊了几句，我也借此对他有了更深的了解，这位来自甘肃的学生家里还有2个姐姐，为了能让他上大学，姐姐们初中毕业就不念了，全家供他。他很担心医药费，因为家里经济条件不好，我说有医保别担心，他很担心请假太多课跟不上，因为学习成绩也并不是很好，我说会安排班级的学习委员组建学习小组来帮他补习等等逐一消除了他心里的不安。他又憨憨地说：“金老师，我觉得现在很幸福，你很有趣。和你聊天很开心。”这一句话把我的心融化了。

作为教育战线中一名普通的辅导员，我没有立下丰功伟绩，也没有用深邃的思想诠释职业价值，可是每当听见学生说和我聊天很快乐时，我就认为这是最纯真的对辅导员职业的赞颂，也是最打动我给我动力的一声“加油”。每带一届学生，我都要按照月份把学生的生日摘抄到笔记本上，发现有时身份证上的生日并不准确，也会偶尔找到4位学生同年同月同日的缘分，生日时我的一句祝福能给他们一点快乐和惊喜就足够了。

想到另一个难忘的夜晚，2009年6月10日。因为对学院的寝室搬迁方案不满意，一位“意见领袖”型的学生在人人网发了一篇日志，更改了状态，直接抨击即将进行的寝室搬迁工作。寝室搬迁是每年我们学院都进行的学生工作之一，出于对这项工作的敏感，我通过班长会议、与班主任沟通、安排寝室长座谈会等方式，稳定学生思想，接纳学生建议，等方案向学生公布的时候我一直密切关注学生的动态，比如，他们的 QQ 签名、班级 QQ 群、空间，等等。果然，还是有学生反应强烈，我明白要以解决学生的实际困难为目标，而且必须要采取网上控制+网下解决的双网沟通渠道。凌晨 1 点，我在网络上发布了一篇日志，以“别气愤、别伤心、别埋怨、别泄气、别挖苦、别害怕”六个小点表达我的看法，我肯定了同学们勇于表达的意识，其次针对所提出的异议主要是对未来期待与现实的反差引起了失落心理导致，进行了安慰，对如何顺利适应新的寝室环境也给了一些建议，让大家更全面了解寝室搬迁的工作。我发现很多学生都没有睡意，纷纷给我的日志留言，大家都在电脑前关注这个事情，于是通过电话、短信、QQ 群我也与个别学生干部交流，在网上及时回复学生的留言。更没有想到也吸引了毕业班的多位学生参与到这次网络大讨论中，有一位毕业生说寝室是大学生活的一部分，硬件有限并不代表大家不能把寝室整理得干净而温馨。网络上有那么多双眼睛在关心、关注着事情的发展并且给予积极回应，这就是我在寻找的“好声音”。当天上午 10 点学生就给我发了短信，她觉得自己有点任性了对她的行为表示歉意，我感谢她的“任性”，说明我的工作做得不够好，还有很多需要提升和进步的地方。辅导员作为联系学生和学校的重要桥梁，解决学生的实际困难和落实学校的各项工作都是我要面对、要解决、要解决好的工作。经过这次网络风波，在两周内，我又与涉及搬迁的学院女生谈话，走访寝室了解情况，形成调研报告，把搬迁中出现的问题向学院的有关部门反映，使问题妥善解决。

每一名学生在我心中都像一本书，与他们在一起，我努力去读懂他们。他们踢球赛时，我是啦啦队员，从他们身上学到坚持不懈；她们唱歌跳舞时，我是一枚粉丝，被她们的歌舞青春所感染；他们投身科研竞赛、参与志愿者活动时，我是智囊团一员，与他们一同头脑风暴。“辅导员”简简单单三个字，也好像是一本书，但没有最后一页，又很像是一个剧本，却没有最后的情节。它由爱催化，在我的心里开出许多花。正因为这份快乐的选择，所以现在我倍感幸福！

不解

如果生活没有灾难，谁能教会你坚强
如果职场没有风浪，谁能助你成长
如果世事并非无常，你怎能体味悲伤

如果过往真能折回，你何必用心珍藏
为什么直升机研发了，朗玛峰上徒手相竞
为什么乌篷船被淘汰了，海峡间皮划艇在疾行
生命交给人一个没有底的谜，人一直追索着也改变了自己。
——送给我的辅导员

2012 年 6 月，一位不善言辞的毕业生写下这一段话与我告别。我回复：“我一直在学校，欢迎你们随时回来。”

2016 年 10 月 17 日

让我们更了解你

亲爱的同学们：

最近在中心、学院的研究生中进行了一个关于学习生活方面的调研，也和心理健康水平有着密切的联系。因为学校对研究生培养的力度增加了，要求也变高了，而社会呢，对研究生学历的人才求贤若渴。看起来似乎研究生的就业机会很多、就业层次也很高，按理来说大家都应该很开心，可事实上还有一些其他问题，比如导学关系等人际关系和个人成长过程中的心理困惑。在研究生复试的节骨眼上写这样的一篇文章其实我内心纠结了一下，生怕让部分已经成为准研究生的同学有压力，可是转念一想，我为什么要设计调研，是为了让研究生的部分诉求可以有途径反映、可以让导师看见、可能也可以让我们的学习生活改善一点。这是一种声音，建立和同学、老师、学院沟通的桥梁。没有调研就没有发言权，不了解困难就不能找到解决困难的办法，谢谢每一名参与其中的研究生，你有权利知道一些现实存在的问题，更需要你一起想办法让我们的学习生活环境越来越好。

本次调研是面向中心、学院研究生各年级（含博士），采用纸质匿名问卷形式，最终收回 313 份具有分析价值的问卷：139 名男性、174 名女性；硕士生 300 名、博士生 13 名；协同创新中心 96 名、药学院有 217 名。由于设定的题目较多，因此，我就挑选个别有代表性、问题更突出的选项进行分享，并尝试给出一些建议，非常欢迎、需要同学们有更多的好点子。

1. 人际关系

在导学关系的选题中，超过 50%的同学定位自己和导师的关系更像老板和员工关系，我记得我读研的时候也从学姐学长那听到一个对导师的昵称“老板”！这是一个很特别的称呼，导师是我们的师父，以前研究生称呼导师为老板，更多的含义是形容两者的师徒关系，有句老话“一日为师，终身为父”，形容师生的关系如同父子、父女、母子、母女。导学关系是研究生在校期间最重要的人际关系之一，尤其涉及论文、课题参与等方面，可能在某一阶段师生关系是最重要的关系。因此如果导师有一点点忙，就需要学生主动关心老师、问候老师，积极沟通除了学业课程和实验进展以外的话题内容，遇到问题也可以和导师商量解决。记得有一年毕业典礼上，一位教授说特别感谢他的研究生，如果没有学生翻译文献、读书报告，他的实验进展也不会顺利，更不会取得成绩，这些话打动了很多人，导师对学生也有着深深的感恩。

关于班级同学，大部分研究生认为是普通朋友关系，但提到寝室同学大多数都认为属于亲密朋友的范畴，这也很有意思。研究生学习除了实验室的概念以外，比较强的就是寝室概念，因此，认为寝室同学比较亲密是较正常的现象。住在同一个屋檐下，出现生活习惯不一致很正常，要学会换位思考、恰当提醒、及时改正，不应该因为私人的情绪就排挤同学。另一方面，我们也在思考是否有必要建立研究生班主任制度，因为班级活动、班级同学的交往也是很重要的研究生学习生活的一部分。你觉得呢？

2. 生活压力

关于当下的压力问题，大多数的学生认为压力主要来源于职业发展、学业规划以及收入。可能也是大多数工科背景在校学生都关注的问题。作为学院的学生工作团队，我们已经定期开展分年级谈话制度，每周二中午、周四中午、周五下午分别召开研一、研二、研三学生的交流会，欢迎大家在这些时间段来参加与辅导员的座谈；同时针对研究生关心的职业发展规划的内容也积极策划安排职场分享，持续在 3～5 月进行，为学生的职业困惑提供平台做交流和答疑；我们也建议大家可以和导师沟通，结合往届学生的发展安排一些交流会或者建立交流 QQ 群、微信群等，多途径了解职场发展的现状；面对当下的困惑比较大的同学还建议去学校就业办或心理咨询中心接受咨询，帮助我们更好地个人成长。在国外心理咨询是一件很平常甚至说是必要的生活内容，及时疏导不良的情绪，将我们自己调整在最好的状态来面对生活中的各类状况。

3. 关于性行为

关于对性行为的认识与看法，设置此类题目的初衷是近几年我中心、学院存在女学生毕业前怀孕、毕业前休学生产、在校生已是二孩父母等各类关乎个人生活的情况，当然这些都是合法的哦，我们也特别祝福这些同学在完成学业的同时丰富了个人的生命体验。另外可能很多同学不清楚，全国的高校中不当性行为导致的艾滋病的滋生与传染逐年增加。同学们对于性有自己的理解与认识，大部分同学也明确在性行为过程中采取保护措施，但是仍有少数同学对保护措施采取无所谓的态度、大部分同学均是通过网络等媒体获取相关知识，这两点令我有一些小小的担心。我们已经建议学院、学校要增加相关知识的宣讲，对于同学们比较偏好的了解渠道如网络媒体，需要特别提醒大家，网络上信息的真实和准确性存在很多质疑，甚至有些仅仅是为了广告宣传，会误导我们。校医院、社区医院及正规的如省人民医院、省妇保等大型医院都有对应科室咨询解答。

4. 关于助学津贴

大多数研究生认为不应该再向家里伸手要钱，但是现实情况我们处于学习阶段，对家庭仍有一定依赖性，所以很多同学就想通过各类奖助学金和兼职自食其力。由于科研压力比较大、实验室管理制度不相同等因素，很多研究生反映不能参与校外的兼职工作，希望学院能提高各类津贴补助。针对同学们提出的要求，我们也建议学院、学校是否能挖掘校友企业的奖助学金，为大家争取资源，其实我们学院的华海基金，还有在谈的另一家校友企业都有为学生投入科研项目设置不同资助、奖励额度，同学们都可以来申请学院的这些项目。另外我们也在努力和导师沟通，希望能支持、鼓励学有余力的同学参与校内的实践如担任兼职辅导员等工作，我们发现有个别同学存在回避导师、自己兼职家教等行为，其实这样既不利于导学关系也存在一定安全隐患，不建议同学用这样的方式赚钱。只要把专业知识学好了，提升自己的综合素质和技能，眼前的这些“小利”在未来的就业中完全可以在短时间内弥补。医药行业是朝阳行业，新兴的互联网医疗、第三方检测，传统的研发、QA\QC等，我们可以选择的岗位很多，也许眼前新兴的岗位有一天会变成传统的就业岗位，而眼前比较传统、常规的研发工作未来会有新的变革和发展。

很感谢每一位参与此次调研的同学，谢谢你们让导师更了解大家的想法，同样也有一个小小的心愿，能更理解我们的导师，他们有严谨、严格的一面，也会展示有爱、有趣的一面。谢谢同学们对学生工作的支持和理解，也许辅导员不能做到时刻关注、关心你，但如果你有任何的想法和辅导员沟通，我们都愿意倾听、帮助和陪伴。

2017 年 3 月 23 日

在达尔文的眼皮底下疫期加油！（一）

同学们：

已春暖花开、明日便可相见！好多日前写的字晾一下。

在全国上下众志成城、共抗疫情的当下，我和大家一样，为在疫情中涌现的英雄点赞！为沧海横流、显英雄本色的白衣天使、民警官兵落泪！为不畏艰险、冲锋在前的基层党员和志愿者们动容！他们舍生忘死的精神召唤着青年学子，也彰显中国力量和荣耀。当我们一边沉浸在这些英雄事迹和感人故事中，另一边我也收到了好多同学的短信、微信、QQ 留言或者电话，有的人倾诉在疫情期间学习上自律不足的烦恼，有的人吐槽负面情绪和拖延行为，还有的人说长期居家亲子沟通有了危机。于是出现明明有一颗想要把事情及时做好的心，为什么行动总是跟不上来的现状，明明知道学校已经为毕业生能顺利毕业、就业做了诸多方案和提醒，但心里总有焦虑和困扰。我想和大家分享一些我的心得和方法。

像达尔文一样思考

1809 年 2 月 12 日，达尔文出生在英国什鲁斯伯里的一个医学世家，他的祖父和父亲都是当地的名医。在达尔文 16 岁时，父亲送他到爱丁堡大学学医，期待他也成为一名医生并且继承家业。剧情的发展是他既没有成为一名医生，也没有随父亲的第二志愿成为牧师，但他和虫子交上了朋友，用兴趣驱动梦想，即便航海十分艰难，因为对生命充满好奇，最终他被历史记载。提到达尔文很多人都会条件反射地想到三个字“进化论”，如果我想请你继续自由联想和他有关的四个字，你会想到“适者生存”还是“物种起源”？若是八个字呢，我猜可能是“物竞天择，适者生存”。为什么想和大家提这个，前两周有新闻报道，说某中年男子因为股市亏损，报复社会。截至此时，美股两周以来第五次熔断（股票是经济的晴雨表之一），我不知道还会不会有人因为愤怒和绝望继续戳一排排停在路边的汽车（的轮胎）；我不知道有多少人会在淘宝看主播“买它！买它！OMG!”；我想到的不是那些为品牌代言的顶级流量背后又发生了什么故事……而是我的学生在关注什么。在《习近平的七年知青岁月》这本书中，有一段是描述青年习近平勤于思考、善于思辨，头脑中新思想新观点新想法很多，有年轻人特有的激情与闯劲儿。比如，他读诗读到兴奋处，会跑到院子里大声朗诵，有时在山上劳动时也会朗诵。所以请大家把初心落在行动上、把使命担在肩膀上，像优秀者一样去思考和观察，在地球村的村民面对威胁时，对社会问题有独立思考、对探求真知做专业追问、在夜深人静寻心灵归属！

像达尔文一样行动

晚上兴起写下这千余字还有一个原因，下午有一位同学问我如何看待主流公众号标题的措辞、问我怎么看某辩论选手被骂，还谈起“针对”的话题，她说感觉“危机四伏”。我想这次疫情让我们体会到了制度的优势，还有很多“无法复制”背后的自信。如果拆文解字看“危机”，危险、威胁在前面，“危”的背后是机会、是机遇、是机制，还有机智的你！当我问她：“今天的网课都学好了么？作业写完啦？”她笑回：“自我学习太难了！”我就情不自禁说了句：“达尔文在看你呢！加油哈！”我好像也听见了她用一串笑声回复：“哈，老师说得对，别被淘汰了哈，做个行动派！”确实，在家正式学习已有两周+,不少同学说似乎进入了疲惫期，对居家学习有倦怠感。大一的同学开玩笑说，还没认全专业分流后班级的新同学，就快大二了；大二、大三的同学逗趣地说，何时报到、上课呀，好着急啊老师，我和小伙伴们都变成了“异地恋”；毕业班的同学多了些焦虑，开题、面试、签约，老师，我会不会被延毕啊，好担心。突如其来的生活模式——在家吃吃睡睡躺躺就是为祖国贡献力量；突如其来的学习模式——足不出户，学遍全球，海量学习资源任君挑选……当短短 1 个月的时间里，曾经我们幻想过的学习和生活状态实现时，我发现好多同学的幸福感并没有那么强。在我眼中，病毒成了一块试金石，窥探我们如何做好时间规划、怎样提升学习效率，这为我们的情绪管理和亲子关系带来了考验。

在达尔文的眼皮底下疫期加油！（二）

首先，关于时间规划和学习效率提升，推荐番茄钟的时间管理方法，规划和安排任务用清单，执行任务用番茄工作法。我们先把第二天要做的事情一一罗列出来，可以按照工作、运动、学习等分类，将任务放入清单中，最好能按紧急和重要的程度对任务设置优先级。

番茄钟的基本执行过程：

1. 每个番茄钟是 25 分钟，在这 25 分钟内集中精力完成一件事情；

2. 做完一个番茄钟休息 5 分钟；

3. 依次做完 4 个番茄钟后，休息 30 分钟。为什么番茄钟有时间管理的功能？工作开始，扭动番茄钟做简单的准备（或者用手机的计时功能替代），让大脑形成条件反射，使注意力更集中，快速进入最佳状态。专注、排序、休息时间交错的有节奏的可持续的步伐，避免了环境的频繁变化，让我们更高效地完成“今日待办”。

其次，关于居家学习以及开学前两周网课学习还有补充，也请和班主任、导师保持定期沟通的好习惯。一方面可以促进情感交流，建立良好的师生关系，另一方面能够及时将学习过程中遇到的困难、对目前的学习效果及时与老师反馈，得到老师的理解、具体的指导和有效的帮助。在沟通时给大家一个小技巧，尝试共情式沟通，做到换位思考，设身处地地理解对方，当我们的老师、家人感觉到被我们理解时，让对方来理解、悦纳我们就会变得容易一些，这样我们的交流会更顺畅，对师生和亲子的沟通有促进作用。

接下来，我们简单聊一聊情绪管理话题，先给大家看一张图：

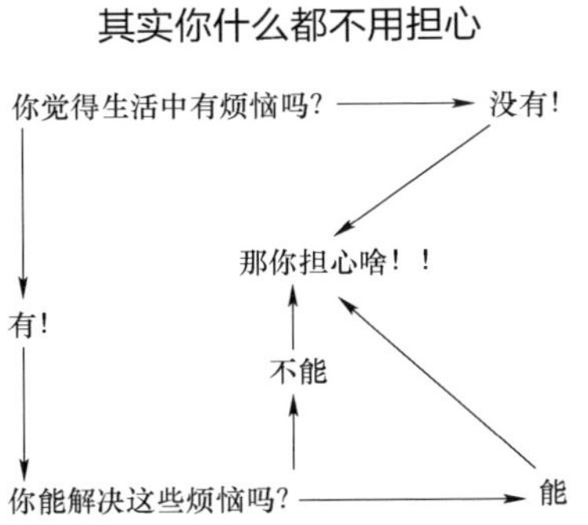

是否会心一笑？

美国社会心理学家费斯汀格提出过著名的“费斯汀格法则”：生活中的 10%是由发生在你身上的事情组成，而另外的 90%则是由你对所发生的事情如何反应所决定。所以，虽然我们无法控制回学校的时间，但是居家学习的安排完全是我们能掌控的，例如，跟着学校的教学计划进行授课，居家上网课的最大优势是可以随时重听老师的授课内容，除了学校提供的内容外，网络慕课资源非常丰富，提升了我们的专业视野。所以合理认知对我们的情绪调节是非常重要的方法之一，我们可以通过改变我们的认知调整情绪。

我们还可以通过合理宣泄、积极暗示来缓解压力，比如现阶段同学们有更多的时间与家人在一起，可以通过新闻报道、综艺节目等谈资，增加交流机会。也需要给家人“看见”我们的机会，去主动表达，让他们看到进入大学的你有自己独立的观点；积极做家务，让他们看见你的担当、感受到你的关怀；你也可以当志愿者服务社会，让更多人看见你的力量！我们可以给自己更多积极的暗示，例如，情绪激动的时候告诉自己“我要冷静一点”、受到委屈时想“我没有做错，会有机会解释和证明的”“嗯，身正不怕影子歪”、焦虑时“这些暂时的困难会过去的”。如果通过自己的调节似乎还有很多负性情绪时，我们可以借助专业的心理咨询来帮助自己更好地度过这段时间，各学校的网络心理咨询已开始接受预约了。

像达尔文一样感知

我们常顺着进化论说生物之间存在着生存争斗，那些适应者生存下来，不适者则被淘汰，这是自然法则。此时若达尔文在看这个世界，他会做何感想？人类的理智从来不满足于“知其然”，总要弄明白“其所以然”。面对困惑时我们要想办法知道“怎么办”，但是往往先感受到的是“怎么了”，那就让我们先接纳“怎么了”，调整好状态后再努力去寻找解决的答案。我们可以成为大树，也能享受小草的恬静，我们可以羡慕翱翔的雄鹰，也能欣赏树林里的黄鹂。也许我们平凡如星星，那么我们也要做一颗闪闪发光的星星，若有一天我们中的你变成了太阳，那么请用力照亮生活，用温暖驱赶阴霾，用力追求卓越。

同学们，恰同学少年，风华正茂。总书记在给北京大学援鄂医疗队全体“90后”党员的回信中这样写道：“青年一代有理想、有本领、有担当，国家就有前途，民族就有希望。希望你们努力在为人民服务中茁壮成长、在艰苦奋斗中砥砺意志品质、在实践中增长工作本领，继续在救死扶伤的岗位上拼搏奋战，带动广大青年不惧风雨、勇挑重担，让青春在党和人民最需要的地方绽放绚丽之花。”作为新时代的中国青年，我们要担负时代使命，在担当中历练、在尽责中成长。疫情当前，要不负社会众望，努力在为人民服务中茁壮成长、在艰苦奋斗中砥砺意志品质、在实践中增长工作本领，让青春在党和人民最需要的地方绽放绚丽之花。我们要做一名有担当的中国青年，向全世界展示充满智慧的伟大中国！

听话

上周参加了一个兴趣小组的分享活动，提前主办老师和大家说分享关键词是“听话”，我就马上想到了听话的对象——我听谁说话或者是谁听我说话。我想到孩子、朋友或者是父母，但是话语体系与“我”不同，所以下意识的我就想，听自己的话——与自己对话。

我分享了工作上遇到的一件事，和学生一起讨论课外学术科技竞赛，好不容易在指导老师和同学们的努力下杀出重围，算是在校内取得了还不错的成绩，但是在省赛竞技过程中被拦在国赛的门外。

照理，事情就结束了。但是今年情况特殊，比赛在全国赛的路径里都设计类似直通车的赛制和对应的“额外”名额，所以，我们又有了一点点去参加国赛的希望。就在我们决定是否要准备继续冲击，或者说以一个更难的方式走一条更难的路，在做决定时团队的小伙伴——包括学生和同事都有不同的担心和一致的期待。

我脑海中一直萦绕着三句话，对自己也是分别在回应他们。

当我们知道有新的途径可以去冲击国赛的时候，我鼓励学生们一定去努力，学生跟我说全国几十万的大学生参加这个比赛，但是最终上面只会放小几百名额，我们是那几十万之一。我确认过信息后，对自己说的第 1 句话是：“尽力了，赛后不悔。”只要有一线的努力，就要去 100%的冲击，没有委屈。

在这个过程中，也有担心：“因为可能会花大量的力气，但也许是一场空。”在荣誉上我知道有极大的可能性和预期不同，但是工作的过程，体会更多的是看上去“我为团队”，其实是“团队为我”，当我们要去冲击新的目标时，需要去找校内的资源，校外的资源，甚至国外的资源，真正做了之后发现，好多时候别人也在为我们尽他们的力。理念的转变，让我们更投入、更担当。我对自己说的第 2 句话是“尽力了，从我以为我为别人，其实是我为自己，最后是人人为我。”

记得和朋友在聊工作时，有人说：“你这样做会不会竹篮打水，如果主办方予以承诺，那再去努力，如果对方不能保证，不如不做这件事情。”听起来确实没问题，我也发现可以有理由“放弃”，可是我心里总是有一个声音在跟我说，你要去努力做，可能做着做着会绝处逢生。我对自己说的第 3 句话是“尽力了，才有希望。

不仅是事情发展的希望，还有来自成长的一份力量。”

从某一个时间节点开始，我变成了另一个听话的人，听自己的话，在工作的一些重要决定上，没有给自己减压减负找理由。我也坚定地知道，未来我会给自己更多说话和听话的机会，听自己的话，尽力谋事；好好与“我”对话，学会和“她”成为好朋友。

2020 年 9 月 26 日

三言两语 用心自荐

打开许久不用的 U 盘，2 月 28 日 15:16，我新建了一个 WORD，取名《别有“用心”的职场心机》，回忆了下可能当时头脑发热，想写点什么，刚刚点开，想看都写了啥呢，却发现一片空白～没劲。

我每天都会问小朋友，你今天在学校过得开心吗？他都会回复因为和谁谁谁玩，特别开心。我很羡慕他，希望无论工作与否我也能体验开心，比如：

上周某晚和十几个学生聊天，学生很认真，有的认真听，有的还做了笔记，其中有一名学生已经取得了本硕博的保研机会，也参与其中，是个认真的小助理，贴心为我准备了咖啡，还负责会议室收尾工作。或许她只是被老师差遣了这个任务，大概率是某老师提醒她准备的咖啡，但是她非常细致，做得井井有条。和大学生在一起是轻松的，因为他们很年轻，我正儿八经和学生打交道时学生只比我小 3 岁，如今学生比我小 20 岁，不可思议。参与的同学也非常真诚，没有人看手机，我也一样，真诚且无保留地把一点点经验、感受分享给大家，不作评价、不加干预、不予承诺，时刻提醒自己中立且客观。

这是今天我最快乐的 90 分钟。这份快乐是我和学生共同创造的，因为氛围对了、人对了、话题对了，于是这些“别有用心”带给了我、希望是我们，一些快乐。“用心”满足的是需求、给予的是鼓励、解决的是困惑、促发的是行动。被关心最多的 2 个问题：

疫情还没有结束，如果遇到网络面试怎么办？

1. 调整好设备，检查电脑、网络、摄像头是否可以使用；
2. 反复体验音视频，检查话筒、耳麦、音量、音质如何；

3. 提前布置环境，干净、整洁、明亮的背景，尤其是灯光；

4. 学习礼仪、着装得体，表达清晰、慢条斯理，再加一点手势语；

5. 展示青春、自信、谦虚、真诚、机敏的精气神。

若考研复试，自荐环节和工作面试时的介绍一样吗？

1. 简单介绍基本情况，如本科就业院校和专业。

2. 突出学习能力、科研能力，展示专业特长，如竞赛、立项、文章、专利和奖学金……

3. 未来规划发展，如继续深造、出国、考公、外企和国企……

4. 若有机会提问，就业时可以问面试官岗位的未来发展机会和平台，过往该岗位的从业者的目前发展情况，企业培训机会等；考研复试可以问面试老师专业最新前沿信息，毕业生的就业情况，国际学术交流情况等。

5. 开始回答要表示感谢，回答结束要明确回答完毕，一知半解时要不耻下问和追问，明确题干。遇到知识盲点，坦诚表达不会，但是会尽快学懂弄通，比如面试结束后就去请教前辈。

工作也好升学也罢，哪有那么多心机，唯有用心。

2021 年 3 月 22 日

鼓励出奇迹

时间真快，一年过去了，我要写一篇《鼓励出奇迹》谢谢我身边的小伙伴，领导、同事和学生。因为这三篇都提到了一项重要的工作，与学生和团队有关。

今年我和主要指导老师带着学生继续参加了全国最高规格之一的创新创业大赛，取得了国家金奖。那一刻，我们喜极而泣，拥抱彼此，一边笑着抹眼泪，一边哭着祝贺大家。

我们是一支丑小鸭变天鹅的队伍

原本我和同事们自今年年后就开始盘算手上的项目，摸排、评估、筛选、内测，一轮轮地开会讨论，像田忌赛马一样想着如何进行排序，如何找寻我们的“种子”。最终我们排序了 5 支队伍，这一只“丑小鸭”是排序第 5 的项目，它有些稚嫩，长得不够漂亮，打扮它也显得有些无从下手，虽然它也有血有肉，但是不丰满、很骨感。为此一度出现了找不到合适的指导团队教师来充实团队力量和打磨项目。我们想好好养一养它，让它明年试着展翅高飞，也做好了准备可能无法冲出校赛或者无缘省赛或者止步国赛网评和会评。

这一路下来，有人说这个项目不够好，有人说 BUG 太多，有人说学生们不自信，我们全盘接纳，但是不服气。因为师生内心有一个声音不断出现："我知道项目目前很一般，但是不允许别人否定我们的项目"，我曾经也在一瞬间有些沮丧，和领导汇报说也许我们的项目"夭折"了，感觉辜负了他们的信任和关注，很对不起大家。可是顽强的丑小鸭抵御了严寒和落寂，走到了国赛的大舞台，闪亮登场成为一只可爱的小天鹅。（我觉得没有完美，所以幸运的丑小鸭变成了很漂亮的小天鹅，它的可爱多于漂亮，它的勤奋大于聪明。）

我们是一支变渣为宝的团队

来说一说为什么能变渣为宝。记得我们给几个项目来了一轮誓师大会，誓师大会上丑小鸭的领头人说项目有很多不足，压力很大，感觉困难重重，指导老师立马说了句"我可是觉得你是所有答辩人里能力最好的，实力很强。"

回忆我们的"黑屋训练营"计划时，这个项目让我印象深刻的事情有 3 件：

第一件：学生要去 38 公里外的另一个校区封闭训练，其中好几位队员没有固定宿舍，竟也没人和我提出想住宾馆或者招待所，直接蹭同学的寝室，躺木板床或者打地铺，凑合了几夜，直到集训结束无意聊起才说。他们说就想尽快写出稿子、做好 PPT，他们向往国赛。

第二件：学生要从偏远的校区去 50 公里以外的校区进行模拟答辩，我从市中心开车到校区是 18 公里，我到时同学们早早就到了。我说下午的集训你们怎么早上就来了，团队负责人说因为早上只有一班校车，他们如果不赶早上这一班下午就会很晚到，如果打车又太贵了，不好意思和我说，怕觉得浪费了钱。他们说早点来可以观摩老师指导其他的项目，同时了解竞争对手，他们不想输太惨，他们向往国赛。

第三件：学生团队内部为了帮助低年级的学弟学妹，博士和硕士研究生（做出积极贡献的研究生）把自己的参赛排序往后挪了，把优势排序留给了学弟学妹。他们说可以把学弟学妹的工作内容加强难度，加大力度，还开玩笑地说，反正我们的项目也一般呐，让他们多干些活，哪怕学着干活也能快速成长，为此十一假期团队所有人都在一起、七天无休，他们向往国赛。

这些学生就是学校的宝藏！

鼓励黑色千里马

备赛、比赛过程中，有好几次交流令我印象深刻，讲一讲学生竞赛中的“鼓励和赞美”吧。

早在誓师大会上，张老师说：“我可是觉得你是所有答辩人里能力最好的，实力很强。”就开始给项目负责人加油了。

到了十一期间，看见学生有冲劲了，我说：“去了就是银奖，努力一下就是金奖，那我们有什么理由不努力呢？”看见学生不够自信时，我说：“放松，我们的目标是明年的比赛，今年就是体验比赛的感觉，银奖已经在口袋了。”“我们可是省赛金奖的队伍，评委们个个火眼金睛，就是看好了我们。”

赛前一天的傍晚，学生发来三张 PPT 封面，请指导老师和我一起选，我猛一眼看比较喜欢第二张，但是我没说。过了 18 分钟，指导老师反问：“你们觉得呢？”

“我偏向第三张。”小 L 同学说。

“我也觉得第三张好点。”大 L 同学说。

“好啊。”指导老师回复道。

选定封面后的三小时，学生发来了最新的一版 PPT 说：“老师们，这是我们的终稿。”

“高大上。”指导老师张老师又回复。

半夜快一点，指导老师连发 6 个提醒建议，学生逐一更改和反馈。

这一段对话我很有感触，平时我很愿意在学生来找我时给他们建议，但是比赛的主要指导老师不是我，所以我的原则永远是支持主要指导老师的意见，即便专家、学生、老师的意见不同时，站在指导老师一边是我的原则。即将比赛，学生内心充满了压力，此时此刻“好啊”“高大上”这些简单的肯定就是缓解压力的最佳良药，当学生迷茫的时候，赛前给予精准的意见比启发式的建议更能帮助学生，仿佛递给学生一把“救命稻草”。

第一天上午的比赛结束后，我们熟悉的其他项目运气不佳，未能取得突出的成绩，而我们的比赛是在晚上，所以下午我给学生发了一条信息，以“保持备赛状态”为由，让学生们有问题随时联系我们，不着急和其他同学交流，告诉学生我们有足够的时间。因为情绪是会传递的，如果有其他同学传递了伤心、自责等情绪给队员，就会增加学生的焦虑感，影响发挥。

学生比赛结束立马来到酒店找我们，他们还在备赛状态，因为如果分数不够高就可能面临下一轮 PK 赛，突然一位同学抬头问我，其他的项目怎么样了，我只能立马回答："项目都在按部就班地准备着，几个项目的答辩都比较顺利。你们先安心准备题目，等下比赛结束就和大家交流。此时此刻不能松懈。"

比赛结束了，但是陪伴学生比赛的过程不同的老师发挥不同的作用，以学生为中心、以项目为核心、以专家老师为指导重心的理念深入我心。每一位老师都发挥自己的作用，我们就如同上升的曲线图，时不时会有回落，但是始终向上。也像双螺旋一样，看起来很多时候在原地打转，但是始终向上。比赛有很多的因素，学生的表现、老师的指导思路、项目的质量、抽签的运气、分组的机制、展示的技巧、答辩的设计等，每一环都非常重要。

我们时常会这样说："比好了是我们的运气好，比不好是我的实力不行。"此时此刻，我想说，学生真的很努力、老师真的很负责、领导真的很重视，学校是我们最坚实的后盾。

我们的信仰是夺金，我们的信念是一定能夺金。

2021 年 10 月 18 日

校长的课

今天听说校长给我们的学生上课，我就跑来教室，主要是好奇"校长上课是什么样？"

我的大学 4 年从没在教室里听过校长上课，可能因为专业不同，可能当时没有这样的课程设置，所以今天有这样的机会，我肯定会沉浸式体验校长课堂。

因为我迟到了 20 分钟，坐在教室里听到的主题词是"文化"，校长从西方世界霸权已近终结到文化的内涵，从坚定文化自信到牢牢掌握意识形态工作领导权，我享受课堂。

坐在最后一排的我很羡慕学生。

教室明亮、暖气充足，回想我本科尤其是冬天上课，女同学们常常手里抱着小热水袋或者口袋里放一个充电的暖宝，后来为了抗寒又悄悄流行背上贴上暖宝宝，以至于现在我也依然延续买暖宝宝的习惯。现在的学生真幸福，教室里暖暖的，收音的话筒悬置教室前台吊顶处，除了投影外教室后排上方还挂了两台液晶显示器，方便坐在后排的学生看 PPT。

校长授课，娓娓道来，校长授课的过程不是照本宣科，结合了现场同学的发型服饰，谈时尚和文化，亲自澄清校园传闻，解开一些同学的心中问号。有一段话我深有感触，校长说曾有学生当着他的面说："你们不理解我们（学生）的感受，只会站在道德的高地要求（教育）我们。"这是我也经历过的事，今天校长给了我们（老师）回应的方法，让学生树立阳光思维，作为老师在高等学校，站在了道德的高地教育、引导学生是本职，作为学生，进入大学接受老师的教育甚至批评也是应该，因为进入大学学习是为了能站在（道德的）高地接受文化的浸润和引导。我理解这是思想的进步和偏见的修正。

哈哈，当然校长上课也不等于就十全十美，毕竟校长也是一名专业教师，也会遇到下课铃响了他说："我还是要抓紧把我接下来要讲的这条说完。"然后加快语速把授课要点完成。第二，我听课的时间里没有看见老师和学生的互动，比如没有请学生回答问题，也没有学生举手提问，课堂互动性略有欠缺。（我有些鸡蛋里挑骨头了，嗯，毕竟我也真心希望校长的课能越上越好）

今天成为了一名学生、观察员、督导员，沉浸课堂，学习名师授课，观察学生聆听，督导教风学风，偶尔思维奔逸下，轻松片刻。

"自由不是随心所欲而是自我主宰。"

2021 年 12 月 22 日

给就业暂时迷茫和有困惑的毕业生的一些话

周三和几位毕业研究生座谈，同学们在求职过程中有不少困惑，开完会，我的情绪很复杂，原本觉得开会是为了帮助学生解决困难，让自己让工作更从容和安心，但是会后，坦率地说自责多于心安。有 6 位女生举手表示已经报名了高校思政岗位，目标明确想考辅导员，有 1 位男生表示报名了省属某高校机关工作人员岗位，还有 1 位男生表示想回生源地就业，报考事业单位，可是因为疫情，考试已经推迟了好几次，暂时也不知道什么时候可以考试很纠结要不要先工作，担心工作缴纳社保后没有了应届生身份不能考应届生岗位，例如事业单位、公务员或者其他企业，心里不甘也不安。

我想和身边同事谈下感受，我的自责是在同学们报名结束后才知道大家的选择，如果早一点我们了解学生报考的院校，我可能会让个别女生选择其他报考单位，而不是都选择同一个高校，因为岗位是极其有限，我们的学生有好几位选择本校，那么可想而知其他学院也可能存在这样的情况，加上外校生源报考，女辅导员岗位的竞争会更加激烈。

我想和同学们说说会后我的一点思考，我的自责有一部分是和学生交流的过程中，发现最根本的问题是很多人没有思考——我为什么要去选择报考思政辅导员。

会上，我问了同学几个问题：

“你什么时候决定要报考高校辅导员岗位？”

“你为报考这个岗位，目前做了哪些准备，准备了多久？”

“你觉得自身优势最能在岗位上发挥出来的是哪些？”

“你觉得这个岗位最吸引你的是什么？”

“你觉得这个岗位你最讨厌的地方（部分）是什么？但是你又能容忍的？”

“你的家人或者家庭环境是否支持你的就业选择？”

“你通过什么方式了解辅导员工作，你调研了吗？”

这些问题抛出去，换来的是四目相对和鸦雀无声，我猜测最根本的原因是大家把辅导员当成了一份有稳定来源的工作，量化成一个事业单位编制，想象成可能转变成为高校专业教师的路径等，忽视了一个非常关键核心的问题，高校一线思政辅导员——这份特殊的有国情特色和政治含义的工作背后需要有的关键词——爱国！保持热忱！甘于平凡！有至少一项特长或者愿意培养自身特长！

任何岗位都有相通、相似之处，选择就业方向或者就业准备时，有很多必须要事先考虑，例如：

什么时候决定报考岗位——如果有必要，是要上机构专设的培训班，如果已经自己准备很充分、很久了，那么刷题、演练、模拟等要跟上，知识储备需要日积月累，而不是一朝一夕能速成。

为报考岗位，目前做了哪些准备——除了理论积累，实践是必须的，考试是硬任务，但是到了面试，实践就是检验理论的“照妖镜”，以思政工作岗为例，工作方案、活动策划、实施要点、理论宣讲，哪一个不是要真实践过呢？实践出真知，一点也不假，评委都是专家，不仅仅因为评委懂道理，更因为通过一个个问题的追问和谈话就知道你有没有干过、实践过。

自身优势有哪些——要区别爱好、特长、兴趣之间的关系，如“爱唱歌”，爱唱歌不一定会唱歌，五音不全，可能指爱听音乐，爱唱歌更贴切地表达的是爱音乐，这个时候“爱唱歌”是兴趣；喜欢唱歌，每个月要去 KTV，每周都要学唱新曲子，最新的歌曲榜单了然于心，演唱类 App 里都有自己的歌曲分享，这个时候“爱唱歌”是爱好；跟着老师上过一对一指导课，曾经考取了通俗唱法、民族唱法等专业演唱的等级证书，对发声系统、原理知识有一定了解，参加过歌唱比赛同时获奖，成绩不俗，可能平时唱歌机会不多，但是有自己的保留曲目，不鸣则已、一鸣惊人，这个时候“爱唱歌”是特长。

岗位最吸引你的是什么——兴趣是最好的老师，是检验你喜欢与否的试金石，有了兴趣就自然有目标，有目标作导向，就有奋斗的动力源。兴趣和热忱，能让你找到工作的无限乐趣，这个乐趣没有天花板。

岗位最令你讨厌的地方（部分）是什么——每个岗位都有优缺点，了解岗位和自身性格、诉求不一致甚至有冲突的地方，如果能接受这个部分，那工作时体验到的痛苦和挫败感会小一点，这个是岗位选择时的下限。

家人或者家庭环境能否支持你的就业选择——上一段，我写的是“是否支持”这里我特别改成“能否支持”，首先能够得到家人的支持是很重要的，其次仰望星空的同时，能否支持也很重要，甚至更现实、更具体、更聚焦，工作是为了更美好的生活。

你通过什么方式了解工作——要学会主动出击，去问导师、班主任，去问亲朋好友，去问已经有相关行业经验的前辈学长，去问学院学校就业工作部门的老师，多了解才能有分析，调研后更有发言权。

以上仅是点到为止，交流会最后，我能感受到个别同学可能有一些观念的松动，比如要考编制的同学也询问了去企业就业的问题，原本等待遥遥无期考试的学生也能理解暂时先灵活就业的利处在哪里，如果考不上编制选择曲线救国进入体制比如以科研助手、外聘岗位的方式半只脚踏入职场，后续再了解政策、找准时机……说明我们的同学们都是很有智慧的，能够用发展的眼光去看待就业问题，能够在疫情背景下多角度分析和研判自己的就业实际，所以我们的老师们也要努力了！多关心同学们的诉求，多给予实实在在的帮助，比如分享自己的考试资料、等笔试后我们自己组织模拟面试等等，光说不练假把式。也恳请同学们有困难告诉老师们，我们愿意竭尽所能帮助每一位毕业生！

周四，有一位同学和我说：“这是工学研究生的普遍问题，考公与实验即使不是矛盾，也是很难两全的内容。毕业需要以实验为主，有比较大的实验压力，可以大量时间参与学生工作和报班学习是比较幸运的事情，可能大部分同学都会面临这个问题。也很谢谢老师，老师的这次座谈会，我想大家应该都是很有收获的。”谢谢同学的反馈。是的，我们面临很多挑战，有很多是一时无法解决的，但是只要大家抱着积极求职的心态，我们就能一起找到合适的就业机会，今天学院领导就在向校友企业积极推荐着毕业生。我们要一起努力！

2022 年 5 月 15 日

适当吐槽 有益身心健康

第一位：和小 Z 同学的交流

事情其实很简单，在一个活动上我们推荐小 Z 进行分享，事先也看了他写的稿子，原本想着他照稿子表述挺好，活动现场，学生有些紧张，虽然带稿子了但是并未按照稿分享，同时还说了一些原本稿子里没有的内容。结束后我们几位老师在办公室复盘工作，他也在，顺道我就表达了我的观点，就学生的表现进行了一些指导和建议。从衣着、发型到演讲的注意，因为好久不见他，发现他增重不少，我猜测和他的科研、职业规划和其他的因素不太平衡有关，于是又和学生啰唆、叮嘱了一堆。最后，我和他分享了我近 3 个月减重 8 斤的小小成就感，激励他和我一道加油！树立小目标，努力去实现。

第二位：和小 L 同学的交流

起因是最近发现 L 同学的学习工作状态不太好，和周围的人际关系有些微妙，心里有委屈，也有很多困惑，不知道该怎么和周围的人更好地建立关系，甚至要讨论这些也不知道该怎么开口，从什么话题说起，心里头有些乱。

一开始我们还是微信聊天，文字总是显得有些冰冷，尤其是不带表情的横竖撇捺，猜测不到对方的语气、神态，甚至有时感觉对方气急败坏，却不知其实是自己的着急烦躁。遇到这样的情况，我就是急性子，想着 L 同学带着这么多负面情绪，在深夜，总不禁有些担心，一想到明天我们都可以睡懒觉我就立马拨通电话。没有客套，是坦诚中带着一点点窝心的废话。我们聊了成长中有趣的事、伤心的事，我们谈“亲情”，在“数落”中感恩，在“抱怨”里珍惜……我把观察了一个月的我眼中的 L 描述了一下，那些他以为我不知道的小秘密，其实就是被透明肥皂泡包裹着的伪装者。说着说着我们哈哈大笑，聊着聊着不自觉的我的“说教毛病”也犯了。

这些时刻，我一下会找不着“北”，有时候吧我觉得自己像姐姐，有时候又像妈，有时候我像大家的前辈，但有时候我好像又冒出幼稚的无厘头举动和想法……所以这些交流过程中我也在内观，对自己的状态查漏补缺。

第三位：和小 x 同学的交流

小 x 是非常努力的同学，但是最近也遇到了不少“失控”+“失衡”的焦虑。比如对于没有接触过的工作项目，有些沮丧，我说：“这个是对工作的一种焦虑，没有做过又肯定希望能做好，所以有些焦虑，担心不能做好”；比如工作不在预期内，还没有做好手上的急事，又接了一件紧急任务，有些烦，我说：“这个是工作中期待被尊重，可能存在不太满意自己的价值和地位只能被动接受命令，好像变成了职场的小透明。”；比如暑期值班挺多，有的是明确自己的活，有的好像并非，有些纠结，我说：“这是可以通过沟通来解决的……”；如不知道怎么回事，这个周期就是感觉不妙，有些不顺心，我说：“也许背后还有其他的‘你不知道你知道’或者‘你知道你知道但是你不想承认’的部分，比如可能其他人和你一样背景资历的，他们回家了、旅游了、睡懒觉了，但是你没有。也可能体验到了工作竞争感，有些潜在的‘危险’信号。”

和小 x 聊完，我邀约了小伙伴们，胡吃海喝吹牛皮，在这些碳水化合物的作用下，好像烦恼变小了。

（嗯，其实还有一个“小悲伤”的故事在胡吃海喝之间发生了。后续记录下。）

厉害的人可以自己和自己聊天，把自己聊开心；

厉害的人也可以遇到不开心找人聊天，把自己聊开心；

厉害的人也可以一个人哭，让悲伤随眼泪流逝；

……

总之，厉害的人可以调整好心里的角角落落，收拾心情再出发。

2022 年 7 月 8 日

没有什么事情比半夜吃冰激凌更开心的

没有什么事情比半夜吃冰激凌更开心的！

如果有，我想是 12 月的前 4 天都过得很有意义。

某个早班，收到了毕业 8 年的学生发来的信息，他问我有没有什么书可以推荐，他对于婚姻挺迷茫的。我和他说光看理论是不够的，得去谈恋爱，如果想看可以关注亲密关系的相关研究。

字里行间感受到他很迷茫，时不时跟我提恋爱、婚姻、家庭这些词儿。我和他开玩笑："你还没谈就要结婚了吗？"他回复："她还没有接纳我呢。"

相识 10 年，从入学到毕业，再到就业和创业。对学生我心生敬佩，敬佩他离开家乡留杭工作，年纪轻轻，靠着自己的努力和能力，落地、扎根和发展。有时交流过程我也能感觉到他的一点酸楚。因为他对情感有渴望，对理想伴侣的出现十分期待，也看见他想去积极改变。

这些年我也感受到作为老师的被信任的幸福感，他愿意向我倾诉和交流，甚至邀约了他喜欢的女孩、朋友，我们共同聚餐，在宽松的氛围中我像名观察员，洞察着 90 后的交友互动模式，我们也像家人。

某个午间，我和一大批来自不同专业的大学生聊天，我讲了三个真实的校园故事，分别给故事取个名字吧，有新生学生骨干的困惑——《我和通报表扬擦肩而过》，有老生榜样担当的沉着——《当国家奖学金渐行渐远》，还有硕博连读学生的成长——《个人优秀背后的团队托举》，不到一个小时，用案例分享学生如何看待"得"与"舍"，从故事发现"合格"与"优秀"的距离，避免拿"任性"当"个性"，把"寄予厚望"错读成"理所应当"。

下课后有学生和我交流，聊了一个小时，虽然使我下午的工作延迟开始，但非常值得！和学生分开后，他给我发消息（以下内容做了些处理，以便保护）：

"可能确实是你课上讲的例子触动到我了，激起了我以为解决了其实只是去忽略的一些往事遗留问题，加上目前的状态是过于追求一些功名长时间封闭自己。"

"换句话说，觉得自己得到的和付出的不对等吧，这方面来看还是挺功利的。"

"其实也确实不知道以后能干什么工作，自己真正想要的是什么，但是会在学习中不断修正自己的想法和行动轨迹的"

和学生分开之前，他陪我走了很长一段路，我指了指办公楼的方向告诉他，我要往那边走了，他略有不舍地向另一个方向走了。过去几日，我还能想到无助的眼神、落魄的眼泪和横擦的鼻涕，很久没有看见一个人可以哭得如此委屈、压抑。

一节课 50 分钟，谈心 60 分钟，散步 10 分钟，临别我说："你是哪个学院的，叫什么名字？"

他把书缓缓放下，指着封面的名字给我看。

"老师，我可以加你的微信吗？"

"当然，我扫你。"

某个日落，我和同事坐在沙发上，她问我怎么做家长工作？最近遇到学生难题，可这是很大的问题，看着她眼皮疲惫，双腿沉重，仿佛也是另一个我倚靠着沙发。

我问，你推拿的时候是什么感觉？

比如头疼，有推拿经验的人知道，往床上一躺，师傅不会一上来按太阳穴，他很可能是要求先趴着，放松背、肩、颈、手臂……松解肌肉和关节后才会留些时间按头。有人可能还没有被按到头，已经得到了很大的缓解。

谈话也是如此，“话题讨论”像推拿。

我又问，想不想掌握一个人人都可以学会的“催眠”技术？

我指着办公室的两把椅子，如果我说：“你看这屋里的椅子”听的人就很可能盯着椅子看，满眼是椅子导致周边的物体失焦了，相反，如果我说：“你看这屋里有这么多东西”听的人就会去观察热水瓶、书柜、装饰画、开关、窗帘等，椅子是其中之一，但是不会聚焦椅子。

生活中可关注的有意义的事情也是如此，“对象讨论”如“催眠”。

时光晃呀晃，一年又快结束了。

碌碌无为，也是另一种平平安安。

普通人，也是独一无二的普通的人。

2024 年 11 月 27 日

第二曲：奋斗进行曲

后来，你告别校园，走向社会，开启了人生的新篇章。有人成为职场新人，在摸爬滚打中积累经验；有人选择继续深造，在知识海洋中迸发灵感。虽然我们身处不同的环境，但都面临着相似的困惑和挑战。在这些书信中，你我分享经验与思考，希望能为你们提供一些启发和帮助。

跑步小感

最近，有了一个新的习惯，晚上有空的时候会去操场跑步。跑着跑着，我在昨天偶尔想到了一些东西，和工作、和生活有关。

跑步的时候我喜欢听音乐，或快或慢，因为在我看来跑步是一项些许漫长的运动。哪怕是一个晚上，也至少跑 40～70 分钟，更何况如果是习惯就得经常跑了。工作也是，自从踏上工作的跑道，我知道无论从长远看还是近期瞧，这也是一项漫长的工作，每天至少 8 小时，每周至少五天，对于我而言起码是暂时的两年。在工作的旅途上，我应该找个伴、找个爱好、好那一口。

跑步时听音乐是为了缓解机械运动的疲乏，让我呼吸均匀、脚步从容。工作时找个爱好是为了缓解重复性工作、机械性操作的压力，有时还能帮助工作的进行、补充工作的灵感。我发现操场上第八、第九个跑道我很少踏上，总是习惯于跑内道，就是第一道。偶尔往别的跑道蹿，不经意间发现又回到了第一道。一开始，我以为只有我这样，仔细看看其他人也一样，所以内道的人数往往是最多的。

刚工作时总觉得自己与众不同，总想走一条自我特色的道路，总能发现优势，甚至略略自喜。忙着忙着就开始自我怀疑，看看过往的路，“与众不同”不见了，“自我特色”模糊了，最终不自觉还是回归了“规律道路”与众人默默前行。

天冷时，跑步的人少，天暖了，跑步的人也渐多了。晚去的时候发现，现在跑步的人好多呐。瞬间自己也溜了进去，可装备却大不一样。有的人牛仔裤、紧身衣，有的人羊呢裙、大披肩，还有的背着书包跑……而多数还是运动着装，这多数中的少数也是寻了个伴——听音乐。工作的跑道也是如此，有不同着装的人，这装备后更是不同的性格、背景、习惯。这些人与自己无血缘关系，但却围绕在生活中，有志同道不合，有志不同道合，更有志同道合或貌合神离的人。可是大家都在干活，都在跑。无非一会儿身边出现这个人，一会儿又出现另一个人。

说到身边的人，不免马上想到跑步的时候，因为大家来的时间不同、目标不同、跑步的速度不同，所以身边总会闪过很多不同的人。有的人赶上我又赶上别人，往前追，有的人被我赶上我往前追。就这样总是一圈又一圈，在无意中扮演追随别人，又被追随的角色。但是我一点也不急，我只随音乐的节奏变化，被来自内心的声音引导，我有我的步伐。

工作时认识很多新的朋友。很多是前辈，比我跑出上万里路，即使有一圈我跑快了，有一个工作我提前完成了，那也仅是这一圈而言。从总圈数上永远是遥不可及的，除非他们停下脚步，让我去追。这些朋友中也有一些是与我同时上路的，从一条起跑线出发，有时我领先，有时她在前，但我是要为了领先她而加速耗完体力呢，还是应该量力而行，培养我的耐力与毅力。我肯定会选择后者，所以我可能会遇到这样一种情况，身边从后追上一个人，把我远远抛到后面，我视而可见，继续我的节奏和频率，随音乐，随心情。也许五圈内她在我前面，十圈时我看见她喘气的背影，十五圈的时候看见她减速的趋势，第十八圈时发现那个慢走的身躯，第二十圈，我依旧保持状态，可能更好的状态，轻松像她当初闪过我身旁一样闪过她身旁。我不希望她追赶我，为了追赶上我而追赶我。当然这只是一种可能。

在不知道别人的目标时，我不必急叹，他可能只打算跑两圈，当然要如飞般前行；在不知道别人的时间时，我不应哀叹，他可能只有 10 分钟的运动时间，怎么能不快一点。相反，就算我暂时跑到了某人的前面，我怎么就能沾沾自喜呢。不了解状况就发出声音、做出举动，那新状况也很快来临。

既然是爱好，就应该坚持，在晚上抽空继续去操场跑步。这也是我为什么喜欢去操场而非健身房的原因了。

2008 年 3 月 17 日

家有小孩刚工作

最近忙着整理档案，今天忙着打扫房间，发现有些东西可以拿出来和大家嚼嚼，尤其是针对惜别校园的你们。

~~~对于职场新人，最重要的是尽快熟悉职场上的“江湖规矩”。很多同学在工作之后都会有一段时间的“困惑期”：职场怎么那么复杂啊？这真的是我想要的工作吗？……所以最关键的是要调整好自己的心态，让自己去适应环境的变化，怎么去适应呢？

专家建议：把自己的姿态放低，低调做人，让别人都喜欢你；主动地分担同事的工作，高调做事，让你的同事都认可你。这就是一个好的开始。下一步，知道自
~~~

己要做什么，多去尝试，慢慢地就知道自己可能要什么了。同时，争取能够遇到生命中的贵人，不用多，一二个足矣。他们会帮助你快速成长起来。用 1～3 年来积累自己的起步阶段工作经验。

~~~向虚心的人致敬。正视年龄的差异，论资排辈的年代在某些行业已经过去，身边就有朋友会面对与自己同岁的上司或者进入一个公司发现自己的老板是个 90 后。正视年龄的差异，抱着学习的态度，找到展示自己年龄优势的机会，而不是抱怨或者只盯着或者假想对方可能是通过不正当手段获得如今地位。每天沉浸在这样的漩涡里是不可能有进步的。

~~~用讨教的心态补缺。如果能在自己的团队中找到可以帮助自己“补课”的人，是一种幸福。有一天新来的员工对你说：“打搅你了请教一个问题……”你会拒绝么？有一天进入一个新的环境对一位有经验的同事说：“不好意思想请教一下……”他拒绝你了么？去努力尝试一下！

~~~偷师是另类智慧。培养多看、多听、多学和多想是减少走弯路的妙计。年轻人学习年长的沉稳和豁达，年老的学习小辈的新观念，女生学习男同胞的理性，男生学习女同胞的想象力。偷师是良性竞争的开始，比智商比情商，比业绩比成效，办公室里不怕正当的竞争，最怕恶意的排挤。放宽心，让别人的优点变成自己的镜子。

特别感谢近来在忙着搬家、实验、回家未遂的同学们帮助我做的所有工作。工作仍在继续，对我冒昧地打搅深感无奈和歉意！工作的过程会成为回味的一幕。之前和同事聊天时曾不禁认同：当某些同学担任一些工作，并且在持续中越做越好，就会让同学无形中变得更有责任心，在待人接物的过程开始有自己的风格，受到认可。我不认为所有的学生干部都属于这一类人，也不否认很多同学在日常小事中学到其中难言的“精髓”。如果你是在认真地生活，那么你会进步。

2010 年 7 月 4 日

壁炉

亲爱的同学们：

无意听见这首歌，有意思的是其中一句歌词引起我的注意：
~~~

“你说要找个画家画一个我
挂在壁炉上面
我要画不传音符的
我要画不传音符的”
一度听成
“……
我要画不穿衣服的
我要画不穿衣服的”
不信，你听听~~~~

其实很久没写点什么，由于自己的左手无名指受伤了，一直行动不便，现在好多了。伤口基本愈合，就是要等新的指甲长出来估计得很久了吧~~残缺的小肉~~╮(╯▽╰)╭

不知道大家有没有听过一句话，类似，很多人会说话但是不会沟通。尤其最近在看《亲爱的安德烈》，不是唱歌的那位，是龙应台的中德混血大公子，我打算尽快收尾然后放假带去给妈妈看，如果你也愿意尝试一下，通过这本书发现未知的亲子关系！有时一笑而过，有时却忍不住哭出声来。比起《孩子，你慢慢来》，这本书更有营养。当然咯，如果看过《孩子，你慢慢来》，那么再理解《亲爱的安德烈》里面的很多内容就显得简单些。

没听过上段开头这句话没有关系，但是最近的一点体会是，也许你有很昂贵或者功能齐全的手机，但是你会打电话么？我指的打电话不是用触摸屏或者按键拨号，更多的时候是通话！有时候给同学打电话，告知一些就业的信息，“你是谁啊”“哦，知道了”“在哪里？”“我要不要带简历？”“我看看吧，也不知道能不能去”“我可能回家了咧”。有时候会接到同学的电话，询问一些事情，“谁管这个的？”“明天你们上班的吧”“我，其实，哎，老师，你觉得好不好的？”等等。有时候接完电话，我心里就有紧张，有伤心，也有忐忑，我觉得我们好多同学用了超过 4 年的手机，但是有的人根本不知道该如何通话，正在面试、实习、工作的同学们，你们不担心因为一个电话会失去机会么？会给别人留下负面的印象么？

先说说接电话的吧，首先对于不确定来电（由于现在投很多简历，肯定会有来自企业或者老师的电话），用“（抱歉/不好意思，我没有存这个号码）请问，您（你）是哪位？”代替“你是谁啊”；其次对方告知你信息时，删除“哦，好吧。”“应该可以的”类似的不积极语气，可以用“非常感谢您（你）告诉我的信息”或者“谢谢你的电话，只是暂时我还没有确定自己的想法，有变更我会第一时间回复的”等等。

让对方感受到你的积极状态，即使没有见面也可以把你礼貌、尊重、周全的一些特质通过无线通信传递给他，不是很好么？

有一次，我给一个同学电话通知他一个面试信息，他说暂时不方便记录能不能短信给他，我说好，当时我就想如果可以，同学们一定要想办法当时就记录下来，或者当时先说明情况后挂电话，然后在方便记录的时候尽快回复取得信息。我是你们的辅导员我一定会愿意为你们服务，给那个同学发短信后他回复“非常感谢金老师！”其实看到这个短信我高兴的不是他谢谢我，而是他是一个会发短信的同学，尊重别人的劳动！但是企业的人是否会有耐心再通知你，发消息给你呢？万一她临时有事忘记再次和你联系，你是不是就可能失去了一次机会？更多的同学在得到信息的时候往往记下、感谢便挂机了，也许我的提醒比较多余，但是如果你听对方说话语速并不急促的话，你完全可以说“谢谢您的通知，再打扰您 30 秒，我想确认下是不是……”（把对方告诉你的信息简单重复关键内容确定）因为好多时候你们可能在一些嘈杂的环境，不一定能准确听见所有内容，其次在对方允许的情况下作一次确认可以增加好感，别人会觉得你是一个认真、仔细的人，哪怕你的简历没有写“为人踏实、做事认真”，但是这个电话后别人自然会这般感受！

再说说打电话吧。针对私人电话（手机、小灵通、经理办公室个人座机等）你的开头应该是确认对方身份（万一是同事、家人、小#￥%……&*误接电话呢？），当然最好是能用“请问您是……吗？”，其次表明身份“你好，我是……”，最后再用最简洁的语言把事情全面介绍。是不是有人觉得好笑，为什么写下步骤，好多时候我们同学给老师或者企业的人打电话时会以为对方知道自己，就不报家门，引起一些尴尬，这个尴尬来自老师或者企业的人，也可能很简单的事情赘述，其实你要考虑对方可能正在开会，可能下一分钟就要去开会，可能正在洗手间，可能正在休息……哈，说到休息必须插播一句，不要以为老师们是不用休息的，不要以为企业的人晚上、周末都在加班，其实很多单位都会有正常的国家允许的作息表，双休日。好，咱们回来，说说针对公共电话（一般指座机）也许你找小明，你也只有小明一个 88 开头的座机号码，但是你要知道只是一般职员的话很可能这个号码是 N 人共用的，就算他是老板，也可能是秘书先接再转接电话的，所以不要急于说正题，还是要确认对方身份，如果“请问您贵姓？”“王小姐您好，我找小明，他在么？”“哦，太感谢了，请麻烦他来接下电话”，那么“王小姐”应该会愿意为你服务的吧~~因为如果是个没有礼貌的家伙，她完全可以说“真是不巧哎，他不在”“你过半个小时打”云云，其实人家就在旁边，只是想给你点小教训~~~

一口气写了点天天都会做的事情，以上内容和我们的毕业生分享。另外工作中我也并非像自己想的那般“会使用手机”，所以咱们共勉吧！2011，加油！

2011 年 1 月 15 日

热爱能走多远

今天晚上去山里参加了第三届百部经典演绎比赛，校会的同学挺辛苦，要举办很多的活动，谢谢你们的付出。前几周还去了纵横杯，这周六下午还有纵横杯的比赛。我也是个还算喜欢凑热闹的人，只要没有特别的冲突，我很难拒绝同学们的邀请。当然我也想过，可能是别的老师比较忙，并不是因为我是专业的“业余评委”，嘿嘿。参加那么多学生活动，赚到了！向组织者学习！

有些人会不解，为什么要跨校区参加这些“评委”的“工作”，随便一个不去的“理由”对于老师拒绝学生而言，太容易了！我最近也很认真地想过这个问题，答案有几个：

1. 如果我主办了活动，我希望有人能参加。对于邀请对象，既是一种信任，也是一种期望，更是一种心口如一的支持。也许是会牺牲个人时间，但是没有付出怎能奢求回报呢？那两三个小时中所体会的快乐难能可贵。

2. 参加活动，认识过去的自己。很多活动在我大学的时候我并未参加，比如辩论赛还有话剧表演，不参加辩论赛是因为我怕输，很没面子，很丢脸，让别人失望，没参加话剧表演是因为我以前有过学习经历，但是当时老师们给训练和排练的都是正剧，很少先锋剧，所以我不屑于社团的剧目，即使我现在迷何念、孟京辉迷得一塌糊涂，还有台湾的表演工作坊，等等。过去的我更幼稚！现在看来错失了那么多美好的回忆，真的很后悔。

3. 如果一个学生工作的基层工作者都不热爱学生活动了，如何动员我们的同学积极参加那些活动呢？记得刚工作的时候，有一次汇报工作，我模仿着语气说：“……为了丰富同学们的课余生活和校园文化活动……”后来有老师暗示我，现在同学们的课余生活中已经有很多文化活动了，你的活动如果仅是为了“丰富”就显得单薄了。想想也是，有的活动没劲，但为了传承就年复一年举行着，如果我们开始对活动做减法，真正增加一些有质感的也不错。不求活动要大，光大也许有影响力，但是有没有生命力呢？也许可以把活动做精，用效果和口碑宣扬它的影响，用每一代药学院人去延续它的生命。

你的热爱能走多远。如果问我自己，我也不确定。但是当我有热情的时候，我要转化成行动，去给“热情”添油加醋，如果我的热情不足，我会想办法努力让自己的状态好起来，需要同学们给我一点“热情”的星星之火。真若有一天，我的热爱无法继续前行，那我得充电，才好跨出下一步！

2011 年 5 月 10 日

三问三答

亲爱的同学们：

又开始在班级的微信群中发声了，一来是为了传递母校母院老师的消息和问候，二来也是作为班委为准备毕业十周年活动提前在群里有点动静，希望能通过一句问候、一个表情、一个@，慢慢预热同学们游离母校或者专业的一份情愫，希望能实现“散是满天星，聚是一团火”的校友力量。

因为毕业时各自选择的不同，有的人一直在行业一线做播音员、主持人，有的在报社、媒体行业做编导、记者，有的在企业、创业创新，有的在省市机关单位从事行政、管理类工作等等。以我们班为例，同学们遍布在各行各业，并且都努力在自己的岗位上认真工作，这个行业不仅指有单位隶属的，还包括以母亲、妻子等不同身份为美好生活不断创造的姑娘们。嗯，颜值很高！综合能力很强！

毕业十年，有了自己对工作的一些感悟，想到了带第一届学生时写的《聆听鑫声》，转眼 2007 都到 2017 年了，中间有最频繁发声的日子，也有悄然无声的耽搁，2017 年我想我还要继续坚持。随着 17 届春季毕业生离校与我告别，随着自己与老同学的联络，我突然想对工作三问三答，视角局限，请多包涵。

老师是这个世界上唯一与你的孩子没有血缘关系，却愿意因孩子进步而高兴，退步而着急，满怀期待并且无怨无悔的“外人”。

——辅导员就是这样的老师

有人说辅导员岗位是进入高校工作的踏板或者跳板。

首先，我们定义的工作是什么，它便有什么价值和意义。如果辅导员岗位是一个过渡性的、临时性的不在自己职业规划内的岗位，那么在工作的过程就容易出现应付式的、消极式的，甚至带有焦虑情绪。因为我可能想尽快换个岗位、换个角色、换个工作内容，带着这样的状态做不好辅导员的工作。本职工作做不好，这个踏板的长度就不够，质量就不过关，这块跳板的弹性就很差，不利于个人的发展。

其次，思政工作是做人的工作。我以及我的朋友有时会感叹，如果我上学时我的辅导员、班主任能找我谈心谈话给我一些建议，说不定就改变了我的职业选择甚至可能就改变了我的人生方向，如果我上学时愿意主动找老师聊一聊可能现在也不是这样了，等等。我们工作的意义是不能直接用金钱来衡量的。我们要主动、愿意与学生沟通，也要学会引导、吸引学生与我们沟通，因为这可能会改变一个孩子的一生。所以，完全是为了获取更多的经济收入，带着这样的目的也做不好辅导员的工作，思想政治教育工作本身就带着理想化和政治化的色彩，情怀不够、功利心太强，也不利于学生的发展！

有人说辅导员工作压力大，付出和所得不对等。

首先，要承认任何一个工作都存在优势和不足，任何一个单位都有它的文化和制度，既然选择做辅导员，就要对岗位的优势和不足有清晰的认识，对学校的文化和制度有理性的接纳，确认这些是能愉快工作的基本前提。工作这些年来，我的感受是辅导员岗位优势十分明显：

（1）政治待遇。学院学工办主任、团委书记和党支部书记列席很多学校的大型会议和重要会议，学校对于辅导员职称评定等有政策保障，国家层面提出《把思想政治工作贯穿教育教学全过程》，足以说明辅导员工作的重要性。

（2）工作对象年轻有朝气。基于此，辅导员的容貌年龄和心态也是比同龄人更年轻且有朝气的，教工之间的交流相对文明、简单，学工团队整体有亲和力和人文关怀；

（3）工作压力相对比较小。没有压力的工作就是没有动力和没有发展的工作，辅导员的压力在实际工作中更多是被学院的副书记所分担的。待遇和岗位签约也由学校统一安排，诉求渠道也比较畅通；

（4）福利逐步提升。各类保险均得到保障，从学院的集体生日会到学校为辅导员安排宿舍，从有偿进行职业规划教育课程的授课到学校安排优秀辅导员疗休养，从各个学院给予游学、访学带队机会到学校开展的心理、职业、技能等各类培训讲座，此外的寒、暑假假期休息、工作考勤的弹性化制度等等，无不体现了辅导员岗位的优越性；

（5）培训机会很多。TTT、GCDF、KAB、心理培训、红十字救护培训等等，我坚持在辅导员岗位其中一个原因就是感恩学院，工作后获得的几个证书都是学校提供的机会，证书上写的是我的名字不是工大的名字，所以我有义务也有责任把学到的东西运用工作，为学生做好服务，受益的也是自己。

其次，工作过程中的心态变化才是压力的来源，才是对“付出”的或委屈或疑惑的不同感受。作为2+3留校的辅导员，我分别在第二年结束、第五年结束的时候犹豫过是不是要继续工作，因为当时出现了新的工作选择，包括之后也偶有工作的瓶颈和动摇。瓶颈是因为感觉自己投入的精力有限，分块工作的创新有难度，担心做不好不符合领导的要求。动摇是因为看见别人转岗、或因为同学朋友对辅导员岗位的误解，那时候便会扪心自问是不是要坚持。所以工作过程中的心态变化是正常的，变化的时候需要问自己一个问题：“我为什么选择这份工作”。如果能接受工作存在的优势和不足，很重要的一个现实就是我热不热爱我的工作。兴趣是最好的老师，热情是最好的表现，坚持是最好的告白，我的热爱能走多远决定了我是否能下沉式地站在辅导员的岗位上，沉下心来想工作、静下心来想问题，重心和眼光能更多投射在学生身上。所以我们为学生服务，我们参与了学生的成长、见证了学生的变化，这样的工作多谈一点奉献、多做一点付出真的很有意义的、更不是虚伪的。也许学生并没有感激我们，也许对一个学生而言影响最大的不是辅导员。可是作为辅导员，我努力去为一名学生服务了，我努力去影响了一名学生，于我而言就是快乐和成功的，这也是我理解的对得起自己（的工作和职责）。

如何看待工作中的评奖评优？

我的观点，像要求学生骨干一样提升自我要求。作为和学生干部接触最多，也是最离不开学生干部的辅导员，想想我们喜欢什么样的学生干部？反应迅速、理解力强、吃得起苦、起带头作用，工作的时候有创意和激情，学习又稳中进步，最好能随叫随到、在关键时刻顶得上来的学生干部。我们不希望看见学生干部要荣誉、要酬劳、要条件，我们在评奖评优的时候会因为学生骨干的付出而有倾斜、有考量、有优先。换个角度来看，我们对学生干部的要求就是岗位对我们的要求，我们对学生干部的期待就是上级领导和职能部门对我们的期待。

最后，面对个人的评奖评优首先要有一颗平常心。每一个学院都有不同情况，从概率来说人数多少会直接导致评奖评优的“循环率”不同，从分工和工作实际出发未必完全是论资排辈。以我个人为例，我工作到第六年第一次评到校优秀辅导员，与我同时工作的老师都早已评过，我工作到第八年第一次带学生访学，与我同时工作的老师们也早已去过。但是让我记忆犹新也是终身铭记的就是我大四成为一名准辅导员时，我的老师和我说“你要记住，荣誉和利益不争不抢不计较。”所以我不会因为没有那本荣誉证书就觉得自己不优秀了，不会因为比别人晚了几年才有出国机会就觉得自己吃亏了。这些都是锦上添花的工作机遇，也正因为团队强大了我才有这样的机遇，所以团队的利益重于个人的利益，只有团队得到利益，个人才有利益。所以，团队竞争更需要有凝聚力和进取心！我对团队的价值观是个人提升和团队进步的必要条件，而团队和谐是个人发展的有利环境。也可以理解成，关起门来，不对的地方要批评，不好的习惯要改，打开门，在别人面前要高度评价每一个人，因为每一个人都代表的是我们学工办，每一个都有影响力。

因为我谈的是我熟悉的工作，是我自己的工作感受，也仅仅是自问自答，所以肯定有片面性，可能很多观点在不同的行业就完全不适用了，也会显得比较幼稚。我想人和人之间的真诚相待、对工作的责任担当以及对生活的积极接纳是适用于任何人的，或许这是理想化的角度。那如果困难真的来了，便做最坏的打算、尽最大的努力吧！

新年快乐，新年美好！

2017 年 1 月 20 日

初入职场

前几天，一位在公司实习蛮久却无法留任的毕业生和我聊天，这个对话和 5 年前当时一位毕业生一模一样，中心思想便是：（1）没想到社会上的尔虞我诈会发生在我这个实习生身上。（2）为什么基本的信任都这么难？

面对这样的问题，作为一个没有在企业组织工作过的我而言，似乎有点点超纲，但我还是想说几句送给即将毕业的同学们，大致内容是：

1. 出现任何问题都努力保持冷静，不在同事、老板面前怒、辩解或逃避，抱着“职场钩心斗角根本躲不过”这样的态度去面对它。首先，有很多可以学习的生动的教材，例如，《杜拉拉升职记》好好读一读，还有电影《当幸福来敲门》也是十分经典的职场电影，建议每一位毕业生都阅读、观看一遍。其次，既然躲不过就面对它，对大多数人来说初入职场时的环境就是用来适应的，不要理想化认为靠一己之力可以改变这个部门、老板和公司。最后，善于给自己贴“实习生”的标签，遇到拿快递、叫外卖、临时加班这些，认真完成每一件小事，不怕苦不怕累就怕闲着玩手机，抱着“我是一名实习生，所以我要很努力才可能留下来。”的态度工作，而非“我是一名实习生，所以做错了没什么大不了，毕竟刚来的嘛。”

2. 努力让自己成为一名靠谱的下属。什么是靠谱，大概就是凡事有交代、件件有着落、事事有回音。首先，信任这个事情基本是不断裂变的过程，不是因为某一件事就可以让自己得到别人的信任，可以分几个层次。例如，有一种叫暴露隐私，这个不考虑认识时间节点，当我们在对方面前暴露了自己的一部分隐私，就好像划一个安全区域，给对方发出信号，并且他觉得“哇，这么隐私的事情你会告诉我”，那么两人彼此的信任就增加了一点点，诸如此类两人不断交换，你给我一点，我给你一点，这样便会增进两者的信任关系；有一种是铁磁，我们常说的发小，从小知根知底相互陪伴度过婴幼儿期、青春期……中年危机等等类似这样的关系，彼此怀揣英雄梦想、相互吹捧（也可以是扶持），可以很久不见仿佛断电，见面如同自动连 Wi-Fi，畅聊无边界；还有很多很多不同的信任的方式。其次，对于初入职场的毕业生而言，想在工作中赢得同事尤其是领导的信任，我想说先不要着急展现自己的聪明，更多时候展示出自己的靠谱。老板阅人无数，聪明的人数不胜数，但是信任不是建立在这个人是否聪明的基础，往往有些人聪明有余反而成为自己职业生涯发展的不定时炸弹，而那些靠谱的人，往往会给人以值得信任的职场形象。可能有些同学会说：“我们公司到上层其实不是看自己的实力了，老师，你想得太简单了。”那么我大概会说：“初入职场的你需要更多的脚踏实地，让自己先成为靠谱的人，有时候信任和利用很像，职场的马拉松要跑 40 年左右，请竭尽全力靠谱，而不是全靠捷径。”

初入职场，小心谨慎，处处是学习的地方，处处也都是查验的考场，偶尔错两题没问题，但是不能在同一个地方错两次，因为这是职场。预祝每一位实习生顺利工作、快乐生活！

2017 年 5 月 8 日

辅导员要勤练“望闻问切”工作四法

当前高校的思想政治教育工作处在一个转折阶段。2016 年 12 月，习近平总书记在全国高校思想政治工作会议上，强调高校思想政治工作关系高校培养什么样的人、如何培养人，以及为谁培养人这个根本问题。2017 年 3 月，教育部部长在两会期间就高校思政工作存在的亲和力不够、针对性不强问题发表观点。因此，辅导员要进一步加强和改进工作方法，真正能够为大学生的成长助力筑起“同心圆”、修筑“承重墙”、建立“立交桥”。要坚持把立德树人作为中心环节，把思想政治工作贯穿教育教学全过程，实现全程育人、全方位育人，努力开创我国高等教育事业发展新局面。

辅导员要勤练“望闻问切”工作四法

辅导员要准确了解和掌握学生存在的问题和需求，切实解决并引领学生的发展，就要勤练“望闻问切”工作四法。

首先，“望”就是关注。最贴近学生的关注就是深入寝室、走进教室和参与活动，要将解决大学生的思想问题与实际问题相结合，关注学生的过程就是排摸隐患、进行调研。例如，学生只关注娱乐新闻，不闻政事，学生能说出明星的生日、作品，却不了解中国传统文化、不认识科研学者。作为肩负为国家发展培养合格建设者的使命，学生关注什么，辅导员就要了解什么，更要将“望”成为推动我们开展主题思想教育的助力器。师者，所以传道授业解惑也，换个角度看学生，授道授业有惑也。将思想政治教育工作真正做进学生心里就要多走多看多了解多调研，当我们了解学生的职业发展需求、专业发展方向和成长发展规律后，我们才能丰富工作载体、满足学生兴趣。激发学生追求卓越的动力。

其次，“闻”代表倾听。辅导员多角度多层次听学生的反映和反馈，既可以通过集体座谈，也可以一对一谈心，既需要听正面积极的，更需要听反面消极的。我认为要注意以下两个方面：（1）要听学生言语中的情绪、感受和现实意义。与学生谈话时可以通过表情和声音看见学生的情绪，比如气愤、痛苦等；根据谈话内容判断学生的感受，是消极的、失望的还是无助的；学生言语的表达一定存在现实意义，例如，有的学生对校园硬件不满意或者是对某个社会话题反应强烈，这是在宣泄甚至抱怨；有的学生家庭突发状况或者深陷学业压力，这是在发出求助的信号；等等。辅导员要学会主动倾听、适时打听，只有主动、愿意与学生沟通，才能听到学生的声音、了解学生的需求，才有可能引导、吸引学生与我们沟通。（2）要抓住细节“听具体化的内容”和“听话必有反馈”。针对学生表述的内容，我们要引导学生具体表达，而不是泛泛谈感受，比如新生表达对校园不适应，我们要了解是不适应寝室同学的生活习惯还是不适应大学的学习方法，鼓励学生从真实可见的、触手可及的事谈起；面对学生的提问、质疑和困惑，辅导员一定要思想重视、提高认识、积极处理、及时反馈。

再次，“问”意为提问。需要辅导员能够做到有目的性地问，一般辅导员通过面谈或者利用新媒体询问学生的学习、家庭、工作、恋爱等。询问时需要把握好的三个层次：（1）尊重并保护学生的敏感界限。受多元文化和社会经济的影响，高校不断出现如同性恋学生、家庭经济困难学生等特殊群体，面对这些学生我们要尊重并在一定范围内保护好学生的隐私，用辅导员的关爱和真诚获取学生的信任，引导学生树立正确的发展观和价值观；（2）抓住学生情绪转换瞬间。与学术不端、考试作弊等行为规范失衡的学生谈话时，辅导员要严肃、强硬，摆出明确姿态，不能一味走温和、亲切的询问或谈话风格，在学生犹豫、纠结的时机要适时用法律条文和校纪校规警示学生，要弘扬社会主义核心价值观，加强学术引导和诚信教育；（3）鼓励学生反思与讨论。大学是青年学生价值观形成的关键期，辅导员在提问过程中要做好引导，不能简单粗暴地灌输观点，更不能直接评价或者给予学生回答，可以通过提问、反问甚至必要的沉默等一些技巧，让学生进行自我反思，树立理想抱负，提升综合能力。

最后，“切”表示引导。要切准要害给予针对性的引导，进一步推进发展。习近平总书记曾用盐比喻高校思想政治工作，要做到言之有味、言之有理、言之有效。辅导员既要教给学生生存的技能，更要给他们诗和信仰，因此辅导员必须做好对学生的引导教育，把握三个技巧：（1）“真诚”原则，真情实意、诚实可信不仅是辅导员对思想政治教育的内化，更是开展学生工作的基础，是与学生建立良好关系的源泉；（2）“理解”原则，与学生沟通的前提是理解学生、接纳学生，能够感同身受、与学生产生共鸣，在心理学中也叫“共情”。学会共情是与学生共舞的突破点，辅导员要明确其基本内涵，我可以不赞同你（的观点），但是我非常理解你；（3）“陪伴”原则，遇到学生沉默、消极，我们绝不能草草了事，而是接纳沉默、给予陪伴。辅导员是学生成长道路的引路人，更为学生的成长成才保驾护航，伴随新媒体技术的发展，要利用受学生欢迎的形式和载体，在日常工作开展中为学生提供有质量、有保障、有特色的学习条件，营造有文化、有层次、有视野的成长环境。

党的十九大报告指出我国的主要矛盾已然悄悄发生了变化，当下学生的价值观也在发生变化。作为辅导员要坚守思想政治教育工作是做人的工作的初心，肩负为社会主义培养接班人的使命开展我们的工作。都说辅导员队伍有号召力，更是扎扎实实工作、任劳任怨付出的实干家。作为一名普通、平凡、对这份事业怀有抱持之心的辅导员，我们将坚定继续做不忘初心、以终为始的辅导员。

2017年12月18日

性骚扰

什么是性骚扰？

性骚扰（英语：sexual harassment）指以性欲为出发点的骚扰，以带性暗示的言语或动作针对被骚扰对象，引起对方的不悦感，通常是加害者肢体碰触受害者性别特征部位，妨碍受害者行为自由并引发受害者抗拒反应。性骚扰表现形式尚无统一界定，一般认为有口头、行动、人为设立环境 3 种方式。在很多国家，性骚扰是一种不法的行为，属于告诉乃论。常见于职场性骚扰，例如上司对下属性骚扰，同事性骚扰。此外，性骚扰与“调戏”同义。

各个国家如何从法律法规界定性骚扰？

美国是最早提出性骚扰问题的国家，也是世界上性骚扰问题反映较重的国家。为此，1975 年，美国联邦法院第一次性骚扰定义为“被迫和不受欢迎的与性有关的行为”，并将其作为一种性歧视而加以禁止。1980 年，美国平等就业机会委员会对性骚扰行为的专门法规。除了美国以外，澳大利亚、加拿大、法国、比利时、西班牙等国家在法律中明确规定性骚扰属于应予禁止的非法行为，并进一步发展的反对性骚扰的成果。对于严重的性骚扰的行为，有的国家如加拿大、法国还将规定为妨害风化罪，西班牙等国将其归入侵犯性自由。

中国并无明确以调控“性骚扰”行为字样出现的法律规范，但有对反对性骚扰行为的条款与规定，如《中华人民共和国宪法》规定，公民的人格尊严不受侵犯，禁止用任何方法对公民进行侮辱、诽谤；《中华人民共和国刑法》中规定有猥亵、侮辱妇女罪、侮辱、诽谤罪；《公安管理处罚条例》规定，对“侮辱妇女或者进行其他流氓活动”的为扰乱公共秩序行为；《中华人民共和国妇女权益保障法》也规定，妇女的名誉权和人格尊严受法律保护，禁止用侮辱、诽谤、宣扬隐私等方式损害妇女的名誉和人格。北京、辽宁等地方性法规也有关于性骚扰的界定。

中国政法大学王新宇教授曾谈道，法律对“性骚扰”虽然没有明文规定，但生活中通行的判断标准是：违背受害人的意愿，故意作出或者发出性的行为或者挑逗，使对方心理产生不适、不快的都属于性骚扰。日常生活中常见的性骚扰主要有以下几种：

1. 身体接触骚扰。身体故意靠近，故意擦撞、强行搭肩膀或手臂，更严重的强行抚摸、搂抱、亲吻等。

2. 言语骚扰。在两人独处时故意谈论有关性的话题，询问个人的性隐私、性生活，故意讲述色情笑话、故事等。

3. 短信、微信、电子邮件骚扰。经常发一些黄段子或肉麻不堪的话，多次提出与对方到私密场所约会的请求等。

4. 性索贿或性要挟骚扰。以同意性服务为条件，来换取一些利益，甚至以威胁的手段，强迫进行性行为。典型例子就是上司以职位的升迁，来暗示他人同意进行性服务等。

5. 自我暴露进行性骚扰者。

当然，也有一些同事朋友间私下偶尔开开有“色”的玩笑，当事的女性如果接受不反感就不能算性骚扰。主要区别在于是否违反当事女性意愿，造成当事女性的反感甚至精神上的损害。

为什么要谈性骚扰?

以前我都会写一些和同学们学习、生活相关的更偏重美好的愿景的文字，可是这一次的话题已经酝酿了很久。这里既有我自己的亲身经历，也有我看到的别人的影子，所以有一股小小的力量大声在我耳边说：“对这些人或者行为应该勇敢说不。”

大家以为性骚扰离我们很远么？举个例子，在一次饭局上，有一位领导起身走到桌子对面的喝椰汁的不熟悉的女性友人面前在耳旁微笑地说：“既然你不喝酒，那就用你的奶敬我吧。”“抱歉，您看错了，我喝的是椰汁。”一句轻轻的客观描述的语言直击领导，颜面扫地。回到座位上的领导沉默一番，突然在饭桌上对对面的女性教训起来，其中甚至用了一句“你上不去是有上不去的道理的”。再举个例子，友人相谈甚欢，其中一位“博学才子”要举个例子，类似“某某效应”拿身边的女性当成例子中的“性奴、囚犯”把自己比喻为主人，为大家“答疑解惑”。

先看看前一个例子，类似的对话在应酬中时有发生，但是往往姑娘们碍于颜面或者职位关系只能自己消化，当然也有一些擅长交际的社交活跃者认为这无伤大雅，甚至会献媚附和“好呀，荣幸”之类。我想告诉我的学生们，一语双关的性骚扰是随处可见的，中国的语言博大精深啊，可惜不能用的地方不要用！不能接的内容要拒绝！一旦接下了第一个性试探，后面还会有第二个、第三个甚至第四个，一个领导不认识“椰汁”两字么？第一句话说出来就是在试探女性的底线在哪里。我不是什么女权主义者，我只是认为人与人之间应有尊重，这与职位、性别无关。职场的发展固然重要，上不去和上得去一定不是依托酒杯和隐忍，如果一杯酒就真的可以上得去，那职场关系还真的就简单粗暴了。所以提醒我亲爱的同学们，作为男性，请尊重你不熟悉的女性，你的言语代表了你的格局；作为女性，请不要给对方骚扰你的机会，这不仅是不适，更是恶心。至于第二个例子，和第一个差不多，也是一种试探，因为要举例子我们完全可以用张三、王五甚至用机器猫、光头强来举例，面对这样的言语挑衅，适当隐忍可以接纳，但是和“宽容、大气”没有半毛钱关系。

为最大程度避免职场性骚扰，在工作和工作应酬中请大家注意：不要穿着过于暴露的衣服；碰到有这种倾向的客户、上司或男同事，及时避开，敬而远之甚至必要的时候可以选择离职。进入不熟悉的上述男性办公室，应将办公室的门敞开；碰到正在发生的性骚扰行为应立即表示反感和反抗，可以直接寻求律师帮助！

2018 年 1 月 26 日

没有对比没伤害

比的是好心态，好心态就是“对”的正解。

两天前，闺蜜和我说孩子的考试成绩，比班级平均分略高，原本想表达对孩子的成绩不是非常满意……但是，没有对比就没伤害，在我说出儿子同样科目的模拟训练卷的成绩后，我们的对话就是“哈哈哈哈哈哈哈哈哈”。

关于小朋友的成绩，常常成为我的吐槽点，这次模拟后我迫不及待视频，故意以要看看有哪些作业为由要看那张试卷，他也很聪明，故意把试卷最后一小面给我看，我耐不住地提高嗓门说：“正面给我看看，有你学号、姓名的那面。”他也不甘示弱，小心翼翼翻来覆去，用手抓住分数的十位数，给我看卷子抬头。我原形毕露一声吼:“放下你的手！”他一抖，像个被警察捉住的小偷，我看见一个来自两位数的赤裸裸的威胁！再次刷新了我对一个小学生的成绩的下限，事实证明，每每以为这次是成绩底线的时候只能自嘲年轻，因为可能下次还能刷新一下，底线可能是毫无下限地在后退，像极了自己的发际线。

我还能怎么办，接受那个分数，然后还能怎么办，吼一吼，然后呢？

孩子告诉我的同事，他在卷子上有故意写错的地方，想着那个计算可能会扣三分，这样就可以考到 97 分。事实呢？填空题就是空，选择题可以避开正确答案，计算题被题目频频算计，应用题无法应用。好一个 97 分，我此时很想变成欧阳超，“那如果这样你觉得可以考出 97 分，呵呵，满分一定是 500 分！你这么聪明，你去问老天再借 500 年啊！500 年总能学会这几个题目了吧！”

前两天，有学生和我说入职销售工作后的高强压力和绩效考核不理想导致荷包瘪瘪，有些委屈……但是，没用对比就没伤害，在我说列举听闻的工作内容和状态后，我们的对话就是“拥抱图片”。

对于新入职场的人而言，如果收入是职业选择的第一位排序，那么可能会遇到痛苦；如果把高付出简单和高收入划等于号，那么会很委屈；如果把强能力和高职务划等于号，那么会很不甘。所以看待收入的数字背后，要想想自己职业选择的价值观都是什么。

差不多一周前吧，我和一位专业老师交流，因为我们都看到了一位很优秀本科生，学生想参加科研项目，想在团队展露能力，想成为小小领导者，学生已经具备了一定的组织能力，目前担任着重要的学生干部职务，积极表达想参与科研项目的愿望。理论上，是不是应该直接匹配，让这样的一位学生从低年级就瞬间成为一个项目的学生负责人之一？实际上，教师团队考虑后做出的决定是，继续观察。原因很简单，一个好苗子，不仅看动手能力，更要看综合能力，包括心理素质、抗压能力、学业规划、团队合作、抗挫能力、时间管理，抗压和抗挫是不一样的。一个好苗子，老师一定是珍惜和留心观察的，甚至会说“看看她愿不愿意跟着。”一定不是简单、粗暴地理解成“不要她加入”。

所以我们都别轻易被工资卡上的钱标签了自己、框限了热情。刚入职场，我们的价值一定不能轻易被有几位数、几个 0 而定义，甚至有一段时间可能都会坐着冷板凳，但即便屁股冰凉，内心也要火热，冷板凳不是真的冷，是炼丹炉一般存在。都说路遥知马力、日久见人心，那么工资卡、冷板凳也可能在验证对工作的热情，如果真的不是匹配的合适工作，那时间也会走到一个节点，离开。

我都经历过这些，所以好似轻松地分享自己的观点。我换了一份心态去看工作，记得工作第三年的时候，我的领导和我提了一个词叫“岗位创业”，让我自己去查询。刚好那时候我开始做就业工作，所以我也开始反观我自己的工作，有一部分就是烦杂、繁杂、时不时也烦躁的事务性工作。

我开始像切西瓜一样，先分成两半“简单的事务性，下达时不由我定”和“有意义的创新工作，我定何时落地”，之后再考虑，是带皮切片手拿着吃还是切块摆盘用叉子吃，或者不切了拿勺子挖着吃！逐步细分这些工作，做好排序，排序得当才可能留出空档，随机排序很可能手忙脚乱。

我开始考虑工作的标签，每一个人被分配到的任务是差不多的，但是怎么做到有人情味、如何有自己的风格、怎么样可以有点点意料之外的效果，就是创新的部分。不是从无到有的创新，而是加点温度、有些力量、值得回味。至少自己做完了这份工作，不会因为遗憾而忽略精彩，更多的时候我收获了“值得”，使这次的遗憾成为下次目标的动力！

第三个重要部分就是提升能力，珍惜每一个工作的培训，主要原因是便捷还免费，逐步有意识地在能力范围内自费参加培训，升级工作能力的技能包。提升的能力，不仅仅会促使自己养成持续学习的好习惯，也会带来一点物质回馈，证明别人对你的认可，证明自己的价值。但是不因为这个来否定本职岗位的意义，因为没有自己的团队、学校的平台、领导的鼓励和同仁的支持，这些都化为乌有。我拿着一点讲课费、咨询费，就可以继续参加自己喜欢的培训，对学生、对工作和我自身，都是促进。

写到这里先画个句号，因为又开始涉嫌夸大和自吹了，有点“97分儿子附体”的样子了。把最近和身边人交流的感受记录下来，告诫自己，看看周围，听听自己，今天儿子跆拳道考级前集训，走到门前，他退缩了，说不想去因为害怕都是红带、红黑带的哥哥姐姐，他比不上他们，怕跟不上，打起了退堂鼓。我说看一眼吧，说不定有和你一样的学员。他在门口张望了一下，果然有，还没等我说话，就往教室冲去了！

2021年1月30日

万源小记

离上一次打开Word记录点心情已经有近两个月的时间了，回忆4月，休息了两天，对于一个原本睡眠需求就不旺盛的我而言，出现了在床上靠一靠就睡着，半夜再醒来脱外套的情况，也有后半夜崩了一下给挚友发消息直呼“好累”，想来如果姨妈痛可以瘫在床上10个小时，也是另一份放松。

我不好意思说忙，因为总觉得自己碌碌无为，也不好意思说累，因为还有那么多如此勤奋、刻苦、努力的人，这么多不好意思，哈哈，没意思。翻了翻手机备忘录，找到了一些记录，挺有意思。

4 月 12 日 23:44 孩子

今天是 2021 年 4 月 12 日，我们来到万源。早上 6 点起床，从浦东机场出发，飞机、中巴辗转 10 个小时，来到黑宝山小学。刚走进小学，我看到孩子们从一年级、二年级……一直到六年级依次站在操场，前后左右的间距大概都在一米左右。绝大部分孩子都穿着校服，用期待的、害羞的、真诚的和简单的眼神看着我们，那个瞬间我心里很触动！当我们把学习用品送到孩子们手上时，孩子们都会很有礼貌地轻声说："谢谢！"我听见有一个孩子对着领导说："谢谢爷爷！"还有一个孩子说："谢谢领导。"他们拿到文具表现出满足和快乐。尤其是央姐抓拍了很多小朋友的照片，笑得自然、纯真。大多数人脸上的皮肤是有一点点黑，还有一些红，但是这些一点都不影响他们的样子。

原本在电视上看到的场景出现在眼前，我内心的冲击还是挺大的。还有仪式收尾，当我们聚拢在一起拍合影时，喊着校训和学风，同样能感觉到一股力量，是无比的自豪。很期待和希望，孩子们未来的生活能够有一些改善。

这其中令我们印象深刻的一个小女孩叫 wxy。一开始并不知道她的名字，只是觉得这个孩子特别爱笑，很有镜头感，看上去就挺机灵的。后来才了解到，其实他的爸爸妈妈已经分开了，都在外面打工。用爷爷的原话就是，妈妈跑了。我们的理解父母离婚了。妈妈把哥哥带走了，把妹妹留给爸爸，但是 7 岁的她是独自跟爷爷生活在一起，因为爸爸也外出打工了。爷爷为了让她上学更方便，就在小学对面租了一个房子。平时的晚上就会在这里照顾她，为她烧一点吃的，非常非常简单的饭菜，屋子里什么都没有。但到了周五，他们就会步行一个小时下山，回到自己的屋子。周日晚上再上山，每天、每周都是如此。

和他们相比，我的孩子以及我身边朋友的孩子真的是太幸福了！

4 月 13 日 00:02 夜景

此时我在酒店里。正准备休息时，突然听见窗户外面传来火车开过的声音。我迅速地爬下床，拉开窗帘想寻找到火车的位置，可是我只听到"轰轰"声，却没有看到火车。眼前一片漆黑，酒店的楼下是一条河，河的左边很多高楼，有十几层的，也有 20 多层的。这些高楼里面还亮着灯。偶尔还能看到街道上的霓虹灯牌。这些和杭州的不足以相提并论，但至少还是一个县城的样子。可是河的另一侧，我只能看到几盏灯，可以猜测那都是一片平房或者是树林。河的两岸呈现的是如此不同的夜景，就好像黑宝山上的孩子，和我们身边的孩子，他们所看到的世界可能就像此时此刻的县城河两岸我看见的夜景，完全不一样的。

4月14日 00:48 难忘

今天是 4 月 13 日，来万源的第 2 天。早上坐车去了一个九年制的、有小学和初中的学校，可是我们的车在路上没有办法顺利前行，因为道路实在是太差了，甚至挖掘机开一段路，我们的车前行一段，再等挖掘机开挖，然后我们再前行，直至在一个山脚，17 座的车实在没有办法往山上开，加上下了一点小雨，路面特别不好走，我们只能在原地等着对方学校的老师来接我们。他们有的用自己的车，有的甚至用了学生家长的车，分三次将我们送到山上的学校。到了学校，我们看见了杭州学校捐赠给这所学校的书，还有教室里的小书屋。这个学校有一年级到九年级的孩子，每个年级大概有二三十个孩子，一个年级就是一个班。

今天我看到有一个小女孩，远远就看见了她，长得挺漂亮的，皮肤也比其他的孩子要白一些。我问她问题，她就点点头或者摇摇头，也不说话。我发现她的牙齿，蛀了大门牙，但还是很可爱的一个孩子。我经过询问，得到她的同意后，和她拍了两张照片。挺喜欢这个孩子的，也要了她班主任的电话号码。不知道未来会不会跟这个孩子有一段奇妙的缘分。

今天见到了学校支教团的学生，真觉得他们很不容易，在这么困难的环境下奉献自己的青春，带给孩子们那么多的爱和温暖。一想到这些我就情不自禁流下眼泪，因为与这些学生相比，我黯然失色，没有他们勇敢，所以学生都是我们的榜样！

从学校离开的时候，我们绕着蜿蜒的山路走了另一条小道下山，景色非常的美。我不知道这里的孩子什么时候才能够离开大山。可，为什么我们这么希望他们能够离开大山呢？我也问了自己外面的生活就一定是最好的吗？下午我们去了万源保卫战战史陈列馆。奔波了一天回到酒店，就感觉自己无力，有身体的无力，也有心的无力。不断反思，今天先到这。

2021 年 5 月 16 日

关于职业幸福感的几点体会

我的职业幸福感，就是作为学生工作一线的普通一员，把自己从事的对学生的教育和管理工作看作是幸福的职业，把对学生的教育管理工作作为一项事业来努力，在工作的过程中，能够持续地体验到工作的快乐，获得主观心灵上的满足，体验到幸福的滋味，在工作中充满干劲，心甘情愿地为之付出，激励着自己不断前行。很多时候真的累，但是总有一个特别有力气的小人能把“累”的小人打倒。

在传统观念中，在高校工作的人，搞“专业”才是事业，授课教书才是“育人”，但随着国家对思政教育的不断重视、高等教育发展理念的不断成熟，在高校有这样的一个群体，叫作“辅导员”，这个特别可爱的群体，其生态环境里的“人文向度”和“精神建构”被越来越多地关注。作为一名在一线工作 14 年的老人，我们的职业幸福感绝大部分来源于学生，所以工作光有热情和干劲远远不够，还需要有不断更新的知识、理念、思想和智慧，帮助学生找到适合自己成长发展的路。

最成功的事情是因为我们的努力工作促使学生有更好的发展，比如因为我们的推荐和帮助学生去往更高平台深造或者留校读研，因为我们的鼓励和提供有效信息从而促使学生顺利高质量就业，等等。

故事 1：2016 年，我和学生（刚刚大二结束）在国际访学项目中同学习、生活 3 周，学生因为受到文化价值观的冲击来找我谈心，去之前我们不熟悉，回来后我们成为了好朋友。

回国后他也经常因为生活中的困惑与我交流，在他大三下学期我留意到公派留学项目的通知，鼓励他报名参加，当时他不够自信不愿意去。项目的宣讲会在比较远的一个校区，因此我打电话再三叮嘱和要求他去参加宣讲会，最后在我不断地鼓励和“监督”下，学生申报成功，并在他大四上学期顺利去往美国一所大学公派交流 3 个月（学费由政府支持，结束学习后还获得学校的奖学金）。大学即将毕业，因为访学经历、公派留学经历，原本需要借助中介机构申请出国的他，通过自己的努力独立完成了申请，被澳大利亚的昆士兰大学录取，硕士毕业后他同时可以选择在昆士兰大学继续深造或者前往美国的加州大学圣地亚哥分校继续深造，因为疫情等特殊原因，他选择留在昆士兰大学成为一名博士生。记忆中学生在校期间没有华丽的学生干部任职，但在团学会踏实勤勉工作，没有国字号的学术竞赛佳绩、也没有雄厚的家庭背景，但是他值得我们给予鼓励、关注和关心，特别感谢他的母亲，也非常信任我，祝福他有幸福的人生。

最幸福的事情是给予学生有限的关注但收获到学生很多关爱，比如逢年过节学生发信息和打电话关心我们、走访企业等各类单位时被学生热情欢迎、出差调研去不同城市有学生贴心接待，甚至在学生学有所成之后会在工作、生活等各方面感恩和支持我们的工作。

故事 2：2009 年 3 月的一个周五，我临时受命要在 2 天内从 A 校区入驻 B 校区独立接手某年级工作。次周周一早上 8 点，我见到了第一个学生 A 同学，来到办公室做小助理工作，很认真、仔细，连办公室窗户的窗框和轨道都擦拭干净，井井有条，十几年过去了，他依然是我见过值班时最认真的学生。但是通过在办公室观察和走寝室了解，同学表示他性格很好，但是有点奇怪，从不吃水果，也不吃同学的水果和零食，他每天都主动在寝室打扫卫生，我看到他的书桌个人物品最少、书籍摆放十分整齐后，我有一点不同的感受。回到办公室我查阅困难生档案、绿色通道记录、助学贷款都没有发现学生名字，一天晚上我趁 A 在图书馆学习时电话父母了解其家庭情况，向阿姨介绍了国家资助政策以及当时他们需要配合提供的证明材料。第二年开学初，A 顺利办理助学贷款，拿到国家助学金后非常激动地发短信向我表达感恩。本科毕业后 A 回到老家，过年过节他会问候我，结婚了发婚纱照给我看，当爸爸了会把孩子的照片发给我。

作为老师，能被学生惦记和关心是一件十分幸福的事，甚至很多时候我还会得到学生的帮助。记得儿子刚上小学的那年冬天，鼻炎症状严重，影响到正常学习，我非常着急。在一个校友群里我表达了最近因为孩子身体的烦心事，没想到一位学生私信我说："老师你带儿子去省儿保，去找 xxx 医生的门诊，我刚好在医院，我问过了早上他忙完最后一个病人后一般还有加号的机会，他是主任医师，很权威。"除此之外，我经常邀请优秀校友回学校给在校生作讲座、分享经验，为党支部的学生开小灶聊考研、考公心得，为竞赛团队的学生指导科创竞赛项目、做评委等，学生们的无条件支持，就是对我工作的分忧解难和对我的关心关爱。其实我们真正给予每一名学生的关注是很有限的，但是每一个有限关注的背后是无限的可能和潜在的力量，因此，对学生应该尊重，对工作更应敬畏。

最有价值的事情彼此陪伴和滋养，用积极和正向更好地自我成长和自我认可，比如思政一线的老师要有与学生谈心谈话的能力，并且发挥实效，帮助学生树立信心、接纳自我，通过谈心谈话真正了解学生、走进学生内心，学生也会如一面镜子反射出我们的优势与不足，从而使我们与学生能够建立信任、安全关系。

故事3：刚工作时，我会投入很多的时间与学生打成一片，也积极主动与学生谈心谈话，尤其是工作前两年，状态积极、精神饱满，和学生谈话花费了大量时间，一个学生谈话三四十分钟是家常便饭，不少时候会用50分钟甚至90分钟，学生笑我也笑，学生哭我也跟着抹眼泪。工作的过程让我也产生了自我怀疑，时间不够用、谈话效果也不明显。为了能与学生更好地开展谈心谈话，为了能真正帮助学生解决问题，为了能提升工作的效率和产生良好效果，我开始学习心理学，定期参与培训、督导，逐步调整谈心谈话风格和方式，前往学校心理健康中心担任兼职咨询师，不断提升作为老师的谈心谈话能力和专业心理咨询师的工作能力。这些年我一直坚持培训和督导，利用休息时间自费参训、学习充电；从带学生参加学校心理健康知识比赛到参编教材，从校内兼职到社会培训和服务，依然保持着好奇心在点滴积累中。

我身边的小伙伴，有的人通过谈心谈话促使自己不断提升，成为心理咨询师，有的人通过就业工作促使自己成为职业规划的专家，有的人通过科创竞赛结合自身专业特长和优势，成为科技创新的金牌教练。在工作过程中，既助人也自助，与学生共同分享彼此的成长，这份幸福感既表现在对自身职业生涯的助推力，也是对达成学生身心成长之美的辐射力。

除了上述三点之外，我个人觉得职业幸福感还有更重要、更有意义的使命和方向，就是最终能为社会和他人创造价值，可以是物质、可视化、可量化，可以是精神、可传承、可赞颂。比如我们培养的学生，进入社会后，他能为推动社会发展、区域经济贡献什么样的一份力？他是否在某个领域成为可以上封面、上榜单、被点赞的佼佼者？如果不在头部和标杆，不在远方和危难之处，他是否能够带着积极的情绪体验，让自己更好地适应环境，关注自己、悦纳自己，享受工作、享受生活，体验微小的成功和喜悦，体验成长的快乐与价值感？

2021年9月28日

有感于一场座谈会

最近参加了一次座谈会，记录一笔。

在有重要领导在场或主持的座谈会上，年轻职场人表达可以注意几点。

当领导说“尽可能表达”时：

请先谈 1、2 句工作感受，可以是表达感受到的组织关怀，也可以是自己工作中的感悟和困惑，作为情绪的引子（表达节奏要适中，慢慢说、说清楚、大声说）。

其次，如果座谈会是以了解困难为目的，请中立陈述问题，不带主观色彩（不要以“我觉得、我认为、我想”开头）；如果座谈会是调研问题为目的，请客观描述，看见了什么、发现了什么，不带猜测臆想（不要以“听说、据说、好像、很多人说”开头）；如果座谈会是以务虚交流为目的，请多表达工作的优势、优点，组织的温暖关怀和个人的成长，积极向上，多传递正能量！

当领导说“随意说”时：

请不要傻白甜，要说有意义的话题、说有建设性的意见、说有理有据的事实，最好有数据支撑。随意不代表随便。表达一句话时，务必换位思考，如果你是领导或者同仁，你听到了会有什么感受，对这个事情和对表达的人会怎样看？说话前在心里说三遍，确认说的不是正确的废话或者说的不是子虚乌有的道听途说，再组织好措辞去表达。不能随便说，但是可以随心写，先写在纸上再表达也是很好的办法，这样会更有逻辑性。

举例。

我眼里的问题“新生的通识先修课程太多了，好像没意义。”

领导心里的疑问可能是“x+4+x 的第一个 x 可以理解成先修课程的部分内容，从教育部提出的大学课程不‘减负’，要适当‘加量’的角度，课程多是不是就一定不好？从‘太多’两字来看，多到什么程度，文科多还是工科多还是对理科生而言多？要有统计标准和参考。各专业不同，如果觉得多了，那么要减掉哪一门？为什么这一门不用先修？给出回复。”

因此，职场新人在提出问题的时候，要想到能否接住领导的回问，而不是单向表达，座谈会是一个双向沟通、多人交流的表达场域。

当领导说“谈谈工作上的问题”时：

请不要把自己遇到的工作上的委屈放在第一顺位表达。困难谁都有，委屈你最大？工作首先是利他、利组织的行为，如果工作的意义是只为自己或者优先为自己，那么职业之路会走得很短、社会路越走越窄；工作利己的部分更多是自我能力的提升和价值感提升，所以如果工作上出现问题，请先反思自己是不是足够努力，做工作的过程是否挑三拣四、是否推脱、是否偷懒，职场人和休闲人是不能一个标准的，这个时候是双标，各有各的标准，但是如果把“假期我”和“工作我”混为一谈，那么是自己的问题，不是工作中组织的问题或者领导的问题。委屈可以表达，有时候表达委屈甚至可以加分，让别人感受到你的努力、尽责和付出，但是尽量不放一开始，因为领导脑海里会有一个相对固化的理念“办法总比困难多”事实，真如此哈。

座谈会要有仪式感：

首先，要看清楚领导的名字、称呼，注意表达的基本礼仪礼貌。

其次，表达得当，让领导和同仁感受到你身上具有的育人意识、对关爱学生内涵的理解，有思考、有温度；表达不当，会让领导认为表达者自身意识不强、站位不高、觉悟不够，要先受教育。

最后，把座谈会当作面试会，座谈会就是另一个隐形的考察会，展示的是工作成熟度和专业形象。即便不这么严肃地理解，也绝对不能把座谈会当成“学生诉求讨论会”，学生的诉求是非常重要，但是不代表每一个诉求都是合理的，学生的想法非常重要，但是不代表每一个想法都是理性的。我们理解学生，但是绝对不能盲目赞同和支持学生的任何表达。

前几天某个深夜，我和小朋友郑重说：“请你不要对我妈妈这么没有礼貌，虽然你看见我很大声，甚至吼了她。但是她是我的妈妈，可能有些方面，我无法让她开心、满足，甚至我真的达不到她的标准和要求，我的表达和行为方式不够好，但是我内心很爱她。我确定。”

我的工作也是如此，可能有很多很多抱怨，但是不妨碍我对工作的热爱。一点一点积累，新职场人，在我眼里你们对单位就如同孩子对家庭的意义，愿这个陌生的单位的名字终有一天也会成为你心里不舍的部分，可能有一天你会离开，也可能终其一生都是这里的人，此时，既来之则安之，安心、安然、安守住你的青春，青春很短，职场很长，机会很多。

有一位资深前辈说：“正视差距、播种希望，开阔视野、明晰方向，坚定信心、奋勇前进。”

共勉！

2021 年 10 月 9 日

我是谁不重要，重要的是……

今天晚上小朋友说了一句很有意思的话：

“我是谁不重要！重要的是，我是谁。”

蹲在马桶上的我瞬间清醒：

“你刚才这句话太酷了。”

“我知道！”

最近，我连续炸了两次，一次是在单位运动会，我到大本营发现横幅没拉、桌椅没有摆放好（确切地说是桌子，因为椅子连影都没有看见）、物资没有完全到位后我就原地爆炸了“嘣！”

同事说先吃早饭然后再……还没有说完我就打断了他的话。

“吃什么早饭，把活先干了！”

另一次是发公众号，我无意发现单位的重要活动（就是那种只有一次机会，不可能年年活动的大场合）推送没有放在头版发布。当时我正忙着做采编的工作，再次原地爆炸了“嘣！”

同事电话想解释，我没有接电话，现在手机里还有对方将关于推送的微信语音给我，这两句语音后面是红点。我也不打算听了。

为什么会炸，因为我发现职场新人的“大局观”意识有、但是不强烈，独立完成工作的能力强、但是团队协作的意识弱，所以我突然想到今天晚上小朋友送我的这句话非常符合我当时的心情：

我是谁不重要！重要的是当工作交给我的时候，我努力去做了，做不好可能是经验、是技巧、是方法，是主观努力了但还是受客观影响的结果。

我是谁不重要！重要的是这份工作交给我，我有责任去完成，因为每一个我都是全局的重要一环，我做好自己的一小块工作就是有大局观的体现。

我是谁不重要！重要的是当事情发生的时候，我不会冷眼看别人的笑话，我愿意去补位、去擦屁股、去收拾烂摊子、去成为那个值得信任、有能力兜底的一员。

我是谁不重要，重要的是……我。

是团队缺一不可的新人，如果团队没有我其他小伙伴会想念；

是团队值得信赖的一员，如果事情交到我手上不是因为这个事情太简单和容易，而是因为这事情贼重要；

是团队调节氛围的开心果，如果因为调侃我能使大家开心，这可能也是我的重要功能之一，但是不能只看到自己的幽默或被幽默的价值，更要看到“调侃”背后其实是在帮助我提升和增值。

用一个工作案例举证：

1. 当职场新人要在团队里发送一则通知时，需要注意～

通知中附件的表格尽量点对点给负责人，不用全部发群里，因为本群的同事可能绝大多数人是不涉及具体工作的（比如涉及多少钱，和相关重要人说什么，都是无从下手的）。因此，谁负责，谁知道哪些相关重要人，然后对情况和大概需要报销的金额更了解，所以发布者可以直接和同事或者领导商量，商量后把大概情况在群里通报即可。

2. 群里要不要说这项工作呢？要!!

可以以工作通报的情况简单说，如下：

各位同事，通报一项工作：

xx 下发了关于“xx 补贴及奖励报销的说明”，我这边会逐一和项目团队确认，若工作开展过程中有人来咨询，可以让他们直接联系我。具体各类统计表格我就不发在内群了。

3. 分解潜台词

各位同事，通报一项工作：（简单、直接）

xx 下发了关于“xx 补贴及奖励报销的说明”，我这边会逐一和团队确认，（显示工作担当和责任，我会负责到底）

若工作开展过程中有人来咨询的，可以让他们直接联系我。（不辛苦大家了解政策，我来解释）

具体各类统计表格我就不发在内群了。（不占用各位的时间，我会统计好，另外这个也是有点工作量的事情，我也不会偷懒）

4. 为什么要这么说呢？

首先：每一句话背后是有意义的，不说废话。聪明的人一看就知道你要说啥。

其次：让别人知道你很忙，但是不能说“我很忙”。一说我很忙，就感觉很自我为中心，别人可能想“哦！就你忙！我们都闲吗？”或者想“谁不忙啊？”

最后：每一句背后都有体现为别人考虑。因为现在的工作基本上大家都很忙，学会说话能让别人感觉你在为对方分担工作。嘴上不说，聪明的人会心存感激。

工作存在失误很正常，而且什么样的职场新人会有失误？除了经验确实不足的以外，就是干活多的人会有失误。做得多也容易错得多，所以从这个角度而言工作失误也并非坏事，也无须迷茫地进行自我否定。

很多人都觉得“兴趣”是最重要的，但实际中“只要有兴趣”也是不可能把工作都做好的，工作最需要的是责任心。

除此之外，我们都要学会包容和支持，因为我们每一个人都期待被理解和信任！

2021 年 11 月 16 日

有关系，没关系；没关系，有关系

前两天，已经毕业的学生和我聊在职场中的困惑，他问：

“老师，你觉得关系重要吗？”

“什么关系？平行同事关系还是上下级关系，还是其他？”

“就是，怎么说呢……”他吞吞吐吐地说，“我不知道我们公司和我一波入职的是不是有托关系的，像我这样没关系的人是不是以后就没啥希望了？”

“哈，有危机感吗？”

“那肯定多少有些。以前我不了解，但有时候听同事们闲聊，所以也会有点好奇心呗。”

“那用你的话说，人家托了关系和你一波入职，你没人介绍自己面试入职的，说明你有很强的实力。对不？”

“哈哈哈，被你这么说，好像有点道理。”

“别骄傲，那只是你的入门表现，不代表未来。”

“哎哟，白高兴一场哈。”

我们闲聊了几句就结束了话题，这是一个敏感且普遍的话题，“关系”常态，“有关系”常在。其实这不是第一次和学生或者刚入职的小伙伴交流的话题，因为终其一生，我们都摆脱不掉“关系”。

中国的人情关系深意丰富，我们自小到大的成长环境里也逃脱不掉“关系”文化，比如买东西托个关系可以打折，上培训班托个关系可以进到师资好的班级，投票结束拖个关系虽然不能改变票数但是可以提前知道结果；遇到一个重要的事，权威人物可能会说："你知不知道这个事情关系重大！"无意被冒犯原谅别人的时候也会彬彬有礼地回应："没关系的。"当发现自己的亲友和朋友的朋友的朋友的朋友是工作伙伴时，还会惊叹："哇塞，原来咱们还有这么一层关系。"神奇的关系啊，无处不在。

同样，当一个人触犯了法律，我们也会严惩，断了他和外界的联系，阻断了诸多的关系是很有效的惩罚。当"我"与世界的联系突然变少，与世界的距离相隔甚远，与世界的关系单调而冷漠的时候，那种世界有你无你都无所谓、没关系时，五味杂陈。

"老师，我怎么样才可以建立一些自己的关系？"

"有的关系是与生俱来，比如你和父母的关系，这种血缘关系不由你选择，所以努力理解，努力让他们理解你的感受、处境。但是你说的关系肯定不是这个，如果是工作中的，我也不十分确定，因为人和人太复杂。"

"嗯，有的人有背景。"

"当然，每一个单位里都有这样的'幸运儿'，比如你去公司，那么公司可能会有富二代，你去体制内，体制内会有官二代，甚至你搭乘的公交车也可能是由公交车二代驾驶。"

"有点羡慕他们。"

"他们也可能会有时羡慕你。比如你取得成绩了，仿佛就是人定胜天，但是他们的努力会被贴上'有关系'的标签；你完成 KPI 了，就是努力了就能看见希望，但是他们的 KPI 就是'资本的力量'。不觉得这样其实对他们也是不公平的吗？难道就没有勤奋努力甚至凄凄惨惨的某二代吗？"

"嗯，除此之外老师还有什么建议或者安慰？"

"那就回到你刚才的问题，刚工作怎么样去结交朋友、让身边的同事、领导看见努力的你。首先是真诚；'真'很可贵，现在的人都太能说会道了，尤其是你做销售工作，沟通能力强，但是不要说太假的话、不要谄媚、不要虚伪，真诚对待身边的同事和你的领导。真，难能可贵。其次是勤奋；勤能补拙，别说 90 后了，有的 80 后、85 后其实都挺懒的，比如我都不烧饭哈。工作中多做一些、多担一些，少计较、少比较，勤奋可以让人学到很多，勤奋的人往往多劳，多劳的人能力也不会弱。勤，弥足珍贵。最后就是等待；你的真诚和勤奋很容易打动同事，当然是要积累持续好一段时间，像怀孕一样哈，孕育的过程就是你在和自己建立关系的过程，也同样和世界建立一个新的关系。在努力工作的同时等待着，会有人帮助你，因为你的勤奋，会有人因为你帮助他而回馈你，因为你的真诚。这些人都是你的贵人，是你靠自己赢得的支持，这些人一个一个冒出来，变成了你的‘关系’，因为你的能力已具有了一定的价值，因为这样的你闪闪发光。”

“嗯，还有吗？”

“送你一句话，有关系，没关系；没关系，有关系。如果你发现身边有这样那样的复杂关系，没关系，内心的秩序不乱，静观其变吧。因为这个世界终会让一些人变得外圆内方以及其他状态。如果你发现你和身边人没关系了，和世界看似无连接了，有关系，扪心自问，是你把建立关系的能力弄丢了，还是你把自己遗忘在哪个角落了，把自己寻回来。”

……

说完这些，我也开始思考，我是要置于关系中静观其变，还是要把自己寻回来置于关系中。

2021 年 12 月 2 日

工作插曲

一首加班插曲

最近加班挺多，但我这份工作很难区别上班和下班时间，所以更难定义什么是“加班”。偶尔工作到凌晨 1、2 点，虽不常见但是必经时刻，忙完孩子的作业晚上 9、10 点开始讨论工作是家常便饭。我认识的老前辈说，“不记得自己有多少夜晚是 12 点以后睡觉”说明这是常态，而能在晚上 10 点前窝被子里的，十之八九就是生病了。

我不推崇这样的工作作息，但是当我们选择了某份职业就知道它可能存在这样或者那样的状态，是每一份职业背后的意义和价值，好像选择了消防、缉毒就意味着随时面对死亡，选择了边防工作就意味着边境线重于生命线。不是因为我们不想安逸，而是因为选择的背后需要奉献和牺牲的精神。如果不具有这样的信念，不敢、不愿牺牲个人利益，那学生工作，尤其是一线的思政工作就往往会痛苦，变得焦虑。

上个月，有份工作需要在短时间内呈现文字总结。在加班的过程中我和同事有很多体会，比如意见不一致可能出现争执，习惯不同让其他人“不习惯”，眼看一些问题的出现不确定到底是在哪一环或者哪一个人身上等，在加班的过程中体会到“为自己考虑”和“只考虑自己”的不同之处。

无论原因如何，我们保持着“试着去解决问题比不暴露问题更有意义”的信念，因为解决问题多了，会从合格变优秀，从优秀变领袖。但是如果工作都没有问题暴露，一方面我们反思是不是工作量不够大或者工作内容过于简单；另一方面有没有主动给自己的工作“加餐”，刚工作的 3～5 年是最血气方刚的，后面慢慢磨炼自己的韧性。其次，我们彼此鼓励和安慰，试着学会合理安排时间，做好轻重缓急优先排序，就是常提的时间管理能力。

工作若真的“为自己考虑”，更应该把团队利益放前面。工作若“只考虑自己”那单枪匹马作战很难胜出，既不符合时代强音，而且群众基础会很薄弱。所以，工作要为自己考虑，不能只考虑自己，对同事、对学生都是如此。有一句我非常喜欢，与同事分享：“我所理解的知心，是心有灵犀的会心一笑、是润物细无声的贴心关怀、是困惑彷徨时的推心置腹、是挫折背后的倾心相助。”

一首申报课题插曲

小伙伴入职以来，无论是专职还是兼职，大家都积极努力去申报课题，人文社科调研、思政专项、党建、教改、共青团等，面对这些课题该如何入手？

第一步，结合工作，找到自己擅长的方向。比如担任学生党支部书记，人文社科调研、思政专项、党建专项都可以直接入手；如果带领学生骨干、组织，人文社科调研、人文社科思政专项、共青团课题都可以尝试；如果做科创竞赛，人文社科调研、人文社科思政专项、本科生或者研究生教改可以优先考虑；如果负责心理，人文社科调研、人文社科思政专项、心理专项、共青团课题都可以申报。规律就是，和学生有关的，就是和思政有关，有专业特长的就可以申报专项课题。

第二步，确立课题类型，学会照葫芦画瓢。最简单的方法，问前辈要一份或者几份成功立项的申报表学习，如果大家问我要，我一般不会立马给，需要各自先写一点，或者真的太忙了就立马哈。稍微复杂的方法，在下笔前，多看文献、论文和资料，然后讨论提纲，这样效率相对高一点，最后再自己细细琢磨成文。参考过往申报材料对自己下笔的优势在哪里呢？（1）学习规范的格式，甚至连金额该怎么计划都一目了然。（2）了解书写技巧，虽然基本套路各学校都一样，一方水土育一方“套路”，还是要适应“入乡随俗”。

第三步，找到机会，充分地和负责人沟通。理由如下：（1）成员里该加谁，不该加谁，这个有讲究，加得合适，提高层次，加得不合适，甚至可能破坏关系。我就碰到一位老师很生气，因为别人的课题加了她，她完全不知道，后续有课题结题要求，需要这位老师出面参与答辩汇报，打乱了她这位完全不知情的人的安排，关键课题是两年前立项的。有的人可能不想加在别人的课题或项目里，有的人加了不是加分项，有的人应该加但是申报者经验不够没有加上，遗憾。（2）帮助出谋划策，三个臭皮匠，顶个诸葛亮，俩小皮匠，比一个新皮匠多一个思路。请负责人看一下，有的时候是为了调整格式、内容，或者查漏补缺，有的时候是为了让负责人知晓自己的课题和内容，加深印象，建立感情的联结。再举个例子，有好几次，同一个部门的几位职员要申报同一个类型的课题或项目，最终上报至上一级，部门负责人需要进行排序，此时排序第一意味着部门力荐，排序第二意思是推荐，第三、第四、第五呢？可能就是鼓励，但是还有一种可能，部门负责人没有看过这个项目，所以不敢力荐或推荐，若未被负责人看过的项目是珠宝级的好项目，那多遗憾。所以充分沟通，是为了促进项目提升申报的成功率。

2021 年 12 月 7 日

藏在头像里的小秘密

最近，我发现一位好朋友，在一周之内好像换了 5 次头像，我没有刻意去数，细细回想可能是比一周更短的时间。藏在头像里的小秘密，是挑选图片时的心情变化。

好几年前我曾经与学生进行咨询工作，当时还未见到孩子，孩子妈妈把孩子的微信名片推送给我，让我印象深刻的就是她用的头像图片，直至现在我还记忆犹新。正方形的头像整体上是深紫色的背景，上面画着一个小女孩，一头卷发十分可爱，但是她被一只手拎着脖子后的衣领，小女孩蜷缩着身体，远离地面，两手交叉环抱自己的手臂，眉眼低垂眼神斜看着地面，而那只将她拎起的手臂边上还画着一扇门，看门开的方向和门旁边墙上的装饰画，可以判断是小女孩被人从房间里拎到了房间外。

这是我和孩子的第一次非正式“见面”，但多多少少已经让我对孩子的状态有了一点初印象。

可能是习惯养成，有时候碰到学生或者好友，或者是需要特别关注的对象时，我会留意眼对方的头像。这次好朋友频繁换头像也引起了我的注意，或多或少她的生活中应该是有些涟漪，而非她表面说得那样。其实每个人都是一样，为什么选择这张图片作为自己的头像肯定是有很多原因，例如，有的人对自己拍摄的照片相较满意，用自己的照片；有的人因为职业需要将有职业、行业特色的图片、LOGO 等元素作为头像希望让人留有印象；有的人喜欢某种植物花卉，这背后的寓意也许是和自己价值观相似或者需要自己往这个方面再靠一靠；有的人用卡通、宠物等头像以表达童心未泯或者对爱宠的留恋和钟情，背后有温暖的小故事。

作为自己的“符号”，头像里可能藏有对未来的期待、美好许愿，可能是对某人的感恩、爱恋关注，可能有意识告诫自己淡泊名利与欲望，顺其自然、随遇而安，可能有春暖花开时的寄语和自勉时不畏困境的勇气。

以上皆是种种猜测和个人喜好的分析，我没有和好友谈论这个话题，但是我想在选图片的时候她一定有过犹豫、有过放下和舍得，此处无声胜有声，照片变换的瞬间就是一次思索，选择图片的背后就是心境的变化。如果此时此刻，你要换一张照片作为自己的“符号”代表，你会选什么？

有好几次我都想换一下，但是想想，嗨，挺麻烦的，懒得换，就用这个吧。但是如果有一天我们选择换一张图片，那多半是生活中遇到了一些事，无论这些事情是好是坏，那都是我们自己的小秘密。

2022 年 3 月 20 日

青椒如何做好家校沟通

和家长沟通是一门学问，需要与家长沟通常在两种情况下：一是学生在学校遇到特殊情况，比如学业困难、心理问题、突发事件等；二是表现特别优异、突出，建议与家长联系表达赞美。恶性突发事件的家校沟通不在本次讨论范围内。

就一般情况下新手青椒与家长沟通要注意教师角色、立场站位、情感表达和说话艺术。以上 4 点都是带着圆润棱角的，而不是在初期或者首次沟通时佯装成熟和老到。漫漫谈话路，青椒也要慢慢起步！

1. 教师和父母是平等的，同样老师和学生也是平等的，所以我们不要害怕家长、在家长面前不唯唯诺诺，有礼貌礼仪；面对学生不能威胁、不能恐吓学生，要理解支持。作为青椒，收下我们稚嫩、可爱的一面，戴上“沉着、亲和、果断、共情”的面具，家长来了倒一杯茶、问一声好。

2. 关于立场和站位，作为新手大致会碰到的几种情况。无论哪一种，请铭记，我们和家长沟通是为了拉回学生、帮助学生、爱护学生，不是推开学生、放弃学生、怨恨学生。老师心里没有“爱”，拿再多的荣誉都是废纸。

第一种：学生个体出现问题需要和家长谈，前提是我们了解这个学生的情况，而不是电话家长询问学生的情况。作为家长，如果老师电话过去全在做背景调查、资料收集，难免会被认为“这位老师对我的孩子漠不关心”，因此和学生谈话、查看档案、联系班级或实验室同学以及班主任或者导师了解在校表现是基础工作。此后，和家长沟通就有底气了，让家长真实感受老师对学生的了解，以达到拉近家长情感和支持的目的。

第二种：学生和学生（或者导师）之间有矛盾等原因需要和家长谈，根据情况的紧急程度分成双方父母须到校、一方父母须到校、父母无须到校但通过电话沟通，关于“到校”要注意，比如涉及伤害性事故等要第一时间到校，有的比如考试成绩差或者学习状态不佳等不需要第一时间到校；根据学生家庭情况还需要个别分析，有的家庭亲子关系恶劣，除了监护人外最好还有其他亲友陪同，单亲或者孤儿必须要有紧急联系人。学生一旦出现情况并且已经到要父母来校了，那么会相对更复杂，建议第一时间沟通，由领导研判是否需要家长到校。因为我们也不能为了一点事情就请家长来学校，大学不是中学，每个家庭情况差异大，避免为了自己的工作有利而损害了学生家庭利益。

除了以上两种，可能还存在学生与校外人员发生冲突、与其他高校学生发生纠纷等，都可以先归属于第一种。如果涉及违法犯罪要配合公安机关开展工作，不能按照惯性与家长沟通。

3. 关于表达，主要还是围绕“真诚、客观”。和家长描述关于学生在学校的表现时，“他人评价”部分可以从同学对他的评价、宿舍同寝学生对他的评价、班主任导师对他的评价、辅导员对他的评价这 4 个方面进行；“学习”表现可以从刚入校的成绩、一学期或者某学年的成绩（附带打印成绩单）及近期的上课情况、状态和导师评价结合向家长反馈；“生活”表现可以从党、团员发展、学生干部、勤工等学生活动中的该生表现，结合交友、学术竞赛、团支部中的活跃度来分析；如果能加上老师本人与学生个体交流、了解学生爱好、兴趣和特长等，那么会让我们与家长的沟通更加充分，有利于解决问题。因此，表达过程青椒态度要真诚，描述和评价要客观。有主观感受很正常，因为我们可能难免对个别学生有更深的理解和共情，有时候有利于我们和家长沟通，家长感觉自己的孩子“被优待”了，但是有时候也不利于，个别家长会“利用”青椒的“软肋”要求得到更多，反而把老师推向难处，因为我们要有一个概念，“问题”学生的背后往往可能存在“问题家长”或者“问题家庭”。

4. 和家长沟通要注意说话的艺术。目前大学生群体其父母学历已有部分是大学全日制本科毕业的，也有一小部分是研究生学历，这些家长中有普通工人、农民，但是也有从事专业技术的人才、管理干部、创业者，等等。家长充分相信、完全听从学校的时代已告一段落，当下很多家长都能尊重老师，理解院校工作，但并非充分信任和无条件支持我们。作为青椒，和家长沟通前注意以下几步。

第一步：与领导和前辈提前交流，给我们迈出第一步和说出第一句话的启示，安住心。与学生家长第一次沟通前可以与经验丰富的前辈取经，了解可能存在的情况，比如家长不理解、指责老师了怎么回应；比如要不要把学生所有的情况和事件过程滴水不漏地讲清楚，家长询问其他孩子的情况要不要也全盘告知，家长是否有各种社会关系因此在学校有相识的领导以此施压，等等。另外，学生会指导要定期给学生骨干家长电话，在家长面前表达对学生的感谢和赞美是促进家校关系的良方，注意在现实工作中，个别被标签化的“优秀学生”也是关注对象。

第二步：家长的知情权和学生的隐私权，涉及其他学生的隐私部分要予以区分，理清界限。有的可以告知家长，有的不一定要立马告知家长，可以后续沟通时表达，初次沟通时要注意，不要把过多的负面信息传递给家长，抓学生存在的主要关键问题，其他次要问题可以后续分次联系时慢慢传递。有的家长心急不仅想知道自己孩子的情况，可能还想借机找其他学生的问题，有的家长会利用认识某某领导等说辞给青椒施压，为此老师们要有边界意识和警惕性，不被“吓唬”。

第三步：掌握几句常用沟通语，帮助回应。家长（含学生）非常烦躁、担心时，我们可以说“我非常理解你（们），你们确实很不容易。”——充分共情；“我们先不着急，我们慢慢回忆、来看看”——用“我们”我和对方是共同体，用“你们”似乎多了“对立感”；“你是一位很温暖的妈妈”“你们是我见过的相当重视、对事情如此上心的家长”“谢谢你们!”——家长也需要被认可，我们给家长更多支持、理解和力量，才能合力帮助到学生，因为文化的原因很多时候家庭中母亲是重要的养育者，母亲控制欲强、父亲存在感弱的家庭氛围是很常见的，所以面对家长坐在我们面前时，我们也要给予家长支持；“如果我们不这么考虑或者不这么做，孩子可能会出现……的情况”——需要家长支持的时候，最好不生硬要求对方配合学校做什么，尤其是初次面谈，而是委婉告诉家长，如果不这么做后果是什么，对孩子的伤害是什么，因为几乎是没有父母会主动伤害孩子或者选择抛弃孩子的；“冒昧地问，如果在优异的考试成绩和孩子活着之间只能选择一个，您会做出什么选择？”——极端情况下，用封闭提问有理有据有情（感）地质疑，但不指责，要尊重家长；“您说得很多、很充分，对此我有一点保留，我能理解。”——一般情况无法认同家长的观点时，不直接说“我不同意”（特殊情况需要强硬）因为我们直接否定陌生人（初次见面的家长往往带着防御心，对老师而言也是如此，因为我们不了解不熟悉家长的风格，所以我们也会有所隔阂），直接否定家长的建议，容易僵化关系，不利于处理事件。

对于新手青椒，谈心谈话是高校教师的基本功，必须练，不能纸上谈兵，再多的理论都不及和学生、学生家长谈几次话，和擅长谈心谈话的老师充分交流也是非常有必要。

2022年3月23日

从学生工作看职场小白的向上沟通

近期，出现因为沟通不畅，导致我对同事有误解、同事之间对学生活动安排情况不清晰、工作责任不明确等情况。这些是工作初期难避免的情况，往小看是因为还没有形成所属院校的学生工作思维模式，还未适应工作；放大看是过程性汇报和尽快落实领导交办任务的能力还有待提升。

和大家分享一个小故事，是我的亲身经历。大学毕业前夕刚确定未来工作的我收到了一位前辈的寄语，他说：“记住两点，第一，无论在哪个岗位领导交办的事情第一时间去落实；第二，不要争荣誉，把心放在实实在在的工作中。”

带着教诲我忐忑地进入正式工作中，我体会到：“领导交办的事情第一时间去落实”不仅是指领导交给我紧急且重要的工作，还有很多是不紧急且重要的事，但是要努力做到“第一时间”，比如，帮领导领取文件、快递（不拖拉，立马去）、代领导开会（认真做好笔记，整理完毕后结合录音向领导汇报会议重点内容）、传话给其他老师某个工作结果（转达后还需要再向领导明确已转述）……每一件小事尽量能第一时间尘埃落定，同时还要有“已落实，请放心”的必有回响。我们共勉。

“不要争荣誉，把心放在实实在在的工作中。”实际工作中，荣誉不仅是指某一张证书给到某个人，如果我们足够珍惜集体的荣誉，那么今年自己不拿优秀，让其他同事拿优秀，或者自己负责某块工作，其他同事协助了，让协助的同事拿优秀，从团队利益的角度来看，会激发团队作战的能力，看起来今年我“吃亏”但是团队强大了，明年极有可能就是我“受益”；另外，各位要信任你的领导，他会综合考虑、平衡安排，工作和荣誉没有必然关系，千万不要以证书来作为衡量“优秀”的标准，记得努力、踏实和创新才是学生工作更为可贵的要素，“优秀”和“勤奋”是一对好朋友。多劳者能，提升自身的能力才是工作捷径，才能赢得学生的喜欢、同事的认可和领导的信任。同时因为我们是从事学生管理工作的，沟通能力是非常重要的，是每日不计其数在运用的一项基本能力，向下沟通、平行沟通、向上沟通。

再分享另外一个小故事：有一次，作为组织情景朗诵节目的骨干之一，我从市区校区开车到市郊的校区，赶在上午和小伙伴一起排练，要教大家动作、分配台词，等等，快到校区的时候我的领导电话我了解一项工作进展，当得知我正在去另一个校区准备排练时，电话那头悠悠传来：“你要知道你是学院的老师，排练工作很重要，也是部门给你的任务，但首先你的身份在学院。”至于领导找我问什么工作我现在忘得一干二净了，但是放下电话在车里我就哭了，因为有些委屈，为了照顾大多数演员都是分校区的同事，所以几乎每次排练都需要我开车来回 36 公里，时间协调难度大，工作日老师们都较难集中到齐，所以需要利用几次周末时间，当时孩子很小，家里免不了啰唆埋怨我。想到节目是代表了我们这支队伍，创作、编排、组织也是帆哥、园园和我一起牵头，所以我更不能因为私事和个人情绪影响了大家，那天领导可能有些许不愿，但还是很支持我的工作，也更需要我自己去克服更多困难。事后反思，我没有提前向领导汇报，让他明白我手上新接了工作任务，所以当他需要我协助工作的时候，发现我人不在办公室，多少会觉得我的汇报意识不够。有了这次经验或者说教训，我更意识到向领导多汇报不一定能办成多么成功的事，或者能对我个人有多大的褒奖，但是多汇报一定能增进彼此的沟通，我可以得到领导的支持、理解和帮助，因此，很多工作就可能更顺畅，无形中效率提升，最终也会达成个人成长。我想，个人成长就是最大的获益，因为我们未来还会因“成长”去积极地影响自己的孩子、学生和未知的朋友们。

昨天在工作微信群，我和大家说学生的重要活动要有意识提前知会，不是因为我不同意举办，而是疫情背景下的活动千万不能随便由某一个人决定是否要办，尤其是我看见学生在百人群讨论此事，W 老师很好，说了不一定能线下办，但是我认为我应该比学生更早知道有“重要活动”的计划，我皱眉头的是这个事情。无论学生评奖评优也好，还是学生活动，让领导或者上级组织知道不是因为他们的“控制欲”，更不是不信任我们，而是不想有意外时让某一位同事背锅，他们愿意来担责。让领导或者上级组织知道还因为他们乐意参加，甚至会比新老师考虑更多，比如，是否邀请学院领导、系主任、班主任、导师们参加，一起来支持学生工作。让领导或者上级组织知道包含想要达成共识，我们都是岗位新人，要齐心协力、相互帮衬，项目制分解，利益共享、风险共担、人人有责，职场头三年是很重要的适应、过渡和快速成长期（不是说三年后要多成功，更不是为升官发财），希望我们能在头三年磨砺自己，未来有更多选择的机会，有一定的主动权，单位和我们目前所处的部门始终是我们温暖的避风港。

2022 年 4 月 18 日

写在教师节前的 950 个字

很快就到教师节，祝自己节日快乐！祝我身边的小伙伴们节日快乐！（无论是比我年长的前辈还是比我年轻的青椒都是我的小伙伴。）度过第十五个教师节，是一份幸运，有幸守望这份职业的星辰大海，不能说全然是称心如意，但是运气不赖，因为能遇到一些有趣的小伙伴、一些情谊深厚的学生朋友，这些都能抵消工作中的不悦、遗憾和挫折。

岂能尽如人意

学校好像是极其少有的让新生在 8 月入校，暑期压缩了，40 度的高温拉开新学期工作的序幕。天气炎热，心也略微浮躁，有时是学生、有时是家长、有时是我自己。假期电话咨询很多，有孩子退学在家无所事事，家长坐立不安，比热锅上的蚂蚁还着急，咬牙切齿地数落孩子的种种不是，仿佛那一刻孩子身上没有遗传到父母优秀的基因，多的是基因突变后的鸡犬不宁；有孩子即将迈入大学，家长酝酿出浓浓分离焦虑的情绪，离开视线的 16 周仿佛孩子穿上了隐形衣，哦，确切地说是离开视线的 3 天或者 5 天，而孩子在防疫背景下报到政策“护体”的报到当日就迫不及待穿上了这件隐形衣，一头扎进自己的宇宙。

15 年前，这些显得极端，我会惊叹；15 年后，我心态的变化和少年们的心理变化同频共振，因此，我更平静地观察着一切，观察家长、观察学生和自我觉察。变与不变，学生变化着、学生的期待和诉求的被满足没有变，老师变化着、老师的心智和工作技能须不断提升没有变，有时我觉得学生好像更加“深不可测”，因为他们的聪慧令我羡慕，甚至觉得老师显得“单纯可爱”，仿佛被象牙塔的温床捂出了一个舒适圈。

挑战“双向奔赴”

暑期的一次会议上，一位聪敏睿智、高瞻远瞩的前辈与在场的我们分享了他的观点，大致是三个方面的若干观点，其中让我很有感触的是他说到“创新是第一动力”，具体来说可以分为五个不能，即不能自娱自乐、不能自我满足、不能小富即安、不能人云亦云、不能自惭自（形）秽。

有时候我会想，是不是对学生的“一往情深”换个位置看就像“自作多情”，对同事的“苦口婆心”怕被误解成低阶版的“恶语中伤”，可我依然会不自觉地“啰唆”，小心翼翼地“控制”，义无反顾地“坦直”。当我记录下前辈说到的“不能”时，我内心爽朗，因为我知道我和伙伴们的方向是对的、内心是坚定的，或许行动力还马力不足，但是这一个挑战我们会勇敢应变。

祝福所有过去、现在和未来，给予我知识、力量或温暖的每一位老师，健康和快乐。

2022 年 9 月 6 日

六个“不等于”把握与学生沟通的分寸和边界

大家都经历了一段时间的辅导员工作，也进行了很多次谈话，说不上几百次，我想几十次、百余次的谈话还是有不少人做到。通过一段时间的观察和几件事情的处理，与大家继续交流和沟通：

谈话用时长不等于有效谈话，如果和学生不痛不痒的沟通、不真诚交流，花很多时间去说正确的废话、过于理想主义的空话、不切实际的假话，只能说是浪费彼此的时间，这样的谈话不要进行，不必为了谈话而谈。

谈话流眼泪不等于有效谈话，我指的不是真的流泪，而是作为老师不能过度“情不自禁”“不能自已”，会共情是好事，但出现错位甚至错乱，被学生带着聊、跑着聊，易跑偏，作为老师要稳住自己的立场，时刻把握自己的站位，明确自己的角色，觉察说话时的情绪，谈话中学生需要的是一个成熟的引领者而不是“老师人设”的朋辈。

谈话聚焦问题不等于有效谈话，为什么聚焦问题了还可能是无效或者低效的谈话呢？因为聚焦问题对有的谈话是非常容易产生分歧和矛盾，如果不能厘清关系、处理好情绪，找到矛盾点和关键所在，直击问题谈反而很容易谈崩，就好像裸奔了，你有什么武器别人看得一清二楚。有时需要迂回谈，有时需要谈一下问题点一下情绪、谈一下问题聊一些爱好、谈一下问题扯一扯家常、谈一下问题自嘲幽默等。

以上三种是新辅导员特别容易走入的谈话陷阱，接下来请大家再想一想一般情况下，我们和什么学生会进行谈话？我简单罗列了一些，不一定全面，但是基本涵盖了我们的谈话对象。

家庭经济暂时困难学生、学业困难学生、单亲及父母双亡家庭学生、外来务工人员子女、留守儿童（成长背景）、家庭经济特别优越学生、学习成绩特别优秀学生、学生骨干、心理问题学生、残疾学生、突发以上或经历其他重大创伤事件学生。

在我个人眼中，请大家特别注意“家庭经济特别优越学生、学习成绩特别优秀学生、学生骨干”群体，因为我们很容易“忽略”这些学生。

对学生坦诚交流不等于事事交代，比如A老师正在忙着工作，又有领导联系他，又有其他数据要报送部门，此时有学生也来联系咨询，A老师顺口就和学生说了些他在忙着回复领导、报数据……为此不能立马回复学生，请学生稍等。我提醒他，你可以选择晚一点回复学生说：“同学抱歉，刚才我在忙一些工作，现在好了，你有什么需要我帮助的么？”而不是立即告诉学生你在忙的工作具体都有什么。工作事无巨细，和学生谈话不必事事交代，A是老师的角色，说话更应胸有成竹和硬气、底气，“服务学生”和“管理学生”是一对好朋友，有时候服务多于管理，有时候管理先于服务，甚至服务的概念不是混淆角色，不是我们成为服务员、学生变成服务对象，而是具有服务的意识，运用思政工作的理念和方式，通过言传身教和充分良好的沟通去管理学生，这里的管理绝对不是控制，但更不是讨好的意思。

向学生诠释工作不等于解释细节，遇到需要和学生去作解释的时候，我们要注意看事件如同看一棵树，我们可以带学生一起看树干、树冠、树枝和树叶，但是树干上的木纹、树冠上是否停着一只瓢虫，树枝上有几个杈，树叶上是否有破损这些细节未必需要逐一带着学生去看、去查，不是所谓的诠释需要追究到每一个面上的每一个点。就像我们自己在工作过程中遇到的很多情况一样，一项制度的制定不可能 100%完美，几乎不能让所有的人投“非常满意”项，遇到博弈时还需要三分之二或者半数以上人同意，综合、系统、全面、发展地看问题。遇到需要完善的工作，我们确实要拿着放大镜盯着局部或者细节，但是遇到解释工作的时候，我们必须要学会从大局、全局、宏观的角度分析、研判，把个人小我的“我觉得”往后放一放。

与学生保持距离不等于疏离关系，我们和学生的关系是什么样的，可能是兄弟姐妹式？父母般的？知心好友的感觉？无论我们个人如何定义，要注意首先是老师和学生，是师生关系。老师和学生就意味着无论年龄相差几岁、背景经历如何，要有边界。无论是好友还是亲属，我们会发现“边界”是一个美丽的滤镜，守住了边界感，也就是守住了一份关系，保持着边界感，更是维护好了一份关系。一方面还是需要大家去细细体会，另一方面我想说因为有“边界”意识，我们才能有的放矢，我们说的学生才会听，而不是关系好的时候学生听，说多了、说重了学生就不听、不理老师了，如果出现这个情况，很多时候不是因为老师和学生距离远，而是距离过分近了。所以把握不近不远、恰到好处的距离是挺不容易的，要保持一份心的定力和守住嘴巴不乱说话。我们和自己、我们和他人、我们和社会的关系建立也是人一生的必修课。与学生保持距离不是拉开距离，是我对你好、你对我好，但是我们中间仍然有一条彼此尊重和理解的河流，河流流动，滋养我们的关系。

2022 年 9 月 16 日

所见所闻可记录

虽然不是有机会能天天送儿子上学，但几乎每次送他上学的路上我们都会一起听广播，广播里有各种各样的故事，大多是生活中的小事、小故事。比如我曾经记录过的，最好的朋友欺骗了自己该如何作出友情的判断和选择，在餐厅用热水或者开水冲洗餐具的做法是否真的可以起到消毒作用……昨天广播里讲述了一所高中，老师抢救突发心脏病的学生的事迹，我一边听一边红了眼眶，还讲到一位租客退租的时候将屋子打扫得非常干净，将房子交给房东时被房东称赞，同时这件事情上了热搜。主持人说的两句话让我受益匪浅。

（1）房子可以是租来的，但生活不是。

记得刚工作时住在单位的宿舍，因为过去太久了，我不确定前后住过 4 还是 5

间宿舍，只知道每次搬进去之前我都要打扫再打扫，不能搬动的“硬装”部分就用贴纸、小饰品装饰一下，能搬动也是一时半会用不到的家具和物品要么放在阳台、要么藏到平时不会用到的柜子里，剩下就是采购和布置，把自己不多的“资产”归类放置，然后把朋友们曾经赠送的礼物也放在合适的位置，让自己有份好心境。每一次回到有使用权无所有权的“家”都能找到一份临时的身体归属，我还会定期换一下比如床、桌椅、床头柜的位置，这个是受母亲的影响。记得很小的时候我妈会定期换一下家里沙发的位置，我起初以为是为了方便打扫卫生，但一换就调整了方向，我妈说这样感觉家里有新变化，一点新鲜感，换份心情。（现在从心理学的角度看确实有依据）所以，在临时居住的宿舍我也会定期变动一下，与其说是看得见的变化，更多是在变化中不变，不改变心态，忠于内心的真实，没有人设滤镜，不着急自己的进步不够快，让自己的心安定下来。十几年过去了那份心灵的归属依然还在，无论是在自家中，还是在陌生城市一隅的匆匆安身，我都睡得踏实、享受当下，可以有一场说走就走的旅程，可以有几次挥别不见的离别，可以有几段相互告别的友情，可以在运动锻炼的一呼一吸中发现躯体的柔软和疼痛，喜欢老师说的那句话，把注意力都集中在足弓上，稳稳站着，立于足下。感受延伸的力量是来自脚底，脚下有力量、心里有念想、肩上有担当，沉浸在既来之则安之的幸福中。

（2）根植于内心的修养，无需提醒的自觉，以约束为前提的自由，为别人着想的善良。

想到坐在不同的咖啡厅，我喜欢看着人来人往，这些或有姿色或有气质或灵魂比皮囊更有趣的人们，有丰富的表情和动作，尤其是当我戴着耳机时，和陌生人远离，和嘈杂的声音隔离，我耳边传来的旋律有舒缓有快慢变化，随着音律变化，我的视线也会流动在不同年龄、容貌的人之间，甚至有时候人们的动作、表情和我听见的歌曲竟有匹配。我会把音乐调得很大，一方面我不想窥听别人的隐私和故事；另一方面我可以更加专注某个人或者某些人的互动，可以仔细去观察。

我看见有人托腮好像在和身边人“分享”忧愁，有人比画着可能在“炫耀”幸福。我还看见有一个人一边和身旁的朋友说话，整个过程却捂着嘴巴，我猜测她没有把真实想法说出来，有所隐藏，当然也可能她牙疼。我见过有一位女士戴着耳机打电话，她独自工作中，一边比画手势语一边翻着白眼和抿嘴表现出轻蔑的样子，周围人的放松与她的紧张专注形成反差。

我说“分享忧愁”是因为她们身边都有人能全神贯注地倾听，不看手机，不喝饮料，双眼专注，身体舒适且端坐，有人听，对于“愁眉苦脸”也真是一种幸运。我说“炫耀幸福”，因为可以去炫耀的人本身就是已经感受到幸福的，只要她向对的人去展示和表达，就会得到有限的祝福和无限的理解，如果对象错了，可能有点危险，会被贴上“未来看你笑话”的标签，被坐在眼前的伪善朋友丢进“可以利用、不想深交”的框子里。还有一次，我看见了有些面熟但是不熟悉的人，见对方身材有些发福，我就想到为什么对“发福”会有一种幸福的感受，而不是她不够自律，是因为我们不苛求别人的原因么？真实如此还是因为羞愧，所以每次我们都能听见“哎哟，你好像瘦了，越来越美了！”却很少听见“哎哟，你最近也太滋润了吧，圆成猪了！”哦，还有一次，最近一次，我看见一个侧影，一位陌生女人穿着一条黑色短袖连衣裙，从侧面看我好像也有和她一样的裙子，我坐着，她绕过几桌人找到一个座位，我迅速地盯了遍她的发饰、裙子袖口的花边，打量了一下裙子的长度，正当我要下定论“果然这裙子和我的那条一样”时，她转过身，我看见正面，完全不一样的裙子，于是我立即停下了“这一样的裙子，她穿起来还不错，我们眼光一致”的想法，也停止了可能要在心里比一下谁穿更显气质的小小波动。

日子里，值得关注的事情真的有很多，值得观察的人和物也有很多，我很庆幸，我做了一份和人打交道的工作，因此，我对人是感兴趣的，除了每一个表现出来的“与众不同”，其背后为什么形成“独一无二”的因素更值得我们思考。但愿在每一段生命活动中，都有一些文字成为内心的标尺，让生命力焕发出光和热，比如，根植于内心的修养，无须提醒的自觉，以约束为前提的自由和为别人着想的善良。

2022 年 10 月 12 日

在工作中加一点艺术的料

暑期的工作会议，我给小伙伴命题“遇见美 见美育”请他设计年级活动，针对他所带的学生，如何从美育的角度做好思政工作。三个月一眨眼过去了，十一我询问了进展，除此之外 0 互动。可能对于刚工作的同事来说是一项陌生的工作，面临刚刚熟悉和磨合的环境而言命题也是一个小挑战，于是，前两天我把他拖进了咖啡馆，头脑风暴了 30 分钟。发现了几个问题。

同学们很开心，一鼓作气！我觉得已经很棒了。

他说的这句话令我印象深刻，起因是我们聊起合唱比赛的事。虽然我们未获得决赛资格，但是作为老师认为同学们凝聚力很强，大家很开心，因此比较满意。

对此，我有些顾虑。我曾说过这个比赛的目标之一是让同学们积极参与，近一半的学生都参与了，因此，对于学生提出的要求我们尽量满足，也许从学生的角度而言自信展示、凝聚人心，甚至玩得开心，就是达到了目标。从老师的角度，这是最基础甚至是低层次的目标。无论是责任辅导员还是团委书记或者其他有特长的老师，都要从中有所思考，作为院里唯一的一支代表队，我们参与活动和比赛的时候，尤其是大型集体活动，我们要给自己设定一个稍微高一点的目标。可能一开始我说了句“不追求名次，要做好展示”，误导了同事，其实我想表达名次很重要，但是如果从艺术元素、创新创意、思政元素、理想信念的维度去设计好、展示好，那名次可以相对不那么重要，这是目标导向，考验集体智慧，努力践行的过程能极大提升个人工作能力，仅仅满足于开心和齐心是不够的。

我整个晚上和白天都在医院陪护。

如果我们变身厨师，是可以整一桌满汉全席的，如果变身乐队，是可以演奏一曲命运交响曲的，这说明这份工作可以让我们很全面，也能独当一面，是一份很有价值的工作。周末的凌晨一点多，同事陪着学生在医院急诊，早上 7 点还在医院等着家长来陪护。半夜紧急，从学生需求考虑老师陪夜是应该的，责任使然。第二天上午，在明确学生安危、家校联通，以及和医生的沟通后，他还撑着疲惫的身体在医院“站岗”，对此，我有些顾虑。

一是因为心疼同事，二是因为除了这一位学生，我们还有更多的学生要去关注，三是因为还有些许学生可能也会临时出现各种各样的状况，他们需要老师的出现。为此，评估了就医学生的现场情况后，作为辅导员要学会“分心”和“分身”，这不是不负责和怠慢工作，相反是工作的艺术和技巧，是为了稳住大局和守住年级全局的底线，保持好体力和状态，随时能战斗。

我想不好怎么系统地设计，所以就一直在想。

回到第一句提到的主题，同事给我看了他的方案，忽略内容，从文本的格式而言没有问题，看起来挺像回事，内容却没法深究，他说一直在想，我说想太久了，你自己看看这个方案，如果你是学生你愿意参加么？不够接地气。我们都哈哈大笑。

觉得什么是美育？ 我们的校园和城市可以为这个主题提供哪些元素？ 主题教育是要完全新开辟一些活动载体还是可以与现有的结合在一起？

先思考问题，如果我们没有想什么是美育，那就无从下手，我们没有观察校园和城市资讯，那就无从下手，我们没有梳理现有活动载体，那就无从下手。

再考虑思路，比如，很多人说听一首美妙的旋律或者听见特别富有磁性的声音仿佛耳朵会怀孕；有人说吃到美好的食物根本不会评价“入口即化”而是安静地继续吃，都来不及也不想评价，味蕾完全被刺激；还有人说最好的风景在眼睛里，相机永远拍不出大海的无垠、天空的广袤和日出的壮观……所以我们的五感所感知到的所有，就是美的组成，每天都会遇见，所以我才说我们可以以“遇见美 见美育”作为主题。

接下来整合“材料”，我们一个年级有 5 个班，每一个班认领或者指定一个主题，五感元素就齐全了。可以借助班会的形式，让一个高年级党支部学生党员们和一个新生团支部联合一起，共同体验和参与，每一次邀请一位思政老师和行业观察员。比如味觉，以杭州美食作为切入点，请后勤餐饮的大厨和学生一起，让我们看看“美食荒漠”杭州，到底有没有我们不了解而错失的美味，让来自五湖四海的学生分享家乡美食，让我们采购一些杭州特色小吃，向大厨学习制作一道简单美食……一次有趣有盼的活动就出来了。

最后做好提炼。

这个部分我留白，请小伙伴们先作答，想不好怎么系统地设计没关系，我们一起头脑风暴，但是不能一直停留在“想”。

工作是在岗位上的创业，工作有人生旅途的成长之美。

2022 年 11 月 11 日

按下暂停好 push

今年 9 月开学以来，无论是学生组织内部还是各年级不同学生，出现不少情绪、情感、学业和发展的困惑，与上半年相比，下半年能体会到谈话的频率增加了。我通过一对一面谈、很多次的座谈会、面向整个年级的交流会，讨论或解决过升学深造、奖金荣誉、人际关系、情绪压力、党员发展、突发疾病、新生适应等问题，纵然每一个个体都有特殊性，但其共性是关系学生利益，所以学生和家长关切，老师和同学关注，领导和部门关心，让我们感受到压力。

为此我们调整了工作的目标和节奏。敲键盘打下这些字的原因是最近陆续开始工作总结，我看到其中一份汇报材料，里面把我们没有坚持的一项工作罗列其中且位置十分显眼，甚至可以说是核心。于是和同事电话沟通了很久，讨论的事不是这份材料写得好或者不好，而是工作的目标和方式方法，我想取得荣誉是一种被看见、被认可，但是要让别人看见和认可绝对不是只有拿荣誉这一种方式。所以，没有做的事情不能写，做了但是不扎实的事情不能吹，做了、坚持做了、坚持做好了的才可以考虑如何写、用什么角度切入去宣传或者包装。坦率说，材料写得不差，但是我看见被“捧”着的字里行间透露的不是我们爱这份工作，我们用心做好工作，而是我想要评优和荣誉。每当有人说“不想当将军的士兵不是好士兵”，就又会有一个声音说“一屋不扫何以扫天下”，其实不冲突，是不是也可以先成为能扫一屋的好士兵，再成为擅扫天下的好将军。

首先，用心工作、沉到学生中，多走寝、多谈话、多见面。从用心到沉心，学会容错，包容学生，原则性问题守住原则，非原则性问题以情化人。同样我们之间也是如此，总是抱团，相互支持的背后是因为我们眼里总能看见同事的优点，能理解同事的难处，能包容同事的失误，所以无论对学生还是同事，用心和容错是必要的能力，工作既然是做“人”的工作，就要眼里有光，心中有人和有“仁”。

其次，看似少了创新，实则思考淬炼。我们的时间是有限的，和学生谈话时间多了，坐在电脑前打字的时间可能就少了，疫情不确定性多了，线下文娱活动就少了。深耕好现有的工作品牌，无须盲目创新工作，但可以梳理、保留和淘汰一些，在工作中找重点，在重点工作中抓关键，在关键工作中锚定环节或节点。比如今年，学风是重点，围绕学风开展的各类活动尤其如何更高质量开展好活动就是关键，从海报、文稿、制度、执行，到调研、总结、宣传等就是各环节和节点。从发展的眼光看，也许近期节奏慢了点，但不代表暂停，只是多思考，“慢”是相对于“快”才慢，若参照物是“停”，那么“慢”就是“快”，因此我们要心里不慌，善于耐心看工作、看环境、看自己。

最后，周末上了 6 个小时的课，和毕业生分享就业心态调节的话题，于是我就又想到了关于思政教育的教职适应性，教育教学和职业能力的关系，其中思政可以发挥的力和效果……我们的工作最终是期待看见学生离开校园后有很强的职业能力，考上好学校的研究生是一种职业能力，进入不错的公司也是职业能力，能考上公务员和“宇宙尽头”的事业编制也是职业能力。今天上完课，我向学生要反馈，学生出于礼貌都是好话、鼓励、褒奖多，但是有一位男生说：“老师，如果能再讲深一点就好了。”我问他是不是 PPT 的内容比较多，因为其实我已经减少了一些环节，加入了情绪 ABC 和焦点理论模型的内容，融入了原本课件没有的其他我个人觉得很实用、有效的部分。说明一下午的课不够，老师想讲的没有讲透，学生也期待着听到更深层的知识或者是得到一些技能。

我们的工作像空气一样，很多时候你是看不见的，但它存在，不可或缺！我们的工作如水一样，很多时候我们看得见、摸得着、喝得到，它还可以在各种形状的容器里“妖娆”着、展示着，把容器的角角落落填满，加入不同的试剂还会变得五彩缤纷，令人赏心悦目。

围炉煮茶得到的更多是氛围感和仪式感！

沉心淬炼踮起脚尖高举手，努力碰触职业价值感！

2022 年 11 月 11 日

职场中，适当吐槽很健康

职场中，难免会吐槽工作内容，抱怨领导安排，不满同事行为……都很正常呀，那就适当吐槽，适当吐槽有益身心健康。

委屈求抱抱风

“最近的信息量有点大的，消化不良了要。”

“嗯，还有呢？”

“堆在一起了，就感觉很多工作。”

“对，还有呢？”

“那个工作我下半年再接？”

“不是你想怎么样就怎么样哈哈哈！没有勤勤恳恳，怎么表面光鲜？在其位谋其职，不在其位不谋其政，有能力者上，请怯懦者让。”我一股脑半调侃半认真地回复。

“好滴，我消化消化情绪。”

我心里想着“孺子可教”。

因为第一句还是“工作量大，消化不良”，到了最后一句小朋友承认“消化不良的是情绪”，是呀，谁还没点七情六欲。

我素个性风

“要是这样改，那样改改，建议咱们就别整了吧，我这个工具人难呐。”

“瓦特了，我们这个工作可不是工具人，但是仿佛都是从工具人开始，我刚工作的时候就是个 8 点开门、11 点半锁门、5 点锁门的‘门童’工具人；后来去挂职，我发现了自己是个优秀的垃圾搬运工和打开水的‘80 后小保姆’工具人；再后来借调时又成功变身了‘订餐小能手’工具人，做好水果、餐巾纸、报纸和饭盒的发放工作，送了两周后前辈同事默默说，‘你每次点的一荤两素，虽然排雷了鱼，但是你完全不知道咱们 xx 老师是不吃虾的，对吧？’我那顿饭没吃，原地无声无息爆炸了。”

我想到朋友曾经吐槽我，当我说“我觉得”“我以为”的时候，他立马打断我，说：“你以为的就是你以为的？”真是聊天终结者！

可今天再看我和小朋友的对话，确实我要和更多的小朋友分享，大多数职场人都不想做夹心饼干，尤其是味道不甜的那种，但是没有几个行业、没有几个单位不这样，我们只能去努力调整自己和适应环境。

如果我们把“麻烦别人”看成“哦，我还有这些朋友、同事、领导、家人可以帮助我呀，趁着求助交流，就多建立了一次感情流动。如果她们不愿意帮助我们，就多看透了一个不值得深交的人。里外都是赚。”也可以理解成，那些我们能成功麻烦别人的人是我们的资源。

如果我们把“麻烦我”看成“啧啧啧，确实这个事吧，我有办法给你搞定，呵呵呵，咋样，还可以伐我这个朋友、同事、领导、家人……我可以、也愿意帮助你，确实我是值得你信任的，我也有能力可以帮助到你。我尽力了，遗憾没有整好活，但是我的努力你都看见了对吧，缺了点时运。里外都收获感谢。”也可以理解成，我们被别人麻烦说明我们在对方眼中有价值，有点重要，值得信任或者其他。

2023 年 4 月 11 日

一些美好的小烟花

职场标签

今天在学校开会，遇见前辈，我想起 15 年前的一个工作日，当时还是干事员的他经过我工作部门的办公室，我和他说电脑坏了，需要重装可是我不会，他立马答应下来说好多学生都有这个特长可以解决，小问题。又想起 12 年前的某天下班后“加餐”，还是这位前辈，他换了一个部门工作，加班成为了便饭，晚上 10 点离开办公室俨然日常，凑巧那时候我工作的办公室就在同一层，当时写开题报告迫在眉睫，所以每天晚上设定写 1000 字的目标成为了我工作之余的“加餐”，他路过办公室偶尔会过来打个招呼，我以为这一层都没人了，其实并非如此，他说他走的时候他们领导其实还在呢，很正常。

今天，前辈已经成为一个部门的重要管理人员，就是同事口中的“领导”，但是见面还是倍感亲切，他说“今天这个会至少 3 小时”（原地不动，开完小腿僵麻的重要大会）我顺嘴回了句“你有足够的时间可以挖人才”因为这两年我眼里的他已经是专业的学术猎头，挖掘了单位急需的人才，做到了筑巢引凤、引育同步。我立马编了条顺口溜给他：

“在小小的人才库里挖呀挖呀挖

挖国内外的博后和专家

在大大的人才库里挖呀挖呀挖

挖海外优青和 bcd 大咖

在超级大的人才库里挖呀挖呀挖

挖院士本人还给他一个家”

从可以解决“小问题”到“加班很正常”再到“不断突破学校的人才引育指标”，是在各项工作都圆满完成之余他依然不断突破的成绩单。

送别毕业生

“老师，想离校前再找您拍一张照片，如果您不方便的话，能否跟您留个小小的约定，等校庆或者学院有活动的时候再来找您拍张照。”

“哈谢谢你啊～我明天早上在另一个校区开会，估计是不是你已经退宿了？我那天看见你爸爸妈妈了，你妈妈很有气质，爸爸特别可爱牵小狗哈哈哈。”

“嘿嘿 我替我爸爸妈妈谢谢老师夸奖！”

“咱们约定 10 月份合影吧。不影响你回家的计划。10 月份学校 70 周年校庆。你接下来是去浙大吗？”

“是的是的，我直博了，在浙大。”

“赶紧去找到校友组织，都在杭州就一定聚一下，我看看什么时候来浙大，见见我们的优秀校友们。”

“嗯嗯！我会努力变优秀！”

“加油 有啥需要学院帮助的 一定告诉我们”

“学院如果需要我，希望以后也有足够的能力反哺学院我也会努力的！真心希望学院能越办越好！”

“你也要适当放松，你很自律、也有奉献精神和大局观。你可以试着学会放下‘比较的执念’，因为你很好，不要去比。要比也是把自己的优点放大了再去和别人比。”

“好”

“因为我看见你很棒，但是你的眼神有时候好像很害怕被老师看见你没有那么精彩的地方。每个人都有优点和不足，多看优点。对自己和对别人都是这样。”

“突然看到老师这两段话很惊喜很意外也很感动 我会去用心理解、牢记、践行的。”

晚上，一位很优秀的毕业生和我聊天，她不知道，其实我很早就知道她成长在一个高知家庭，虽然一路都非常努力，但是也会受限于父母亲友的期待，时而对自己没有信心。她经常参与学生工作，尤其是一些需要占用额外时间的志愿活动，或者是老师喊她救急、帮忙的事，她几乎都会参与，偶尔一边噘小嘴吐槽一边又非常高质量完成工作。我其实挺喜欢她这样有能力的作风和直率的性格，人无完人，但是偶尔听闻一点她的压力时又小小心疼，我想让她的父母知道“这个女儿真的是闪闪发光，无论她是本科还是博士，无论天涯海角，请随时给予她无条件的肯定和赞美！真的是非常令人骄傲的孩子，因为她的品德、她的意志、她的孝顺和她的感恩。”

六月的蓝天

我首阳了，因为五月实在太累。从 3 号结束小长假之后，每个周末就只能休息半天，好的一面是至少还有可以缓冲的时间。到 5 月底终于“如愿”首阳，躺了几天，又戏剧性地跑医院，于是默默发誓还是得运动，还是健康香！

一眨眼 6 月又快过去三分之二了，运动没几次，掰着手指一算“孩子要期末考试了！”他的考试季遇到了我的招生季，只能一切随缘随风随心所欲……记得前几天和四年没见的学生蓝天终于又相聚，他特意坐高铁来到我工作的校区见面，又等我下班开车和他一同回市区，路上孩子到家后第一时间电话我，和我侃侃而谈他那“分”崩离析的成绩，挂完电话，蓝天说：“真好，你的每一句回应都在支持他。”

我毫不犹豫地说：“是哦，我就是先一串彩虹屁，肯定了他的努力和付出。不过确实，虽然成绩是过山车的，但是他都愿意和我分享他的喜怒哀乐和秘密，这就够了。”

“没有保留啥都分享吗？”

“嗯，也不是，其实我也知道他的小秘密，但是我一直假装不知道。因为每个人都有自己的秘密，都有不想告诉父母的事，包括我自己。何必一定要让小可爱变成小透明呢，他为他有我不知道的秘密在窃喜的时候，我就好好呵护这一处风景，因为既不违法也没有影响任何人，让他有自己的松弛空间里‘自以为是’的小聪明，多幸福呀！”

“真好。”

其实我不仅和蓝天是好朋友，我和他的妈妈是未曾谋面的“准闺蜜”，他的妈妈是我的榜样。我还记得有一天蓝天给我看了一眼他妈妈给他发的信息，其中一句深深印刻在我的心底。大致意思是：

“你为什么要和别人一样过平淡的生活，你就是你，生活是多姿多彩多样的，是独一无二的。”

每一个孩子都是独一无二，这是我向往的蓝天。

2023 年 6 月 18 日

从“看见孩子”的视角来谈谈高考填报志愿

第一个小咨询：

亲，机械工程、机器人工程、电气类、电子信息类、计算机类、数据科学与大数据、数学类。这七个专业，能不能帮我参考参考，主要考虑：学校专业强弱、师资、本科毕业考研的前途。

第二个小咨询：

亲，咱侄女的分数，你看看她是考物理和生物，如果报生工，她这个位置和分数够不够，或者你觉得有什么好，有什么适合她的专业可以推荐。

最近有被好友、同事询问，多少分报考哪个专业好，这个分数能不能上某个专业……收到类似上面俩案例里的询问内容，简单直接，挺好的，我也会直接简单地回问一些问题。例如：

孩子高中喜欢什么科目？

未选考的科目成绩如何？

有没有特别不喜欢的科目？是什么原因没有选考，确实没学好还是赋分吃亏不选？

动手能力如何，比如喜欢做实验吗？

孩子自己有没有描述过喜欢的专业或者职业或者崇拜的人？

性格咋样，喜欢和人打交道吗？还是喜欢动物？或者零件？

……

第一个看见【为什么要问这些】

因为（来询问我的家长）并不是第一关注以上事情，但是大学学习生活又特别需要关注和考察相关。

因为往往这部分家长没有在填报志愿的时候看见“人”，或者说习惯性把孩子看成了“学习机器人”忽视了他们情感、兴趣、爱好的需要。

因为作为“学习机器人”产出的“分数”是不容浪费的，抱着“最好一分都不能亏”的心态，填上“性价比最高的专业”，甚至如果“有幸”成为这个专业最低录取分而擦线入围的“大学生”那简直“太赚了”。殊不知，可能对有的孩子而言就是“吃亏起跑线”，这样“赢”在起跑线其实是埋下了“不定时爆炸的弹药”伏笔。

第二个看见【为什么很多孩子会“心灵骨折”甚至学着学着就“夭折”了】

如果主要考虑的是学校专业强弱、师资、本科毕业考研的前途（可以理解成国内升学率和境外深造率）那么每个学校、每个学校的每个学院都可会宣传了，每年都会梳理总结和对外公开，按照介绍选就好了。

问题来了，孩子的分数够上标准了，他的学习兴趣点能否同步跟上？他的人际交往能力是否同步跟上？他的生活自律习惯能否同步跟上？尤其是对专业的了解、兴趣以及父母一如既往的关心、关爱是否足够，因为很多专业的大一大二学习压力、课表安排是相当繁重的，和高三不分上下！但是高中有好多人管着，大学没有人无缝家校间来盯着孩子，高中（有形的）竞争对手就在隔壁座位坐着学习，大学你不一定能看见竞争对手坐在自己面前学习（真正的竞争是超越自己），高中的社团、学生会、实践都是偶尔绽放烟花，大学的学生工作和社团活动是可以让一个孩子每天充实锻炼，如果愿意的话包括竞赛活动可能都会每月锦上添花，每学期捷报频传。

我想如果可以，“从学校专业强弱、师资、本科毕业考研的前途”里增加一个视角，看见孩子的喜好，鼓励孩子多思考，聆听孩子表达对自己的分析，不局限在“特长擅长优势”，而是从“性格能力认知”一起帮助、和孩子去探索、探讨学业规划。（因为本科教育，拥有高精尖的知识挺难，所以很多相近专业在我眼里学习差异不是那么大，不要因为“赚分数”和“不吃亏”影响了选择。）

而以上的种种，其实需要孩子在小学就要有意识去培养了。好多幼儿园、小学生接受超前教育，等进入大学，我们却总是要引导大孩子回归学龄前教育，“学会分享”“懂得感恩”，等孩子们毕业工作了，我们还要唠叨“守信、守时”“敬畏、谦虚”的职场基本原则。在应该提升心智能力的时候只看重分数了，在追求高质量工作实效的时候这些学累的孩子想“躺平”“摸鱼”“划水”，学不动了，领导要画饼、媒体要制造焦虑、“终身学习”成为了关键词，关键是很多人不想终身学习。

呃，跑题了。

最后，顺带想谈谈最近跑外省招生宣传工作时和高三家长的关于“我的分数能进贵校，但是去不到喜欢的专业”等的交流感受。

抛几个关键：

1. 你喜欢的专业就是孩子喜欢的专业吗？

2. 如何确认哪个是孩子喜欢的专业？

3. 一定要“一步到位”，不考虑“曲线救国”吗？

4. 说一说你所知道的“曲线救国”方式。

5. 就把孩子的发展框在国内吗，她这么好的成绩，站在我面前如此阳光开朗的性格，完全可以尊重她的选择，共同探讨个性化的学业规划。

6. 就不考虑优越且多样的校内升学发展可能性，非要让孩子本科一毕业就工作？

……

有时间再写吧，其实有时候高考相差二三十分的孩子，进入大学后是可以站在同一起跑线的，分数是过去，不定义未来，分数是底线，不阻碍上限。虽然我参与的咨询工作有限，但是每一个分数、位次摆在面前、每一位家长出现，我都要拿着放大镜去找孩子，拿着扩音器去表达我们感受到的国内的大学，拿着显微镜去挖掘这个孩子和那个孩子的不一样。

第一个小咨询我的回复是：

机械、电气、信息计算机都是不错的，数学我不太了解，就是要看小孩子他自己对这个感不感兴趣，也许他是一个数学非常强项，又很喜欢的，那他选这个大概率会学得很好。嗯，按照考研的情况来看，（我们学校）那肯定是大化类考研的是最好的，像计算机这些相比而言考研就一般。

因为是这样的，首先完全不了解这个孩子的性格，然后他的这个职业目标，他平时的一些爱好，另外呢他家里面能够给到他的一些支持，包括专业支持、社会资源，等等，就是其实对于一个孩子，他要选专业是非常综合性的事情，而不是说哪个专业的出口好，就让这个人选这个专业，那很多专业出口都很好，但不是人人都适合去读的。所以最担心最害怕的就是家长很盲目、变得非常功利，哪个升学率高就选哪个，而升学率最高的就是某学院了，将近百分之七十、百分之六十五以上都能升学的，如果从升学率的角度，这个一定是好的。

如果说从学校的专业强弱和师资来看，那我觉得（理工科）生工和化工就是最好的，那你这个孩子他愿意学吗？他可能不愿意学啊，我觉得就是很难说。从考虑学校专业强弱、师资、考研的前途就是……这句话打出来，家长他有这样的一个期待的时候，我第一句就想说的是，这个家长他完全没有看见这个孩子的需要是什么。你首先要看这个人的需要是什么，否则进来万一读的不好，读傻掉……都有可能的，所以我觉得有点小无助，你的这个问题我没有办法解答。

今年我们有一个学生，他的家长就非常希望他到超级大牛团队，但是后来我还是给他推荐了其他团队的老师，因为通过沟通我发现他不太适合在超级大牛团队里面，不少人对选择有误区。

后来那个孩子跟他的导师交流了很多次，回头跟我说他很喜欢那个导师，很好，导师也觉得这个学生是不错的、优秀的，当然我认为他们彼此后面还有磨合的过程，等真正进来之后。

第二个小咨询我的回复是：

报大化类的不是一定要考物理，生物化三选一或者是三选二都可以的，我只不过想问，是因为学生他之前是对化学一点兴趣都没还是怎样？因为如果去大化类的他后面进来学，可能会涉及有机无机，确定非常不喜欢化学，大学可能就会比较痛苦，所以我要提前先要了解一下，这样子才可能能够帮助到学生。现在很多学生关心的就是我的分数能不能上这个专业，但是已经忽略了对这个人的关注，所以他这个人的兴趣、性格，他自己喜欢的科目是什么，我觉得这个对他后面学习还是非常重要。

2023 年 6 月 26 日

准备辞旧迎新

岁末年底，都要辞旧迎新，我也很想，不禁自问，辞的什么旧、迎的何方新？

如果辞的是遗憾，迎的是圆满，那么每年都要辞旧迎新，反而就印证了暂无圆满之说。

如果辞的是差错，迎的是正解，那么每一次选择都可能存在偏颇和无心插柳柳成荫，而“正解”这个东西，我以为凡是经历都会有收获，哪怕是伤痛、遗憾、泪水、委屈云云，经历带来的经验可以广义地理解成“正解”。

辞的什么旧呢？

迎的何方新呀？

每一年我都在告别，

告别过去一年的自己，觉得自己不够拼搏，期待来年更努力，并由此带来如己所愿的幸福。

告别过去一年的自己，觉得自己不够快乐，期待来年更勇敢，并由此生长出说“不”的力量。

告别过去一年的自己，觉得自己不够洒脱，期待来年更开阔，进一步挣脱世俗的“成功论”。

告别过去一年的自己，觉得自己不够成熟，期待来年更从容，任性在生活里而非工作时。

所以辞旧的不是外界干扰，迎新的是由心生的自我要求。

今年，收获了什么？

1. 享受“妈妈”的角色。假期和孩子去了几个不同的城市，感恩眼前还算不错的亲子沟通。

2. 听了填补知识盲区的心理讲座，顺利开展的心理咨询，和某市 150 余位中小学校长、教师骨干讨论心理育人工作。

3. 和学生共同上课。课上有多享受站在讲台的愉悦，课后就得多“忍受”教学的其他部分（非常非常感谢三位助教老师协助分解了不同工作内容）但是，上课这件事一定不是老师一个人的事，我暂时理解的“老师是掌舵者，学生是刺激源，师生合作关系，课堂共同拥有。”

4. 积攒一点点耐心，逐渐清晰的一种态度。比如面对孩子的成绩，“吼”的次数少了，今年（据小朋友回忆）我骂了他三次（我记忆里是两次，但是事实他是对的。）比如工作上有所为，有所不为，有的为是“为”得无力但是也要为之；有的为是可以“为之”但遵循顺其自然。内容各有不同，有的工作是面子、有的是里子，面子里子都重要，但不一定同一时刻必须都要，因为“心想事（未必）成”吗，不能失了工作的原则和初心。岗位各有不同，同一项工作有的更看重点上的成效，有的却必须更重面上的覆盖，当部门和部门、个人和个人站在不同角度看待同一个问题时，难免会有异议，这个必然是正常的，多宽慰自己“道德是拿来约束自己，不适用于要求别人。”心情自然就舒坦了。

5. 工作是团队共同做的，荣誉是大家努力拿的，工作不断叠加、要求只会升级、KPI 是多多益善。剩下一个“自己”如何圆满？从娱乐的角度，我想说，嗯，相信有的“饼”是存在的、好吃的；能接下不知何方甩来的“锅”因为可以给自己烙饼；干活累了吃点“瓜”解腻解渴即翻篇；起早贪黑很辛苦的，为此却还要起早贪黑“摸鱼”仔细想想岂不更辛苦（但是“坚持自己是对的”人除外）。从认真的角度，我想说，幸福的办法各异、成功的标准多元，用一份安静的毅力，用心和“悄悄的一点力”过好每一天。

2023 年 12 月 29 日

关于大学生家访的四个问号

最近，看见关于大学辅导员家访工作的话题，第一次看见时并没有引起我的关注，但是当一次两次三次看到类似的新闻时，我的内心冒出了两个问号：大学生真的需要家访吗？如果真的需要，什么样的学生是合适的家访对象？

有的人说，家访对象是家庭经济暂时困难的学生，有的是心理异常或者说有心理问题的学生，还有学业困难的学生。最多的是以上三类，还有一些其他特殊情况的，比如少数民族学生，等等。

在我的理解中，主体的三类学生可能通过一次、两次家访能对学生产生些触动，但是难激发学生的内驱力或者真正影响和改变一个学生。因为家庭经济暂时困难的学生，更需要的是物质的保障，比如说钱，更需要的是技能的提升，比如职业技能；更需要的是岗位的锻炼，尤其是就业岗位。因为脱贫攻坚行动让过去绝对贫困的学生体量变少了，部分学生依靠希望工程、红十字会等各类慈善机构，顺利完成义务教育阶段的学业和更高学历。他们从小就感受到了关心，带来一定物质安全感。

心理问题学生需要很多很多很多的爱（广义，也可以具体表述为边界、尊重、关注，等等），更需要养育者去改变，需要在一个有保持成长型的生活环境里生活、学习和发展。部分学生的刚需是优质、低价、专业的心理咨询和治疗，他们的父母或者重要养育者也需要积累知识、松动观念和了解教育相关知识。

学业困难的学生，需要专业老师对某一门课的指导，需要毕业导师在他论文上真正地投入时间和他探讨学术问题，以此帮助他，甚至对于一小部分群体（在未来也可能是很多很多的学生）需要的是把“58 分”赋分后变成“合格”等级，类似这样的评价体系、学业管理评价机制的变化。

很多时候，我在和经济暂时困难的、心理问题的、学业困难的学生交流时发现，他的学业基础落后就会导致心理压力，或者因为家庭突然遭遇经济危机，导致学业越来越不顺，甚至引发心理问题，等等，情况各异且复杂。面对这些群体，我有时会有一些无力感，甚至偶尔谈话结束后反移情了一点内疚感。因此，家访是不是要去找这些带有一点点“困难”标签的学生？这是我的第三个问号。因为有的“思想问题”和“实际困难”是我们通过努力能解决的，有的“思想问题”是因为“实际困难”导致的，而这个“实际困难”作为大学辅导员根本难以解决。自问自答后，保守地说，我想偶有家访是不太能高效、有效地解决学生真实的经济、心理和学业的当下的困难。家访这件事，是在满足学生的真实需要，还是在满足“我”的工作需要，谁的需求，这个挺重要。

第四个问号，那如果只是做一次家访。从效果的角度，可以去什么样的学生家庭？

有可能是相对活跃优秀的学生骨干吗？有可能是学业在中间部分但是老师印象不深的自我管理不错的学生吗？因为通过家访，我们可以再一次激励学生，尤其是他们的家长。家长培养了很不错的孩子，作为大学老师其实不少时候是“捡漏”了人才培养（本科生）的硕果，老师的家访促使家长会更加支持理解学校的工作，也会给到孩子更多的鼓励，让我们有工作的成就感。因为这些家庭，往往会有共同的标签，父母可能严肃但不严厉，氛围可能简约但有文化，家庭可能普通但有温度。因为这些学生绝大多数都已经成年，他们不像小学生有监护人，家长作为监护人有诸多需要配合学校完成的事情，大学生家长面对的也是另一个成人，除非特殊情况（如精神卫生法规定的需要家长作为监护人履行职责），大学生是更独立，是成年人，他们需要为自己负责。也有小伙伴说，以前我们会在固定时间去走访家庭经济困难学生，我认为是因为脱贫攻坚行动未全面铺开，是因为助人的方式方法有限，是因为那个时候学校的资助奖励奖助学金没有那么多资源，还有信息媒介不够发达。但是现在跟以前不一样了，所以在走访的过程中是不是可以挖掘不同的学生对象群体？

在关于家访的报道中，我看到了很多令人感动的前辈和同仁，他们一直在思政线作表率，身体力行地不仅家访，还通过家访探索一种新的思政教育，比如说借助家访的契机拜访校友、探讨教育工作、研学实践，等等，这些很值得学习！形式多种多样，服务育人、管理育人、资助育人，处处都有育人的沃土，家访的目的是让家庭看见学校对学生的关心、关怀，家访的目标是通过和家长一起，从家庭的角度帮助学生规划。在很多助人的工作中，目标和目的有时候真的很像，我想它们即便是对双胞胎，也有各自的DNA。

当我写到这里时，我又不禁冒出第五个问号，为什么有的地域或者高校的辅导员（比如东北或者是西南的）能够出来、出挑，有一定的影响力和知名度，除了他们本身异常努力和十分优秀，学校重视和学科优势之外，还有一个我想说很小的因素，这些地域的大学思政辅导员，他们的待遇相比较当地的经济环境和社会评价，或者说社会地位都是相对不错的。但是南方沿海的辅导员就会有一点点难，比如上海、广州、浙江，相对社会经济发展更活跃，职业种类更多元，行业选择和行业待遇差异大。因此，经济因素是不是有影响的可能性？否则为什么辅导员会有斜杠青年，有的斜杠是因为可能想多赚一点钱，通过经济独立向养育自己的父母表达一种感恩，或者寻找另一份自我成就感，会去摆摊、当滴滴司机，或者投资其他。

因为生活压力很大了，工作压力如果再很大就真的挺累的，年轻人不是怕。累不是怕体能的累，但是会怕心累，因为已经学习了那么多年。基本都是硕士毕业。会对自己的价值体现的期待更高一些。

所以他们更能够潜心地工作，能把育人放在心里，把活端在手上。（哪个行业、单位都不排除有一些人偶尔躺平或者仰卧起坐。）

2024 年 1 月 11 日

收营员小姑娘

上周某个晚上 8 点，我走进一家面馆，店里客人很少，在就餐的客人大概有两三人，还有五六位员工闲来无事，有的搭把手送个餐、有的站着聊天。我选好吃的准备付钱，前面是一对情侣样的 30 岁左右的两位客人，在等着结算，收银台有一位小姑娘看起来样子至多 20 岁。头发有些散乱，眼睛不大，看起来略羞涩，按键的样子也显得生疏，虽然有 1 米 65 左右的身高，但一眼望去像个初中生。

前面的两位客人因为挑选的小菜比较多，小姑娘算了许久才完成这一单的计算工作，轮到我，我脱口而出："不着急，慢慢来。"付了钱便转身找了一个离收银台大概 10 米的位置坐下，我看那对情侣样的两人坐在我左前斜方大概 4 米的样子。不一会儿情侣中的女人高声说："钱算得不对！"老板闻声从店的二层楼赶下来，原本店里冷清、安静，有一桌客人吃完饭起身离开，也有另一桌的一位客人和我一样，把目光转向了他们。

老板帮两位核算了两遍，手上拿着好几张零散的票根，女人一直用本地方言嚷嚷着，大概意思就是买两碗面、几个小菜也能算错之类。这家面馆是有自助选餐服务的，比如客人买的是一碗面，但面的组成内容均由客人自己定，可以全是素或者荤，每一样菜都有文字的小牌子或者是一小份实物菜品，累计计算，我看他俩买的一碗海鲜粉就大概有 4、5 个小盘子加 3、4 个小牌子。不一会儿老板计算好了，说确实多收了 10 元，这 10 元马上退还，把他们选的另一样油炸小食赠送给他们。男人没说啥，女人继续表达算错的事儿，但也接受了老板的方案。

我的汤面也来了，正吃着突然听见女客人用方言大声说："你什么意思？"一边说一边瞪着男人。男人努力压低声音说："没什么，没什么，算了，这么点……"可能"小事"两字还没脱口而出，女的又大声吼他："你弄弄拎清，你什么意思？还说我喽？"服务员把他们的餐也送来了。"好了不说了，快吃。"男的赶紧转移了话题。

我边低头享受着美食，边竖着耳朵探探周围，又有客人离开了。客人越来越少，显得服务员很多，我听见了哭泣的声音，抬头看见收银员小姑娘背对着我们，肩膀耸得很厉害，看着她散乱的头发，看见挂脖处的围裙花边都很旧了，显然是店里的旧围裙，她抬着手臂，动作方向是在擦拭眼睛，这时一位大姐服务员过来安慰她："没事的，过几天你就熟悉、熟练了"边说边递上纸巾，从我在店里到快吃好饭，我都没听到老板批评她，老板看起来也像个和善的人，周围其他大姐服务员也没有冷嘲，好几位都在安慰她，她依旧不说话，一直在哭。客人没有错，当那对情侣发现金额不对时，我也算下我的面付了 28 元，似乎也有 4~6 元的出入，我当时还想嗯，错就错了吧，今天看见的故事和经历很贵。

此时我也吃得差不多了，我静静地看着，然后我明显感受到了我的胸腔吸气起伏很大。一张嘴，呼出了气，也好似又叹出了气。没有眨眼，我怕眨眼，我的眼泪就流下来了。包括此时我记录这些文字时，想到离这件事情发生已经过了一周了，但我还是流下了眼泪。

女客人的不依不饶、碎碎念和男客人不发话形成了鲜明的对比，我还特意在中途看向他们，我想这男的咋不说话，到底是男女朋友关系还是母子关系？确认那男的长相成熟、两人互动亲密，排除了母子关系。那是什么让收银小姑娘如此伤心，是什么让我也哭了呢？

可能算错钱，业务能力不够强，她自责。

老板同事没有责备，反而安慰她，感恩所以内疚。

体验到工作的不易和来自陌生人的指责，有委屈。

……

吃饭时，我有一股冲动，想走向前和她说：

"小姑娘你尽力做就好了，工作难免出错，下一次再仔细点，加油。"

我想说：

"小姑娘熟能生巧，你是新手，所以别气馁，刚刚发生的事是插曲。"

我想说：

"小姑娘别太难过，干工作遇到困难是常态，今天的事也不全是坏事，会帮助你下一次计算得更仔细，也让你看见姐姐们的善意。会不会有客人发现你算错了，但也没有指出呢？"

生活是由无数小事组成的，但可能把其中的小事拿出来看一看，在那一刻，它可是生命的大事件。

2024 年 3 月 18 日

来自山谷的情绪

想记下心中所念，但也许是一顿饭、一杯咖啡的时间，也许是在某宝直播间的短暂逗留里，那些原本特别认真的思考，在下一秒就飘走了。

一到睡前，便有一些遗憾，偶尔也埋怨自己没有记录。埋怨的时候显得那些念头特别的重要。可若真的重要，就不会有遗憾带来的埋怨。

最近一段时间，我也拿自己做实验，想看看如何既通过外力又以内观帮自己获得一些情绪的平衡方法，恰巧前两天参加一个活动，有几分钟，我非常清晰地意识到自己开启了平衡。

同事带着学生到户外参与一项实践类活动，当日天公不作美，雨有些大，活动主体是大学生，还有部分专业教师。有学生因为冒雨参加活动有抱怨，但因属于专业课程的部分内容，所以也只能随队前行。活动形式比较新颖，符合外宣的特色和亮点，值得报道，因此在活动的过程中要有记录，以照片或者影像为载体。于是，在现场，老师和学生商量，在部分拍照或者摄影中希望同学们收起雨伞。有的学生配合，有的学生情绪就直接放在脸上。在大家的共同努力下，活动终以顺利收尾。

我意识到自己在开启平衡情绪功能时是嘉宾的致辞环节，因为学生实践结束后要以小组为单位汇报展示，前期有嘉宾致辞的议程。嘉宾们都提到了大自然、生物多样性等关键词，我的思绪就卡在了那里，在自然界小小的一片山谷里，那么多不同的植物，他们共生。有乔木、有灌木、有花卉、有鹊、有燕、有蛙……好像在我们的校园里，有来自天南海北的人，在我们的城市里，到处可以听见五湖四海的方言。走入山谷，自然界看起来很静谧，但是风吹过，植物会发出声响；鸟飞过，山谷也有回音。

在我的工作空间里，每一个人都带着自己的个性，带着不同地域的文化和习俗。面对这些，人和人之间的相处又该如何？如何做才能趋向于和谐、包容、尊重、理解，重要的还有建立关系和保持边界，就像山上的木与木、株与株。如果参加活动的学生能以自然和人的关系、看待人和人的关系，是不是也会有新的启发，又或者其实老师们和同学们都做到了，因为脸上的不悦不足以代替身体力行。

所以，人走进自然界是可以在精神层面以自救，像阅读一样。自然是包罗大智慧的人类导师。情绪被平复的几分钟，我打开了一点内在的情绪空间，真实体会到“面向自然，人类是渺小的”的含义。

很快我的思绪回归，因为当学生们自信满满、条理清晰地进行小组汇报时，带给观众很多惊喜，例如，有的 PPT 制作精美，有的负责人表达连贯、情感真实、调研仔细、素材丰富，有的答辩时激情澎湃，现场的互动效果非常好。

虽说工作进入轮休期，但感觉每天围绕着工作在工作，回复“收到”、转发通知、相互提醒以及出差。今年的 7 月比以往更加有节奏感，所以在节奏间保持情绪稳定是很重要的。

2024 年 7 月 15 日

说说工作复盘

开门见山！从一线思政工作者的视角说几句工作中的复盘。

首先，我觉得及时复盘是学生工作中十分重要的一项基础性、常规性工作。在我们的工作中，复盘对大队辅导员、思政辅导员、思政教师（新手）个人成长而言，起到促进的激素效应；对团队发展，是重要的营养补剂。

从两方面谈谈体会。

1. 复盘工作的重要性可以用“回头看”和“向前看”来体现。

“回头看”，就是在工作结束后，复盘看一看过程盲点和失误点。针对个体，看到在具体工作中哪个方面做得比较好，哪个方面可以做得更好，工作流程有没有做错的、失误的地方，甚至有没有出现责任事故。针对团队，可以看团队里的不同角色人发挥了什么作用，是否补位或者拖后腿？小伙伴在工作中是锦上添花还是画蛇添足？

复盘是总结、提炼，这个部分我个人感受它更指向未来“向前看”，在下一次碰到同一工作或类似工作时，使我们手中有（方）法、心里有（定）数，使工作更有底气。

涉及个人，在复盘的过程中可以形成工作 IP，比如建立工作室等，对于个人职业发展有一定帮助。涉及工作团队，复盘可以促进形成好的氛围，守正传帮带、创新好机制，比如撰写工作年鉴、札记、手册等，使凝聚力更强。在这个过程中能够强化思想政治工作的政治观、大局观，抓好队伍建设。

2. 在具体的工作中，如何开展复盘？我个人用“酸甜苦辣”“百花齐放”“美美与共”来形容。

初尝复盘，酸甜苦辣。作为团队负责人，可以提供复盘模板，类似命题作文，让老师就围绕“酸甜苦辣”来写工作总结或者是个人体会或者是案例复盘，等等。从不同的维度来谈他们在过程中的经验感悟。（对应复盘工作“回头看”）

再品复盘，百花齐放。可以通过工作案例分析会等形式，邀请前辈和同仁一起开展工作复盘，帮助老师去看他总结里的高分点是什么、失分点是什么，帮助老师提升工作能力，既包含写作也针对实操。

细啜复盘，美美与共。在复盘工作的过程中，可以帮助老师找到他们所擅长的点，就是去抓未来工作的采分点，让每一个人都能发现发挥他的长板。比如，我身边一名大学辅导员有参与授课大学生职业规划课和心理健康课两门通识课，新学期她感觉精力有限，不知道该怎么选择，我和她一起分析发现，大多数辅导员容易上手职规类课程，通过积累、培训，很多辅导员都能参与助教甚至主讲，但是心理健康课程是必须有更专业的背景、经验和能力才能驾驭的，仅靠培训是无法深度入门的。分析后，她发现了自己的能力和优势，很顺利作出选择（对应复盘工作“向前看”）。

最后，（受歌曲《如果你要写风就别只写风》的启发），用歌词的方式来旋律式“复盘”对思政工作的浅薄理解：

如果要写凝心聚力，就不能只写凝心聚力，要写党建铸魂、思政培根，以伟大信仰引领育人；如果要写提质增效，就不能只写提质增效，要写课题研讨、讲座沙龙，以理论功底涵养育人；如果要写再创辉煌，就不能只写再创辉煌，要写硕果累累、颗粒归仓，以行稳致远奋笔“三全育人”。

2024 年 7 月 22 日

“爱工座”的三个重要原因

原因之一：

可以走走看看、停留和短暂停留，有机会可以放下事务性的工作（片刻也很好），格式化大脑里部分关于“搬转”的文件夹，然后告诉自己，和时间可以赛跑，如果有机会跑远一点，那就和时间追逐，如果没机会跑很远，那就去近处，商场、运河、海边，去沙漠、去山顶、去溪流，总之，走出门去，去看一看不一样的方寸天地。

原因之二：

我的工作主要是和人打交道，所以我的“人生经历”和“人声故事”特别多。上周发生了几件难忘的、感动的事，随便挑两件小事回忆。

某个半夜，17 年前带的学生遇到个喜事，但是喝多了，来了电话，起初是喜极而泣的分享，但是听他说着说着，我逐渐五味杂陈、百感交集，时间真快，学生也人到中年了，中年人的快乐很多，脆弱也不少。他乡生活、异地创业，虽然还不到荣归故里的年纪，但是已经有了功成名就的奋斗目标。有一句话他说：“姐，我觉得挺幸运的，现在叹口气还有你能听见，谢谢你。工作上人和人那么复杂，我还是想保持些许的简单和理想。好累啊。”17 年过去了，可以亦师亦友聊天，坦诚地分析，你来我的城市，我随时欢迎，我去你的地盘，无须客套，所以喜悦时没有第一时间分享并不遗憾，能在失落时第一个想到和被想到，是一份难能可贵的“简单”和“理想”。

动车停留某一临时站点，我给学生发消息，告诉她我可能会途经她生活的城市，她迅速回复、我们约定见面的时间，我唯一提了要求“要在能看见海的地方和你见面哦”，吃饭时，我们回忆这些年的联系，她说我不是她的辅导员但是在她毕业那年我帮着联络和办理她就业的事，有交流。之后我们很少联系，但都默默关注对方朋友圈动态。差不多她毕业七八年，有一回支持她的工作，我订购了产品，帮着完成了一个小小的 kpi，因为每年都要跟进产品的后续情况，因此，我们彼此问候变多，时不时约个饭、寄送年历。记得某年冬天晚上，她发消息说：“老师，你方便电话吗？”我想打出这 8 个字之前，可能已经想过几个开场白或者是打了删除再打。于是我们聊聊天，共同让难的事努力变得容易点。我几次都像特种兵式旅游一样，和她见面、聊天，听她说说家长里短，几次都不到 2 小时，但我们都开心且安心。14 年前的交集看似蜻蜓点水，希望这“点水”也能共鸣似高山流水。

所以，回忆这些年，我自己的成熟离不开学生的“加盟”，学生的成长我也有“赞助”，像我这样的老师很多，我们曾经也是老师的学生呀。学生丰富了老师的人生，老师看了成千上万的青春微电影，有的电影带给我们 4 年、7 年的感悟，有的电影是十几年、二十几年。我相信，我和学生的故事，很多时刻是彼此交融，他们成为我电影里的重要角色，即便故事很短，也没关系，即使到站下车，不再相见，也无妨，曾经我们共命运。剩下不多的那些贯穿余生，要珍惜，我会是他们电影里的“特别客串”，停留的那一页台词是“充满乐趣”。

原因之三：

个把志同道合的知己抵过所有泛泛之交。暑期我和省外的好友（确切说是工作的前辈和楷模）相约，除了自己，我们也喊上同事，一方面是参加工作会议，一起学习，放空旧观念、灌注新观点；另一方面是会后相聚，每个人都要分享当下感悟、要给彼此新启发，像头脑风暴、观点碰撞。

我碰撞出了——我的 4S 小铺（和学生谈心谈话的切入点）

说到 4S 店，一般都是想到汽车销售服务店，百度百科说它是一种集汽车销售、维修、配件和信息服务为一体的销售店，是 1998 年以后由欧洲进入中国市场的。另一个解释 4S 是 Sales（销售）、Sparepart（零配件）、Service（服务）和 Survey（信息反馈）的缩写。这里的 4 个“S”代表着汽车行业中重要的四种服务，意味着一个 4S 店是由厂商授权并提供全方位服务的特许经营机构。

联系到我的工作，感觉很亲近。每一名学生从每一个家庭走出，再进入学校，很多人喜欢把学生比喻成教育的产品，那我看到的“产品”前期已有近 18 年的塑造，进入大学的，不是从无到有生产产品，我眼里，他更像是进入了销售服务店，每一家都是老牌、有核心竞争力和广告语的。

1S 很多学生进入我的铺子需要我们提供 Service（服务），可能是基本的交流技能、抗压抗挫折能力的训练，还有很多新知识，等等，绝大部分的学生都需要这一项；

2S 有的学生是需要 Sparepart（零配件），比如他入学的时候发现自己的不太会建立和导师（权威）的关系，原本高中学日语想进大学补英语，等等，特别精细的（我的）小关注点或者说是（他的）成长点，全靠他自学挺难的，那我就要给点零配件，可能我也没有，我还得帮忙去其他厂牌那联络并提供保障；

3S 无论怎样的情景，我们都需要提醒自己养成一个好习惯，时不时进行 Survey（信息反馈），比如开展活动前做好调研，一结束就去总结、复盘、反馈，授课过程中及时并且过程中就要感受到学生的体验感，调整自己的授课节奏甚至风格和技巧；

4S 天下没有不散的筵席，绝大部分的学生都会毕业、会升学和进入职场，让我们成为 Sales（销售）冠军是挺有意义的事情，如何帮助学生去往适合他们的岗位，推他们离开这个理想国（或者不理想国）去往更广阔、蕴藏危和机的新地盘是我们的目标。

如果把学生真的比喻成一辆辆汽车，我真的喜欢我可以看见的是各种款式、颜色、功能、大小、容量的车，带翅膀、带螺旋桨、不带轮子都没事，不想都是一模一样的汽车，包括去往地，目的地可以是开往四季，而非仅春天。

2024 年 8 月 15 日

从学术会议一页 PPT 发散出的谈话思考

前两天和同事一起去开会，会场云集了多位院士，层次非常高，内容很专业。

同事算是这个学科背景毕业的，所以专业学术名词她们能够听懂一些，但对于我来说，绝大部分的内容我是听不懂的。同事问为什么我们要来听这个会？

我的想法和初衷很简单，有机会就走出学校来看看，长长见识。比如第一天，每一位院士有 40 分钟左右的报告环节，我印象很深，上午场最后一位院士发言结束时，手表指针落在 12 点整，当她说“谢谢大家”时，我和同事赞叹太专业了，给多长时间，发言也踩点结束。这是大量报告经验形成的习惯，是对时间的掌控力。

下午的报告，院士提到抗生素，提到了在抗生素生产过程中一种膜技术的应用。当时我看着那页 PPT，立马掏出手机把它拍了下来。

因为它里面有一些关键措辞，我觉得和我的工作能够联通。比如它有几个红字突显“需要突破膜制备与膜应用中的难题”，看到这些字的时候，我的聚焦点在“应用中的难题”，我想到了我的工作中，有什么难题，比如我该如何与学生、学生的家长在交流的过程中去突破一些现有的难题。

于是我又顺着往下看，其中还提到膜要薄——对应渗透性，膜要密——对应选择性，分得好——对应分离性能，用得久——对应应用稳定性。这些词虽然是学术上的名词，但是如果我把它从学术的场景放到了我的谈话和咨询场景，就又有一些微妙的共同点。

比如渗透性，我们在跟学生和学生家长交流、工作时，很重要的目标就是要把我们的想法使对方接受、理解，渗透到他们的大脑、思维和行动。

选择性，可能我们有 10 种共情的开场话术，平时我们总是用自己喜欢的、习惯的语言表达，但是当面对不同的人时，我们的开场白是要有选择性的，不能用千篇一律的方式去对待千变万化的对象。和不同的家长谈学业规划，有的就是就近原则，围绕考试谈会有效果，而有的要拉远原则，围绕未来婚恋嫁娶谈，再收回眼前的学习，效果很好。远近自如，有所选择。

分离性能，在我的工作中，有时跟学生可以建立很好的咨访关系，但是当有一天我们协助学生解决了他的难题之后，我们还要有一个非常好的分离、分别，也就是咨访关系的结束，而且要很有技巧，因为这个分离不一定是双方约定的，开开心心地分离，也可能是一方提出的不欢而散地选择。分离很重要，不仅是边界，更是让学生更加独立、成长、有内生力。

应用稳定性，我们的谈话也好，其他工作也好。到最后还是要看它的效果如何，就是我们的工作做了之后，学生和学生家长是不是能够配合，由被动变成主动，并且在之后表现的比如情绪更稳定，关系更稳定。

这些想法都是在那一页 PPT 呈现的时候，自动出现在我的脑海中的，我也略有兴奋地跟身边的同事简单聊了我当时的联想。所以有时候我们的工作思路是要跳出本职工作看工作，例如，我们常用的跳出学生工作看学生工作、跳出谈话看谈话、跳出咨询看咨询。如果我们总是在教室、在办公室、在校园里可能就没有这样的一瞬间灵感。但我们在会场，在一个看似跟我毫无关系的报告现场，却可能因为报告人的一句两句话就带给我们一些工作的新的视角。

我也想和身边的“整顿职场”的小年轻们说，整顿职场不等于偷工减料，工作上的讨价还价不是投机取巧，善于发现不同的点，放在自己的工作思路上，就会有一些与众不同的效果，久而久之，工作的动力也就有了。真正的动力是来自幸福、快乐和价值感，压力可能有动力，但是压力会有很多负面的情绪和焦灼。

这次会议有收获，期待下一次收获更大。

2024 年 8 月 16 日

反向签到

第一次通过语音软件的方式记录。

整个 9 月都非常忙，看到时间表来到 28 号让我更有几分焦虑。因为什么都没写，就划水划过 9 月。什么都没写——我非常抗拒这件事。但是每次把电脑打开，所有的文字像烟花一样，绚烂地撒向天空，一个字都坐不住，没有办法排列，无法组合成通顺的话，于是一天又一天，我又把灯关了。

再一次关了灯，在黑压压的屋子里，尝试换一种方式记录下来那些情绪。

如开学日，看见很多家长和更年轻的面孔，我依然还有很多的新鲜感和激动。

如孩子在成长，是看得见的，有进步。也有来自本能的自然反应，抗拒不喜欢的活动和老师，甚至他表达的原因中，有一些我是十分赞同。可能我会偏见地以为，相比孩子成年人更会撒谎和矫揉造作，相比成年人孩子更坦诚、真挚和勇敢。想到这些我会松弛一些，没有被拉扯成那些我不喜欢的样子。

9 月还有感动、愤怒、纠结和无奈。这就是每一个日常的本色，9 月的关键词调和在一起，有一些冷色调。于是我要往这里面加一点暖色，也可以是其他气味。

最近让我印象深刻的事情是在课堂上。我没有选择在开始上课时点到学生（到课率），第二节上课十几分钟后，给学生播放视频时我偷偷打开了签到软件，设置了两分钟的签到时间，没有告诉任何一个人。

因此。我悄悄的设置似乎更像是一个反向的签到。两分钟内有 34 个学生签到了，也有学生发现可以签到但又错过时间，脸上还流露出了遗憾的表情。播放完视频，我表达只是想用这样的形式看看谁在关注手机（因为我每次上课前都会提醒学生把手机放在视线以外的地方）。整个班 100 多位同学哄堂大笑，也有小声尖叫的，那 34 人大概率是哭笑不得吧。

我随机请了几位同学，问他们有什么样的感受，一个学生很诚实，说很无奈。我问他上一次无奈是什么时候？他说不记得。有一个让我印象深刻，我问他的感受时，他笑着说感觉不错，挺好的。大家也笑，可能这个“笑”里有很多是积极正向赞美的味道。我说这些签到的同学没有做错什么，原则上，他们做出了一个自己觉得不错的选择。假设在上课中，地震局给大家的手机都发送一条消息，告诉大家两分钟之后即将发生地震。那这 34 名学生就是班上最早发现即将发生地震的人，第一位学生就有可能会救我们全体人，会成为英雄。

一个问题，有不同面，或许有一面是我们喜欢的想要的，有一面是值得尊重的……很好的选择和有意思的经历。

2024 年 9 月 30 日

恐惧在敲门 勇气去开门 打开门后发现什么都没有

终于在周五睡个早觉，在周六起个晚身，平凡的职场人都有忙碌和困倦感，我对那些领导和“成功人士”突然肃然起敬了，如何管理好时间、平衡好家庭、协调好休闲……是怎么做到的？或者也并非我想得那么绚丽多彩，可能是枯燥乏味的“工作狂”，他们也在羡慕着谁谁谁。

起身的“惊恐”之处是坐在床上，蓬头垢面时就要回复很多信息，回着回着就精神起来，果然“工作使人精神抖擞”。譬如今天早上我醒来，看见一位许久不联系的学生发来长长一段话，编辑时间是凌晨，我立马清醒，想也许还有毕业生会存在类似的困惑，所以与其回复他一人，不如认真记录，共勉。

重要的回复也需要有点仪式感，第一步排除杂事，习惯性深夜回复；第二步吃喝安排，水、奶茶、饼干再点个香香，要给夜“熬”出氛围感；第三步切断信息源，回复学生的困惑其实也是给自己的生活来点“解药”。

“老师，新工作还在适应期，感觉自己像个八爪鱼，心力交瘁，同事们好像有自己的灯塔，照理我们是一条船上的人，为什么大家的节奏完全不一样。我很想抱怨，但是我好像只顾着抱怨了，偶尔也有想去主导一下，但是不敢，有一次去主导了，可话一说出口就好像得罪了同事，完全不是按照我想的样子去发展。我一直认为为人处世需要有态度，但是就是感觉我心里的态度和领导要求的态度是两回事。”

先送你一句话，用心悟：

“恐惧在敲门，勇气去开门，打开门后发现什么都没有。”

再拆解两个信息，仔细想：

你有自己的“灯塔”，真的很好。

可能把“个性”和“态度”在工作的某些时刻混淆了。

用三把钥匙打开心里的惑，试试看：

给初入职场的自己设计一些独一无二的小灯塔。比如运用各种 App，像记录花钱的软件一样，把自己每天干了什么事也都记录下来，回顾自己一天中最开心的是完成了什么事、对什么工作是厌恶的。长此以往，发现工作中的擅长面和抵触面，小灯塔都汇聚在哪一个方向或者是工作领域？那个地方可能就有你的“矿”。

去 B 站（哔哩哔哩网站）听一些有深度的心理课或者讲座。《2023 年度中国精神心理健康》蓝皮书调研显示，在抑郁患者人群中发现，引发抑郁症的主要原因是情绪压力和家庭亲子关系；其次是亲密关系和职业发展，分别占 45%和 35%。因此，你与同事的关系压力（或者是工作的愉快与否）可能是来源于情绪、家庭关系、亲密关系和职业发展不同或者共同因素下“激发”出的结果。通过一些课程、睡前聆听钵音冥想、运动等方式调节自己的呼吸，从而改善一些负面情绪的涌出。

提升自我认同，人与人花期各不同。从同事的发展可以投射出我们自己的焦虑，从领导的评价也可以觉察自己的不足，工作是一项漫长的社会活动，每一段工作经历都可能影响下一段选择，比如单位调动或者岗位变化。

四个分镜头呈现，具象化。

镜头一是自己发现工作上有问题，单独去找同事沟通，发现无解，甚至结果更糟糕，炸裂。因为“自恋”的小人原本是能力很强的，也可以叫“全能的小人”，发现小问题竟然搞不定了，情绪就波动了。这个镜头背后是告诉你，职场不是单打独斗，当发现有问题的时候，要去找到一个“权威”帮助，可以是领导也可以是资历很深或者地位很重的人，“借势”“倚势”容易面子、里子、台阶都到位，问题自然就解决了，所以情绪失控可能是因为“自恋”“自我全能感”的“无用”。

镜头二是原来帮衬自己的人突然不帮衬了，郁闷。工作中最稳定的是同事关系，最不稳定也可能是同事关系，因为同事会变，原本自己的下属变成了自己的上司，这层关系会微妙，甚至有想逃离感；原本遇事有 5 次“好的”10 次“没问题”的同事，突然一句“这个不行”，会让自己一下接受不了，习惯别人的好后会习惯性认为那人好。看一看我们和父母之间，血缘关系中也未必都是无偿的和畅通的，那对“同事”的期待也不能过高，工作是要稳稳建立好“独当一面”的能力，独特的你和每一次面对的机遇（事），当你能够为团队带来价值，你的地位一定会稳定（不一定上升）你在同事眼中可能会高看一眼，也可能会红眼。

镜头三是同事们逐步踏入婚姻，当然对初入职场的你而言谈这个有点早，但是我早一点提醒，让你好早一点有个准备。我的朋友就有类似的情况，看见身边好友结婚了，自己还没有打算稳定但是就赶紧相亲，这样好歹证明自己也不差，赴了很多无效约会；同学聚会，看到老同学找的对象非富即贵，不自觉望一眼身边人配不配得上自己或者自己配不配得上。如果同事中有和自己年龄相仿的，也容易在“惯性”的思维中对照，是不是自己也该谈个恋爱，若同事“进展不错的样子”可能无形也被影响，因为你的船还在惊涛骇浪，他已经努力驶向平静港湾，自然 high 不动了。这些和亲密关系有关的部分是潜意识里的，不太容易被我们觉察的，也可以称之为“我不知道我知道”。

镜头四是江湖有人。你也和我说了，有人的地方就有江湖，就有闲言碎语，就有委曲求全，你自然是很明白的，也是吃过了其中的果子才尝到了味，或者闻了闻果子，不想尝但是已经刺鼻了，所以唯有自己去适应，体验之所以很好是因为每一个人的体验是不能被替代的，所以每一个人是独特的，我想你也是在领导眼里不能替代的人，因为你会反思，会在凌晨寻取“答案”，不同的解答。照这样的方式、探索下去，嗯，既然你无法避免地会成为职场江湖人，那就顺势用你的灵气、悟性和努力，让属于你的江湖有人，有志同道合的人、有能提点你的人、有能理解喜欢的人。把生活填充上喜欢的元素，工作就是其中的元素之一。

能力有限，思考不周，无法真的为你解惑，但真心与你聊工作。

2024 年 10 月 20 日

“抓”“看”“寻”破译工作“新”“老”“难”

因为近一年来团队小伙伴借调、转岗等规划各不一样，使富有战斗力的队伍略显兵力微缩，看看这些年轻富有活力的同事，有的入职 3 年、有的 2 年，还有的才几个月，确实既羡慕他们的精力和干劲，也深感他们的不易，加上“前辈”我时常“不留情面”，管得多、说得直，望大家在这份七上八下的“忐忑”中，能理解我的心意和心愿。

和学生的每次谈心、和来访者的咨询，几乎每一个话题的开启在我心里都设有目标，比如学生失恋了，在谈话中我会和她一起分析下自己的“依恋模式”，哪怕没有谈到这一步，也和学生聊一聊和父母的关系，让对方真实感受到失恋并不可怕，没有能力接受爱的逝去才可能让自己在这段感情中没有成长，未来可能还会跌倒；咨询室会走进年轻漂亮的女孩儿，伤感地表达被抛弃、被劈腿，这些也并不可怕，在即将或者刚刚断离的关系里误以为自己是没有价值、不够好、是自己的问题，这才是危险的信号，未来可能还会对感情无能为力或者过分讨好。一次谈话，就有一次谈话的目标，一次谈心，就有一次谈心的意义，串联起来，既实现每一次的小目标，探讨深入，也能达成几次谈心和咨询的目的。

那就用一次简短工作会议的关键词，以日志的方式再次呈现，给年轻且耐心正在阅读的你一点点可能存在的帮助。如果你恰巧刚工作不过三四年，相比在工作上创新，更为重要的是及时落实不拖延+高效完成会统筹。

你可能会接到三类工作——新工作、老工作和难工作。

新工作往往是首次接触的工作，或者看别人做过、自己没上手的工作。确实有点辛苦，因为需要抓细节，细节是什么，从策划设计到摸排模拟、从落地执行到总结复盘，亲力亲为能发现每一处细节。

别人说的细节有补充效果和提点作用，自己做一遍才能尝出味道，所以刚交到手上的新工作，如果就直接丢给其他人，那每一个螺丝拧紧没？每一个环节扣紧没？每一个轴承运转丝滑没？如果这些都是“可能”“大概”“也许”“应该”这样的词汇向上级汇报，那工作就是不及格，态度和能力都没有得到有效训练。

每个人的悟性和能力是不同的，回头看自己十几年的工作，我是钝感力比较强的人，但是工作中的感受、因为工作和学生的交流，等等，我又是个敏感的家伙。所以如果第一次接触新工作，做得不够好，没关系，争取再找机会重复性做这类工作，把新工作当成练手，把重复“新”工作当成练心，把每一个没意思的工作赋予有意思的态度，就是自我磨炼。新工作就不难了。

老工作是常规工作，就是这些年复一年日复一日在做的事，做好常规工作要看重点。比如每个开学的开学初期学生调研报告、学生报到人数，每个年末岁尾的年终总结和离校统计，这些老工作，不需要上级发通知，每名基层一线人员都了如指掌。

开学前一周，利用软件，10 个学情思想调研题目，通过学生骨干发给全体同学，系统自动统计，成文并仔细修改；开学前两天，通过学生骨干或在线会议明确时间节点，给学生上报人数格式要求及未报到文字描述模板，快速汇总底数清单；翻阅往年年底总结，结合浏览器快速搜索全国其他院校总结报告，融入负责分项工作最新数据和特色做法，形成总结材料；精确离校统计单的项目内容，文字标准精准且无异议，先通过学生骨干收阅并提出疑问，确认学生收到后能准确理解统计表各类目的统计要求后下发班长，明确上报节点后预留 1～2 天汇总完善时间。

老树可以开新花，互联网很发达，人工智能帮助我们可以搜索到更精准的信息，甚至初稿都未必需要一线人员绞尽脑汁写，何不利用这些工具辅助工作变得更有质感，对齐颗粒度也不难。

新老交替间，也许有的工作随着时代变化已经不需要做了，有的推陈出新，但无论哪个时期，我们手上都会收到领导交办的指定给我们的其他工作，既然只给我，未给他人，说明这项工作有一定难度，但难的临界点恰巧对我有锻炼，甚至可能暂时我是处理这项工作最合适的人。上级若关心跟进，说明其中还有急、有险，面对这些工作，除有态度、有经验，还要注意尽快梳理后，寻突破关键点。

关键点有时候是人。一项富有挑战的工作，可能不是拿到任务就干，而是通过自己的经验去判断是否直接可以点对点找到人，在不违规违纪的前提下，非程序化地拟一个通知覆盖全体去发布，那样效率低、结果差、耽误事。还有的人是指可能其他分管领导能够帮助到我，或者部门领导、兄弟学院学校和其他单位的前辈同仁可以帮助到我，也可以很高效地解决处理。领导给到的任务是需要我们解决处理问题，不是再次制造难题。

关键点有时候是制度。若工作反复讨论，在大部分人心中总是存有争议，那必须去看制度是否合理，要“货比三家”看看同类单位的相似制度什么样，看看层次比我们高的单位是如何考虑，制度也不是一天就完善的，越是涉及利益的制度，越不可能令所有人满意，还有其绝对公平也是难之又难，这些又成为新的关键点的分支，工作过程中的领悟、理解和胸怀。

关键点有时候是心态。接上，这项工作领导交办给谁，我们还要去观察那个人，他是如何被“钦点”（无论他开心与否），是技能过人、素质过硬，还是情绪稳定、心态积极，如果四个要素都包括了，真才智出众，若有其一，心态就是关键。比如相信自己可以完成、相信自己可以召集到优秀的学生骨干和同事帮助一起完成、相信自己可以求教专家和领导支持一起完成……当有积极认知出现的时候，能动性便是行动力。若接到工作的条件反射是“好麻烦啊！”“为什么是我呢？”“为什么不让谁谁谁做。”“又给我！”“不想弄，也弄不好。”“没时间，没条件，没心情。”事半功倍直接消减成事倍功半了。

当我接到新工作，不慌，抓细节！

当你接到老工作，不忙，看重点！

当我们接到难工作，不怕，寻关键！

2024 年 12 月 7 日

致2024年12月的岁月颂歌（上）

无意听到《岁月》这首歌，其中一句歌词：

“我心中亮着一盏灯，

你是让我看透天地那个人。”

我脑子里出现了很多女性，有特别喜欢的演员，也有生活中很喜欢的女性，因为这些人过去影响我，未来会继续影响我！所以要把这首歌送给我们，把岁月留在这一页。

比如咏梅，我印象最深的还是她在电视剧《小欢喜》里扮演的母亲角色，具体细节不记得，是一个温柔的女人记忆，会努力理解孩子、愿为家庭付出、行事低调、情绪稳定，曾经我以为那是我理想中妈妈的样子，此刻看来，是我自己的坐标，我想成为这样的职业女性，有诸多身份，有时难以分身，但又想在千丝万缕中梳理些许分界的线条。

去电影院看《出走的决心》，她像咖啡浓缩液，细腻演绎出了自燃人格女性的特质，还原了某个时代里大众对“母亲”的认识，这样的母亲是跨越语言、国籍，对于一些人和国家，也许是过去，对于另一些，也很可能在未来。最终，她的出走让很多观影者内心激荡、泪流满面，燃烧的岁月不是蹉跎，是蹉跎间我们都在努力寻找真实的自己。

看完最近一期《十三邀》访谈她的节目后，更喜欢了。有因为瑜伽的原因，我特别理解“感知”自己，觉察到呼吸在某一处关节，发现肌肉的微妙颤抖，身体的对称平衡或者关节打开的角度不一样……这些也像工作，在工作时的自己的状态。工作内容很像一台台核磁共振的机器，不断检查，便于修复，为了让我们和“工作”更加相配。

所以我和朋友促膝闲谈间说：“哦，四十不惑原来是这个意思，真是烦恼很少，因为办法越来越多了。”有用不完的“好办法”就有很多“挺好”和“不错”。

首听《岁月》，我想到的是山东一高校的好朋友-lu姐姐，第一次见她是在北京的某酒店开会，园林小道，彼此迎面，即将擦肩而过时她问：“请问1号楼是往……”小脸短发、干练气质，我对她有如“一见钟情”的意思。短暂的相遇后，第二面已是5个月后的事了。

第二次见面我们相对有久一点的时机可以多聊聊工作，她性格爽朗，我更像她的小妹，既仰慕、敬佩这位小姐姐，又不自觉想去多一些了解和模仿学习。随后点点滴滴间变成了迷妹，记得有一次得知她出差来杭州，我表示非常想和她见面，但那天我发烧卧床，她主动提出可以来家里见，我给她发消息告知每一个明显的标志，左拐还是右转。她坐在床边，我们聊了很多，生病是难受的，但有知己相伴便是幸福。

去年暑期我来了一场说走就走的旅行，拖家带口跑去山东，一是见她二是见她。那也是我们彼此第一次见到对方的孩子，我儿子悄悄和我说："妈妈，我竟然看见了长大的自己，这个大哥哥为什么，为什么我们俩有点像啊！好奇妙。"是的，眉眼间俩男孩真的有些像，这个就是缘分吧。

去年12月的某周末，我又来了一场说走就走的学习，和朋友跑去山东，一是见她二是见她。我和很多志同道合的朋友在海边，我们是一群美丽的、热爱生活和工作的女人，碰撞了很多工作的新点子，其中一位前辈老师看到我们俩，对我笑着说："你就是因为一个人爱上一座城吧。"是的，我们每次离别，都微笑、相拥和噙泪。

另一位小姐姐 x，她和-lu 姐姐有几分像，她们此时不相识，但我相信会有一个完美的遇见。她们像的有发型、有说话时的音量、有待人的坦诚、有自信和松弛的微笑，还有她们目前的岗位都是一样的。

第一次和 x 相见特别有画面感，我急匆匆跑进一个40平方米左右的会议室，会议室有一个中心大方桌，然后在两侧靠墙有两排椅子，我像上课喜欢坐最后排的学生一样，一进去就想锁定离"中心"远一点的位置，有一个空座——背靠墙、右侧是落地空调，顾名思义属于"绝佳座位"，我也发现这个座位唯一的邻座已经有小主了。

我充满好奇地问她是谁、从哪里来、为什么会在这个会场，她逐一揭晓答案，语速还挺快，铿锵有力，长得有点像樱桃小丸子，透出大家闺秀的气质和欲言又止的神情，原来她是来借调工作的"临时工"。我想既然是借调，那就要体验下真实的我们的工作，于是往后，我带着她参加了不同活动，我们去了湿地公园、企业一线，一起参加心理讲座、思政报告……

在工作中我们增进了对彼此的了解，在茶余饭后我们分享工作、生活的理念和对事对人的观点。一眨眼，她的借调时间到了，我们依依不舍，因为我喜欢开玩笑所以她喊我"逗逗"。一个住在江南，一个身处大漠，但是阳光都洒在我们的身上，月亮会透出思念的光。

念念不忘，未必有回响，不能忘便是望，终于“望穿秋水”的我们在今年 11 月见了，一见面她就迫不及待握我的手。回忆这场面，我必须上个煽情的价值——握的是手、连的是心、说的是话、听的是情，人生是无常，也是无情的，我们不知道哪一句话可能“救”人，语言的力量有时是流动的能量。

2024 年 12 月 21 日

致 2024 年 12 月的岁月颂歌（下）

不是所有现实中接触的人会对我们产生影响，上一篇我写了我知道的演员，也有生活中熟悉的人，这些看似和我们没有关系的人，无论是否彼此认识，都会发生影响。同理平移到虚拟世界，许红豆会不会影响我们？或者你其实是黄亦玫？

我从没有刻意关注刘亦菲的演技，记得去年寒假，好友推荐我看《去有风的地方》，看完了，挺暖的，无论爱情还是友情。今年暑期，《玫瑰的故事》又掀起了很多话题，一开始我和同事从职场面试模板的视角提到角色，之后逐步变成了从角色中的女主看生活中的我们自己。

无论是许红豆还是黄亦玫，无论是我还是你，我们都需要被理解。只是很多片段为了收视率，要强烈和夸大，好像在说：我要的不是钱，是人；哦，我要的不是人，是爱呐。小说原型从何而来，作者把生活中的人来人往进行化学实验，重新合成，所以角色中我们总是能看见自己或者自己身边的人，矛盾冲突也是如此。

真实发生，那些爱而不得、得而不惜、放而不舍、失而不甘的反复无常，谁能否认自己从未陷入这些世俗烦恼。

最近有一位女性如同一面镜子，让我看见了很多自己不曾去看的局部。和她见面次数极其有限，十余年不过三两面，但是一面即难忘。她仪态万千，眉眼神韵有英气，举止优雅，一颦一笑有故事感。

好看的外表固然重要，相比智慧的大脑和有趣的灵魂，后者更容易令我敬佩和倾心。上周有幸和她见面，邀约她与我们一起分享工作心得。我收获很多，比如当听见对方赘述时，她能迅速收集重点内容，并凝练出讲述者的观点需求，然后逐一回应特别有针对性的直接明了的独立观点。

如当左右边嘉宾的观点不同时，她会表达感谢，以真诚的态度剥离出一条通路："我想他们彼此有着共同的目标，通过两个维度呈现出了不同的视角。"这样的回应值得学习，那种留有余地又不失风度，左右逢源且绝无生厌。

我知道认知改变胸怀，当一位优秀的职业女性用 3 个小时的时间在分享、讨论中以语言沟通和非言语表达的合力作用下，让我看见认知是什么，开阔的态度是什么，局面就打开了。

好像有一阵子了，在工作中为了干练、果断、像战士一样， 忽视了一些性别特质，像香水中的"中性香调"，变得既温柔又有几分冷冽。新一年，这个调调，是不是需要加点其他元素？局部不代表全部，很多个局部可能组成全部。

2024 年 12 月 22 日

第三曲：温馨圆舞曲

如今，我们中的大多数人都已为人父母。初为父母的我们，也曾焦虑不安、手足无措，但更多的是享受着陪伴孩子成长的快乐。在孩子的世界里，我们重新认识了生命的意义、也收获了更多的爱与感动。我想邀请你们与我一起探索和走进孩子的世界、共同体验为人父母的喜悦与责任。

我又遇见你

在一位女作家的读者见面会上，书店公共区域被摆满了塑料凳子，一张挨着一张，略显拥挤，凳子上贴着热心读者的单位、姓名，显然这些是通过预约才能占到的位置。很多读者只能站在最后，稍远一点看着主讲台，说是主讲台，其实不过是一张深红木质圆形茶几和两把很舒服的座椅组成，都是美式家具，后面还立着一张易拉宝，上面有作家简介和分享主题。在这个约 20 平方米的长方形空间里，我心里很平静，环境也很安静，每一个读者都在默默低头看书、等待，看着时间一分一秒地过去。对于很少参加读者见面会的我而言，这是一次有趣的体验，我想看看作家是如何和读者交流的，是不是像电影里一样，我也想让我的孩子体验一种不同的学习方式，或许他还不太明白这里为什么不能大声说话。于我们而言，这是生活中有意义的一小段时光。

我又遇见你了，竟然是这样的方式。时间马上到了，缓缓走来一位气质优雅的女性，穿着深色的连衣裙配长款针织开衫，脖子上佩戴金色的精致的毛衣链。坐在第三排的我一眼就认出你了，几乎没有变化的容貌和举手投足散发出来的可爱、恬静、淡雅、智慧，我整个人都凝固了三秒钟，像坐着时光机一下就回到了过去。说真的，女作家分享的很多内容，我都淡忘了，脑子里都是我们的故事，用“偶像老师”“女神老师”这些来形容你，都太逊了，在我心里你是一个魔法师，无人可替代，你教给我很多知识，虽然我也都忘得差不多了，况且我根本是一个成绩糟糕的叛逆的孩子，但是你趁我不注意时把“爱”“尊重”“鼓励”“美好”等，这些种子深深埋进了我的心里，它们伴随我成长起来了。谢谢你，张英飞老师！1999 年的夏天，我们遇见。2000 年的夏天，我们告别。2017 年的春天，我又遇见你了。

我想在每一个人的十余年学生角色中（有的人可能会超过二十年以上）或多或少都会受老师影响着，可能一个也可能有好几个，有正向积极的影响也可能有负向消极的回忆。这些都是有意义的。与恩师的重逢在一个美好的关于书的氛围里，真幸福。其实初中毕业后我也一直在关心老师的发展，优秀的教学能力使她从小城镇调到大城市继续从事语文课程的教学工作，当我知道她有自己的工作室、被评为省特级教师，等等，还有 2011 年教师节问候老师时她告诉我她的女儿进入了很棒的一所大学……每一个角色你都发挥你所能，成就优秀的自己。我一直在角落仰望您，以曾经是您的学生而自豪，而我，却从不曾是你的骄傲。有遗憾，有愧疚，却也一直有动力。

我上学那会，受环境影响，大家会把学习成绩看得极其重要，高分就像一个神坛，每一名莘莘学子都向往，都为之付出了极大的努力，甚至是整个家庭都在为之倾其所有的人力、物力、财力而奋斗。而我上中学那会就是成绩不好的孩子，在一些老师眼中就是“差生”。确切说是遇见张老师之前的半年我因为文理偏科“轻而易举”变成了“差生”。

第一次和张老师相遇，跳出的关键词是：漂亮、身材好、爱笑、可爱。她不像一个重点文科班的班主任，像一个比我们大一点的孩子。为什么我喜欢她，因为她眼里满是学生的优点。每次上语文课前她都会花十分钟让两名同学分享喜欢的文学作品，再接受班里其他同学的提问，像“答记者问”，我分享的是刘墉的作品，还和同学就宏观来说、微观来说等进行了讨论，有点像辩论，她表扬我了，让我喜欢上了交流这件事情；一次因为工作忙她来不及接女儿幼儿园放学，委托我这个“差生”去帮她接女儿，我很认真完成了这次任务，之后小姑娘每次看见我都说我是“大风车里的姐姐”，我发现似乎我是有亲和力的，也深刻地体会到责任意识；她早上会早起和同学们约定在富春江边跑步，她不强制要求，说江边空气好，多跑跑以后中考就不怕 800 米了，其实那时我是很讨厌长跑的，但是我很喜欢这个老师，所以每次都跟着蹦跶几步，以至于后来我喜欢上了长跑，初三那年还拿了学校女子 3000 米的第三名（前两名都是校队的）对于一个从小学开始就从来不参加跑步比赛的我而言是张老师为我打开了一扇门，让我爱上了体育运动；考试的时候是我最焦虑的时候，因为数理化的糟糕程度令我想退学，可是她没有一次批评过我，每次考完即便再差的成绩，她只会问我：“这次考试，你努力了么？”她只说：“努力就好了！”我发现比起最终的分数，努力的过程更重要。我的数学老师也很可爱，她时常会带着又好气又好笑的“严厉”的口吻批评几个男生，到我这里又笑眯眯地说：“下次一定再努力哦。”有一阵子我都怀疑是不是张老师和数学老师说过啥，还是我妈背着我给老师们送礼了，还是老师觉得我的成绩是没希望了怕我想不开就索性不在意了？直到我发现张老师对其他几个“差生”也一样，一样关心、一样鼓励、一样笑着“批评”，我感觉自己好幸运，区区几百个字也无法展现出我遇见的这位与众不同的有魔法的老师。

为什么一个仅相处一年的老师，对我的影响是一辈子的？因为这段经历、这个人，印刻在我的生命里，“她”和“我们的时光”都成为了我终身的正向积极的资源。在那个敏感、叛逆、脆弱的青春期，润物细无声，连我自己都无法察觉变化，因为她言传身教的种子撒进了我的心田，慢慢在之后的五年、十年、十五年……变成了现在的我，虽然不是枝繁叶茂的桃李，却也有如蒲公英一般对自由、浪漫的追求，在逆境中努力让自己坚韧、善良，面对诱惑和利益坚持自己的初心、保留一些棱角——这些是别人无法看见的我自己的盔甲，这些东西保护着我跌跌撞撞地长大。这就是老师给我的财富！

当我们遇到困难、挫折，感受到打击、痛苦的时候，不妨去找找生命中这些可贵的人，他们就是我们的灯，照亮黑暗的角落；他们就是我们的火，温暖孤单驱赶寒冷；他们就是我们需要的拥抱，相互拥抱的时候心靠得最近。反复地问问自己，曾经那么难、那么苦，我是怎么度过的、熬过的、坚持过的？当心里隐约出现答案时，这个答案就是我们正向、积极的资源，就可能帮助我们渡过当下的难关。我很幸运可以再次遇见张老师，可能有的人没法再与自己的恩师或者那个有特别意义的人重逢，但其实他们对我们的影响根本已经在我们的性格、原则中，无形却有力量。

我又遇见你……还是或许你从未离开过，一直在我心里。祝愿我爱的张英飞老师永远年轻、幸福、快乐、健康！你值得被所有的爱温柔以待！

2017 年 4 月 1 日

写给即将升入小学一年级芽芽的一封信

亲爱的我最好的朋友——芽：

夏末，夜深人静，窗外淅淅沥沥的小雨和我们顽皮又黏人的小虎陪伴着我。今天，妈妈想送你几句话，祝贺你成为一名小学生。

我仍然记得自己小学一年级入学的那天，穿过学校的走道，发现有一处墙面贴着一面镜子，镜子上还有红色的字以表示是某一年毕业的学生（我们也叫校友）赠送给母校的礼物。我一间一间教室找，好像和自己的教室在玩捉迷藏的游戏，既心急又期待，迫不及待想看看我的教室长什么样、老师凶不凶、同学里有没有认识的小朋友、座位在哪一排、教室的窗户外面有没有树、树上有没有果子。我希望你也葆有这样的好奇心，不仅在你的小学还未来有生活的每一天。

自那以后，我丰富多彩的小学生活就拉开了序幕，这六年是我之后求学时光中最快乐的日子，也是给予我最宝贵财富和人生收获的六年。无论是中学时代的兴趣爱好、备考大学的专业选择，还是在工作中展示一技之长、在职场里直面挑战……这些都因为我快乐、充实、勤奋地度过了小学六年时光，让我学会积极乐观和从容面对。我希望你能拥有勇敢和耐心，学习是一件辛苦的事，当我们付出汗水、泪水之后勇敢面对自己、克服困难，总有一天我们会享受到学习成果带给我们的快乐与满足，也许“这一天”就在下一秒或者第二天，也许要很多很多年以后，所以学习一定有它收获快乐的时刻，要耐心等待。

转眼间，我最好的朋友一你，上小学了，我觉得很幸福，在陪伴你小学六年的时间中，我相信这不仅是你成长的六年，也是妈妈成长的六年，所以我期待未来的每一天。我希望你能独立思考、善于请教，学习的路上不仅有家人陪着你，独立思考之余去聆听那些品行端正的智者所言，向他们请教；我希望你能享受生活、不急不躁，人的生命很有限，甚至有时很脆弱，期盼你的生活中有意义有意思有价值的日子多一点再多一点，这些与财富、地位和第一名没有关系，是发自内心地珍爱生命，再去热爱生活；我希望你能圆中带方抑或方中有圆，因为成长的路上，有时是一个人的独行，像超级飞侠中的乐迪要自己给全世界的小朋友送快递，但有时候需要团队协作，会有其他的小伙伴出现，一起帮助别人，这也是帮助自己，愿你有为别人雪中送炭的担当和伸出援手的勇气。

我愿意与你一起发现、探索和享受学习的快乐与挑战，我愿意与你一起面对、解决和融入生活的惊喜与困惑，我愿意与你一起审视自己的优点和对方的长处，彼此鼓励相互包容。妈妈在你这么大的时候，很多很多地方都没有现在的你这样优秀，所以妈妈应该向你学习！期待进入小学后的你继续成为我的榜样！

我爱你，我最好的朋友！祝贺你成为一名小学生。

2019 年 8 月 28 日

记小芽跆拳道第一阶段小结

2017 年 7 月—2019 年 8 月

小芽跆拳道第一阶段小结。

1. 初识跆拳道，埋下一粒小种子～

小芽在 2017 年 3 月无意看到别的孩子练跆拳道，开始“嘀咕”想学跆拳道。我一直说：“好呀，好呀，但要找合适的教练和道馆才行哦。”其实我是在观察，他是不是真的喜欢跆拳道。于是每次他问我时我都说正在找。一晃 3 个月过去了，2017 年 6 月一天，他问我：“我都小班毕业了，怎么妈妈还没有找到教练和道馆呢？”念念不忘，必有回响。看他是真的有兴趣，于是我开始打听哪里有合适的培训机构，可能是缘分吧，刚好孩子也要在富阳上幼儿园，另一边特别要感谢小学同学王 Y 铭向我推荐了育龙。记得那时候根据优惠程度高至低分别有年卡、暑期卡和月卡三种办理方式，第一个月我想看看孩子是不是真的能够适应，选择了月卡，整整炎热的 7 月，他一次没落，每次准时到道馆学习，一个月很快过去了，我问他累不累，他说：“我的字典里没有辛苦两个字，还要学！”于是我又考虑了下，第二个月想看看他是不是真的能够坚持，再次选择了月卡，8 月酷暑，依旧是公交往返、一次没落、每次准时。两个月的学习结束了，印象深刻的是在车里我们讨论办卡的事。

“妈妈，我还可以继续学习么？”

“对呀，你不是说你很喜欢么？你也不怕累，那就继续学吧，妈妈给你办年卡。”

“哦，年卡多少钱的？”

“大概 5 000 元吧。”（对于一个不会数数的孩子而言，这个简直是天大的数。）

“妈妈，我不想学跆拳道了。”

“啊？为什么啊，你不是说喜欢的么？”

“我觉得太累了！”

“啊？你不是说不累么？”

“哎，反正我不想学了。”

“哦，宝宝，你是不是觉得 5 000 元是很多很多钱，很贵很贵。”

“是的。”

“谢谢你帮妈妈心疼钱，你喜欢跆拳道妈妈肯定会支持你的。不要紧，你就学你的。学费不能退了，妈妈已经交了。”

“那钱没了怎么办？”

“妈妈有工作的呀，可以继续赚呀！”

“那我没有学好怎么办？”

“学习跆拳道是你的事，和妈妈没关系。和 5000 元更没有直接的关系。妈妈爱你，不管你学得好还是学得不好，妈妈都爱你！不是因为学费贵你才学好，学费便宜就不用学好了。明白么？”

“嗯，我知道。你已经交了钱了是么？”

“是的！”

“哇，谢谢妈妈！”

没错，每次这样的时候有时候哪怕买个冰激凌，小芽也会感谢我，这个是他应该感谢我的。我应该被感谢，我享受感谢，我也值得被感谢。2017 年的 7 月，小芽开始了跆拳道之旅。

2. 晋级考试，跆拳道的试金石～

还记得第一次跆拳道考级在学习不久后就开始了，小芽兴高采烈告诉我他可以考白黄带，我说我要考虑一下。第一次考级，我们没有参加。他看着很多一起学习的孩子腰上从那根白色换成了黄白相间的新腰带很羡慕。回来有些沮丧，因为他还是白色的，他说他很想考。其实第一次考级我是故意不让他参加的，因为我害怕他只追求腰带的颜色不一样，而忘记了自己学习的初心。可能在我眼中，学习是一件应该被珍惜的事吧。头两次，他有说，别人都是白黄带了，而他还是白色的，他还在学习以前的内容，没有新的内容学习，虽然初级的孩子会在一起学习，但是孩子们都会不自觉比较一下腰带的颜色。

作为父母，谁不希望自己的孩子能进步，谁都希望自己的孩子出类拔萃，成为“别人家的孩子”，我很认真、在一个合适的时间里和他说，想考级是一件好事，说明很认真学习了，并且也想考验一下自己的努力，这非常好，但是这一次没有考试，我想说其实我知道你只要考了一定可以晋级的，因为你有这个能力和水平。孩子问我，那为什么不让他考级呢？是呀，为什么呢？我心里知道。第一，我不想你成为考级机器、未来的考试机器；第二，你暂时的落后不代表永远落后，更不代表你不如别人；第三，你要学会面对挫折，更要学会珍惜未来考试的机会甚至比赛的机会；第四，生活中的比赛更多是和自己比赛，不要眼中只有别人，要和别人比，但是不能只和别人比！

从第二次开始拿到考级通知后的每一次，我都在支持小芽考级，跌跌撞撞腰带从白色变成了蓝色。这期间比他先考一级的孩子，有的级别比他高，也有比他低的。我们聊天时我说：“你看比你先考的现在级别比你高其实是对的，因为他们先考一次呀，但是也有比你先变成白黄带，但是现在和你一样甚至还没有你级别高的孩子，这说明什么？”小芽说：“说明他们退步了？”“哈哈，有可能吧，他们是不是退步或者原地踏步妈妈不知道，也可能进步了。但是有一点，妈妈看见你因为训练和付出，你进步了。你比刚学的时候进步了，每一次考级的时候有努力，这个就是进步。”“哦!”

每次考级前，我拒绝临时抱佛脚让他拼命练，因为我们约法三章，考级就是平时学习的随机抽查，是一次全体学员的大聚会，按照级别分批表演，与其说是考试更像是汇报演出，演得好的可以学习更高一级的内容下次继续表演、示范，没演好就继续练习之前的内容，下次好好展示就好。虽然妈妈不会跆拳道，但是会跳舞呀，这里面不是有异曲同工之处么。如果是真心自己喜欢的，那么考试除了些许紧张之外更多应该是兴奋与挑战。所以考级前一天更需要的是放松与积极暗示，而不是拼命练习。

如果说初识跆拳道的头两个月小芽一次不落，那么开始晋级之路后的我、我们一次不落。未来的学习只会更加艰难，但是他已经知道同步学习、同龄人比他先晋级一步的滋味了，所以我相信遇到挫折，他可能会有一个接纳的过程，挫折肯定很多，接纳的过程可能比想象中还要难。更多是作为家长，我们是否能接纳孩子不如别人的事实或者是孩子退步这件事。跆拳道的试金石真的是腰带的颜色么？可能是父母的眼色吧。

3. 倦怠情绪，种子发芽的催化剂~

我不记得第一次孩子出现倦怠情绪是什么时候，其实第一次是很难发现的，但是我记得他第一次哭。2018 年 12 月，听说因为上课说话，没认真学习，下课后教练把他留了 20 分钟继续练习。他又热又怕，满头大汗只跑出来喝了口水。晚上睡前我们聊了一会：

“妈妈，其实我今天哭了。”

“哦，那时候肯定挺难受的。”

“我在角落里擦掉了，我忍不住又不想别人看见我哭。”

“嗯，那你为什么哭呀。”

“教练罚我练习。妈妈，我不想学了。”然后他开始描述上课说话的事。

“你真的要感谢教练呢。”

“为什么啊？”

“可能你还不明白妈妈的意思，但是妈妈也是老师，如果妈妈都不指出小朋友做得不对的地方，那其实是妈妈不关注他了。这么多小朋友，老师发现你做得好或者做得不好的地方，是一种关心。因为教练完全可以下课让你回家，但是他还留出时间教你改正，让你学标准的、对的动作，是给你一个人上课，用了他宝贵的时间。所以你说教练是不是期待你进步，变得更好呢？”

“是的。”

“所以这个惩罚里面是不是有关心和帮助？”

“嗯。”

“那你说，教练是喜欢你，还是不喜欢你？”

“喜欢我。”

每一个孩子都期待被老师看见和喜欢，可是老师能喜欢每一个孩子，一模一样、平等一致的那样喜欢么？我是老师，小到 3 岁的孩子、大到 20 岁的大学生甚至成年学生，我做不到“都喜欢”。但是作为家长，我愿意借助孩子的情绪去理解孩子的痛苦和难处，利用孩子与老师发生的故事去引导他理解老师的欢喜与爱。最近一次他因为教练的“吓唬”又哭了，害怕教练真的不让他回家了。我开玩笑地说，教练不知道有的小朋友可以用吓唬的方式，但是有的小孩不能用吓唬的方式，因为他们都没有当爸爸、没有做父母的经验呀。但是教练却要照顾那么多小朋友，男孩子多、淘气调皮的多，所以教练还真的挺不容易的，当爸爸的经验也逐渐丰富起来了，尤其是出门比赛时真的是又当教练又当爹。小芽听我说完发出一串笑声，我就知道这次的眼泪又会变成化肥去呵护心里的种子。

4. 练习需要进取心，比赛须有胜任力~

整整两年时间，用 2019 世界跆拳道大满贯道馆赛的打酱油之旅来收尾。参加比赛的初衷有三：第一，开阔视野，让朋辈的影响力去感染他；第二，磨炼意志，不出所料赛前的两天集训哭两次，所以能坚持集训也算一次小小的进步；第三，要有心更要有力，在我心里会觉得不想拿奖牌的竞技者是不合格的，但是小芽的能力确实弱，所以看见他有想拿奖牌的心我也是放下了一颗心。第一阶段算是小小落幕，未来的学习之路只会更加艰辛，时间、距离、学业、工作，各种平衡，未知。所以人，怕的不是失去、失败，有时候可能是怕未知的不确定，但是养育这件事情，就是一件极大的对未知不确定的挑战。这是多么无奈又美好的事呀！

最后要感谢三位教练，宋教练、金教练和程教练，小芽眼中的教练是这样的：宋教练很严厉，但是最厉害，好像是老大；金教练喜欢开玩笑，会和我们玩；程教练说话最少，不爱笑，但是不凶的。我眼中的教练：宋教练有理念和想法，把握道馆的发展和统筹大型活动，注重充电，给家长和孩子新的视野；金教练有亲和力，年龄小的孩子进馆学习很吃他的套路，一逗二抱三搂，可以“搞定”小朋友的教练都不容易；程教练外冷内热，很有礼貌也尊重家长，更愿意身体力行去关爱孩子。最近又来了李教练，非常会鼓励孩子。

孩子遇到好的老师是运气，遇到合适的老师是福气，遇到匹配的老师会有才气。暑期过半，送给我的小芽，也祝所有的孩子都能享受快乐的暑假，收获幸福的成长！

2020 年 4 月 15 日

关于跳绳——做自己 坚持吾心成长

晚上陪孩子在河边玩，玩十分钟跳一次绳，一共跳了三次，回来洗漱完毕后他看了半小时的动画片和十分钟的好声音，安然睡去。原本我也躺下了，想到前阵子姐姐和我说让我把自己看孩子跳绳的感受写成文字给她，于是又起身准备交上作业。

先说说今天的三次跳绳吧，第一次 112 个、第二次 116 个、第三次 119 个。我很满意，因为每一次都有一点点进步；我不满意，这不是他的最好状态，在他神不知鬼不觉的时候，我的“满意”和“不满意”已经打了几个回合，之后，“满意”赢了！这可能也是我起身码字为我自己记录的原因吧。

时间倒退到他再小一点的时候，刚刚拿起绳子晃荡，从 1 个、到 3 个、到 5 个、到连续 15 个，他很开心，似乎我更有成就感，忘记了其实耐心指导他的启蒙老师是几位教练。跳绳和跆拳道不一样的地方就是进步显而易见，同理可得个数上的退步也异常显眼。有一次接到家人的电话，老人从话筒边传来芽只能跳 3 个，3 个以后就连续不起来了，怎么都不会跳了……我记得第二天就开车往返 90 千米，为了“见识”一下跳 3 下绳的“奇观”。果然晚上连续看见几次 3 连跳后，我就发脾气了，纵然我再三告诉自己要克制，但是我给他的选择是要么连续跳 15 个，要么累计跳 50 个，他看懂我的表情，面部的肌肉紧张、嘴角下挂、皱着眉头、偶尔还瞪着眼睛，咬牙切齿的怪物！吓得他一直在跳、然后停顿、慌忙拿起绳子继续跳、再惊恐地停顿……喘着气也不敢说想喝水，熬过 50 个的累积目标。

之后的情景我已经不记得了，但是那天晚上我失眠了。我反思三个问题：

（1）为什么让他学习跳绳？

（2）为什么因为他不会连续跳而恼羞成怒？

（3）为什么要因为 3 个跳绳连夜往返？

我希望他能体会运动的乐趣，比如伴随音乐的律动；我希望能提升他的体能，比如耐力和协调。那么我监视一般地盯着他，他会有乐趣么？

在当时，他的大部分幼儿园同学连 3 个都跳不起来时，我却因为他能连续跳 3 个表现出生气，而不是开心。因为在 3 个之前有 15 个，我可以接受他只能跳 3 下，但是当时我接受不了他从连续 15 下退步到 3 下。我能接受“不足”，接受不了“退步”。

情绪会传递，电话里我不仅听到了 3 下跳绳的内容，更加感受到焦虑的情绪，这背后有很多其他的信号。我回来原本是理解、陪伴他，降低他的畏难情绪，但是我的出现恰恰相反。

想完这些困惑，我迅速做出了一个决定，改变自己。

第三天我回家提到跳绳，他有点无奈，说自己跳不好。我笑着和他说：“没关系，你已经很棒了。”他看着我没有表情，我在想如果是我，眼前这个人是不是戏精？昨天还面目狰狞，今天说很棒，非常怀疑！

我说：“昨天妈妈反思了，是妈妈做得不对，说话没有礼貌，更加没有体会到你的不容易，我向你道歉。”疑惑的眼神里出现了一丁点惊讶，我趁热打铁。“真的，如果是我，我可能连 3 个都跳不好，你之前已经跳到 15 个了，多厉害啊。这样吧，我们一起再试试看，你听我说，我们一起配合。”

“请你把双脚并拢、对齐，闭上眼睛，想一想我们聪明的小脑袋、想一想我们跳动的心脏，其实跳绳不仅是用脚，而是要用心、用脑，我们要感谢我们的脚脚，它们灵活到好像可以飞起来，我们要感谢我们的双手，在身体两侧牢牢拽着绳子，让我们可以玩跳绳这个游戏。但是我们得用我们的心和大脑来指挥我们的手和脚哦……”

“不着急，想一想，然后我们再试着跳跳。”

那天第一次试跳就连续跳了 8 下，之后发生了什么我不记得了。看，我们的记忆就是这么有趣，我们的潜意识就是如此智慧，它帮助我们寻找我们想要的答案。如果说上一次的记忆是因为“退步”那么这一次的记忆是因为“允许孩子退步，允许孩子退步，允许孩子退步。”我做不了虎妈，所以我就不逼他再跳绳了，搁浅了这么久的技能终于又要重拾，可惜，我的技能包和孩子的技能包很不一样，我也相信孩子的成长必须要有成长型的父母用开放的姿态启发式地陪伴，所以那就各自去武装自己的技能吧，做自己，坚持自己，令吾心成长。

2020 年 4 月 16 日

又一次令我动容的目送

原本我敲下的是《第一次令我动容的目送》，可是我怎么知道记忆有没有出错，也许之前也有好几次，只是没有今天的记忆深刻，所以我把“第”改成了“又”，我相信再一次比第一次更真实。

清晰记得前几年的一次培训，是方新教授的行为治疗，最后一个半天的课程里，我和冬雷姐一起迟到了，与其说是因为我们买咖啡排队导致，更不如说是我们故意迟到的。因为我们总是被不能迟到这样的信念所“绑架”，我们想“松绑”，体验一下迟到的快乐，还美其名曰是培训过程的自我实践。现在，每当我到万泰城看见咖啡店的标志，我就看见了下着大雪的那几天，我们捧着热乎乎、香香的焦玛，有人戴着毛线帽，有的用羽绒服把自己裹得严严实实，我镜片的金属边沿上挂着雪花，我们都没有打伞，一起穿过马路，因为修地铁的缘故，马路显得特别窄，道路湿滑，换在日常一定会锁紧眉头，但培训最后的那次迟到带给我很多愉快而美好的记忆。

一样是冬天，虽没有下雪，但路面湿滑，空气潮冷，原本已经被速冻的脑袋瓜，突然像遇到了 100 摄氏度的水，瞬间融化还散发着一些热气。这 100 摄氏度的水，就是你小小背影上滴落的雨点，这些热气就是我摇下车窗对你大喊一声“加油!”你回我一脸自信而天真的笑容。

入学以来，我们没有迟到过——从上幼儿园开始。似乎在我、还有我给你的话语中，会传递“迟到不太好”甚至“迟到会很不好”那般严重的信息。今天早晨 7:50 出门，我想只要过一个红绿灯就可以到学校，于是不带犹豫的我开车送你上学。没想到遇到红绿灯等了三个灯次，耐心等待，小心翼翼 15 分钟过去了。好不容易过了窄桥，想着再弯 2 个没有灯的路口就到了，念想就此打住——因为这一想就过了 7 分钟。只有 8 分钟了，有一个瞬间我想看看路边哪里可以不影响其他车辆就此停下，但是左边也是车、右边也是车，除了僵等没其他办法，眼前还有更远处都是如石榴般的尾灯闪闪发光，我的内心除了发慌没有其他。当我看见前面车里的孩子下来，其中一位家长陪着步行快速离开后，我也冲着后排的小朋友说：

“哎哟，我看时间挺紧张了，大概还有七八分钟，这路可能堵到车动不了了。怎么办？”

“那怎么啊？我会不会迟到？”

“现在还没有，但是如果一直堵车，是会迟到的。不过我觉得迟到一次你们老师会理解的，迟到也不是坏事。”

“我不想迟到。”

“哦，那我想个办法哦，嗯，有办法了，第一个你现在下车自己去学校，你别担心迷路，你看路上还有好多小朋友呢，你就跟在他们身后就好了。第二个呢，我觉得迟到一次真的没关系，谁都有可能遇到一些事情，不能保证每次都准点到的。”时间很紧急，没有时间再启发他自己动脑筋想办法了。

“啊，这样啊。”

我眼睛死盯着前面的车，能挪 1 厘米我也觉得是希望，但是听声音就感觉到他有点纠结，我立马回应：

“嗯，我看大概只有五六分钟了，你从校门口到教室都要这个时间，要么今天就索性等着路吧。因为你现在自己走，到了学校也多半是迟到的。”

“那我赶紧走了，没办法了。”说话间就自己开了车门下车了。

小家伙的身影在灰灰的道路和密集的车辆中显得微不足道，我甚至都看不到他是怎么走到人行道上，之后看着像蓝精灵一样的他出现在我的右侧方，我放下车窗很用力大喊：“加油哦！”

他没有用声音回复我，而是给了一个超级灿烂的微笑，圆圆的脸蛋，被雨衣帽子压住的刘海很整齐，大大的眼睛都变扁椭圆了，两颗大门牙虽然不白但还是可爱到抢镜。然后真的像加油一样小跑起来，手上提着饭包和一个塑料袋（为了到学校能收纳雨衣）大大的书包鼓囊囊，驼着背弯着腰，这个小蓝点很快就消失了。

今天你在一个雨天的早高峰独自走了一段路，我估算大概是 1000 米左右，这对我来说也挺不容易，甚至我都没有立即和老师去确认你是否到校，确切说，到你下午放学我才知道你今天早上是到校了。

到家前，我在楼下的蛋糕店买了一块草莓慕斯，不是因为今天是平安夜、也不是因为今天是外公的阳历生日，而是因为想用你喜欢的味道回应你今天勇敢的决定，当然也还有我忐忑的私心，怕回去面对你可能有的负面情绪，会不会有迟到的委屈、低落和害怕，会不会埋怨我开车太慢或者交通太差……回家，一切如常。

睡前我说我想请你为我讲一个故事：

“我想听一个小英雄的故事。”

“好的，谁的，是超人、蜘蛛侠还是睡衣小英雄还是其他？”

“我想听你的，你今天早上是怎么到学校的？顺利么？”

“哦，好呀。我今天早上下车后，就往前走了，但是好像有点不记得路了。我就找有没有也去学校的人，和我差不多高的小孩，后来寻找到一个小女孩，就跟在后面，就到了。”

“哇，这么厉害。那，有没有迟到啊？”

“迟到了呀，我倒数第二个到。哦，好像是倒数第一个。哦，好像是倒数第二个。”

……

“嗯嗯，那你还有想说的么？要不先睡觉吧。”

“好吧，那小虎呢？……”

和我早上的猜测差不多，跟着别人去学校，然后华丽丽迟到。他没有害怕，这一次发生的事情我想一定给他带去了一些信心和自豪，他也没有因为迟到而沮丧，比起当着全班面迟到的“结果”，别人不知道他是面对了困局、自己评估后决策、接受与自己预期不符、降低期待后的一次选择而已。是成长道路结出的一颗小果子。

今天好朋友开玩笑，说我怎么心这么大。我想想也是。但是我知道未来会有更多目送的时候，会有放手的时机，从内心说我是相信他虽然小但有能力去迈出漫长人生路上 1 000 米的小小一步。现在，我开着车，搭你一段路，你下车去往你要去的地方。不久，你也会有你的车，方向盘在你手上，我也不会一直在副驾驶絮絮叨叨，因为我也有想去的地方、想吃的美食、想结交的朋友、想看的电影……你愿意，我与你分享；你没兴趣，那我与有兴趣的人分享。

2020 年 4 月 17 日

藏在亲子互动中的小秘密（一）

爬楼梯～求抱抱

经常听到有家长说，学龄前的孩子上楼梯不愿意自己走，总求抱抱，爸爸妈妈心一软就答应了，好不容易爸爸妈妈能“狠狠心”了，可是爷爷奶奶、外公外婆不同意，隔代亲的双簧一唱一和就来了。怎么让宝贝主动提出来自己爬楼梯？

小芽上幼儿园的三年都是走路上下学，路程大概是 10～15 分钟的样子；家住四楼也很少抱上楼，确实一开始我也遇到过这个难题，分三步走顺利度过“求抱上楼”。

第一阶段——主动满足他，我抱着他到 3 楼，实在抱不动了，小家伙会立马亲我的脸喊："妈妈给你加油啦！"这一招很灵，又吭哧吭哧抱着，好在那时候孩子小，轻。很快进入第二阶段——提前协商、奖励为伴，在楼下就说好只抱到 2 楼，剩下的两层自己走。一方面家长说到做到，守住原则，同时奖励为伴，过不多久，就会发现奖励很容易让孩子学会"条件交换"，于是立马进行第三阶段——融入游戏，容易操作且效果不错。

因为宝宝最喜欢父母的两大功能是讲故事和做游戏，所以我就从这两个开始入手。作为家长可以一边讲故事，一边拉着孩子的手上楼，我往往喜欢通过猜谜语的方式，比如我会说"哇，到楼下了，那开始我们的谜语闯关吧！猜一种水果，小猴子最喜欢吃了。"孩子就会一路叽叽喳喳猜桃子、香蕉等，猜完水果猜动物、猜生活用品，也不用担心没有素材，因为大多是临时编的，有时候可能还会让他猜扶手、台阶这些眼前的东西，以此类推，不知不觉就上了楼。从家长说、孩子猜还可以变成家长猜、孩子说，交替。如果孩子走累了，还可以用石头剪刀布，赢者上两节台阶等方法来进行休息、调整。

用亲子游戏的方式，孩子很快就忘记上楼要抱的事，相反还形成了条件反射，一到楼下就提醒我要做游戏了。不仅不用抱上楼，增进了亲子关系，提升了孩子的语言表达能力和创造力。

几位曾经带过的学生会问关于小朋友怎么选培训班、要不要去机构学习绘画、为什么我家的孩子说话那么晚、儿童口才班怎么选、如何延迟满足、家长真的可以做到和善而坚定地教养孩子么……因此，一方面既感谢学生好友们的信任，另一方面据我观察到、听闻、有限学习的知识和部分实践感悟和大家分享。我想先说 4 点。

仅仅是个人观点，不代表任何组织单位。下篇见！

2020 年 4 月 19 日

藏在亲子互动中的小秘密（二）

在语言学理论中，有一个"关键期"的概念。认为在语言学习过程中这个时期，由于生理因素的影响，语言的学习最为容易，超过这段时期，语言学习能力就受到一定程度的限制。学界普遍认为，语言学习的关键期大致为 2 至 14 岁。在这个重要的语言发展期，很多家长是找不到培养孩子的方式和方法，可能会把孩子送去培训班学习，关于孩子在培训班学习表达，我的体会如下。

第一，家长对孩子需要多一点鼓励和尊重，尤其是性格相对内敛的孩子。

第二，孩子的可塑性很强，所以要珍惜且不能用力过猛，让孩子过早形成“大人范”，弄丢孩子的天真和淳朴。

第三，对孩子各类艺术培养需要因人而异，让孩子有自己的风格和气质。

第四，选择适合自己孩子的和孩子喜欢的老师很重要，这不仅是教学，更是一个孩子自信来源的社会支持系统。

还有的家长想尝试在生活中让孩子锻炼口才表达，我也推荐几个好方法：

第一，为了培养孩子讲普通话，就尽可能自己也讲普通话来。（方言同理）

第二，促进宝宝与陌生人交谈，锻炼生活表达可以从星巴克、肯德基等服务培训规范的店家开始。

举个例子～有一次芽很渴，没有带水壶，我就带他去星巴克问服务员要一杯水。第一次我是带着他和服务员说：“漂亮姐姐你好，我们宝宝口渴了，可以请你帮忙倒杯水么？”第二次我会鼓励孩子说“漂亮姐姐你好”后面的话还是由我表达；第三次我陪着孩子去鼓励他表达口渴的意思想要喝水。再以后我就不陪了。孩子当然会有想偷懒不想自己去索水或者是餐具用品等的时候，我会用不同的方法回应他，如果他表达口渴但是还愿意继续玩，我就会说：“你可以真正口渴了再去问姐姐要。”之后就保持原则，每次都是笑眯眯地说“妈妈觉得这个事情，宝宝自己可以做到哦。”还有一次孩子和我表达其实是他有点害怕、不好意思去要东西，我就会说：“嗯，确实是有点不好意思，妈妈明白，但是妈妈也想着，如果我是服务员有这么可爱的孩子来要一杯水喝，我肯定是愿意给他的，因为他耐心等待关键还非常有礼貌。但是妈妈是大人，就没有你这么可爱了。所以我们试一试好么？如果真的姐姐没有给你，那么妈妈就立马飞奔来。我现在看着你，你自己过去好么？”一般在服务意识比较强并且员工经历统一培训的餐厅孩子的成功率几乎是 100%，也容易建立他与陌生人交流和求助成功的机会。

第三，做父母学“偷懒”，比如在商场，我有时候会假装迷路找不到出口或者在超市找不到买零食的柜子，就鼓励孩子去问路和问问巧克力是放在哪排货架。

最近我发现儿子在楼下打篮球时，经常会和其他孩子小区里乱跑，我就问他：“你的篮球水壶带着一起跑么？”他说：“不会啊，我经常去保安室，把这些都放在保安室，让那边的叔叔阿姨帮我管着啊，万一我不在被别人拿走了怎么办，保安室肯定很安全。”

表达，不仅仅是亲子沟通，更是孩子与世界建立关系的工具。

2020 年 4 月 20 日

爱上做手工

记得儿子刚上中班，一天放学，老师和家里老人聊了孩子在学校的表现，说孩子的动手能力不是很强，具体的内容现在我已经忘记了，老人回来本想悄悄转述我，我一到家，小朋友说：“妈妈，今天老师批评我了，说我动手能力差什么的，其他还有什么……”老人暗笑了一下，另找一个时机和我解释了下，还说小孩子怎么还偷听大人说话。

我了解后，立马走到孩子身边：“你今天听到老师说的话，有一部分是对的，还有一部分是错的。因为当时是放学，教室里是不是很吵闹呀？”孩子点点头表示同意。我继续解释：“所以呀，老师说的是，现在手工课多起来了，有的小朋友呢动手能力还不错，有的小朋友呢动手能力稍微不足，还需要加强。你是还不错的。所以，你把这几句话听混了。”孩子说：“哦，是这样啊。”然后似懂非懂地跑开去玩了。

我当时的第一反应心想，老师当着孩子的面说这些评价，对有的孩子可能没有影响，但是对生性敏感的孩子会有一点，原本以为这些事情就过去了，但是我暗中观察发现，自那之后，孩子每天都在家里剪纸，利用各种废品做手工。所以我猜测他的内心还是有“不安”，有要证明的“不甘”，只是他自己可能都没有意识到罢了。我也开始越来越多地会收到孩子的各种礼物，都是他自己的手工。做手工的热情持续了 3 年，还在持续中，而且做得都很个性化、很独特。为此我也节省了很多钱，不必为他购买玩具，最近他做了一套有盾牌、枪、护腕等 5 件套得玩具，其中还为我量身定制了护腕。每一次，我都是大放彩虹屁，说一些惊心动魄、鬼斧神工的话。我很好奇孩子的内驱力是什么，为什么这么多年还是有空就做手工，还能做得这么有趣。所以——

老师对孩子某些能力不足有待加强的评价，一定是不能当着孩子的面说么？不一定。

家长对孩子要坦诚，凡事必须说实话么？不一定。

孩子小，所以说什么他都不在乎，过不多久就遗忘了么？不一定。

惩罚对孩子有阴影和创伤，所以要鼓励他，有抽动、多动的孩子更要尽量去满足他们的欢喜？不一定。

还有好多好多不一定的回答。那一定的是什么？我想首先是平等对话中的尊重，儿子在上小学之前，我每次和他交流都是蹲下来平视他的，让他感受到充分的尊重，还包括他上厕所，我会从鼓励他一个人到鼓励他把厕所门关闭，保证私密空间。有一次他哭腔和我说尿尿弄在短裤上了，怎么办，我假装偷偷给他塞一条干净内裤，然后让他换好，他说这个不能告诉家人，我说一定，然后当他的面洗干净挂在阳台上，就当啥事也没有发生。悄悄洗内裤这事我估摸至少做过 2 次了。每一次我和他在卧室玩，如果有人进来没有敲门就直接开门进来，我都会表达对对方的不满，请对方注意下次敲门。

其次，对孩子说实话不等于坦诚。坦诚是坦白+真诚。

坦白：1. 谓平正清廉。2. 谓直率纯正。3. 谓翻白眼。4. 谓将错误或罪行如实地说出。

真诚：真心实意，坦诚相待以从心底感动他人而最终获得他人的信任。真诚也是个人文学描述性词语、用以形容人格。

实话，指符合实情的话，与假话相对。但用于强调语气时，往往是下意识说谎的节奏；用于祈使语气时，则常有威胁对方不准说实话的意味。

2020 年 4 月 28 日

指针停摆的废话手表

“妈妈，你陪我玩吧。”

“不行，我在挑战答题。”

“好的，那我陪你做题。”

温馨的画面

“结束，今天 53 分，厉害了。”

“让我看看你的名次。”

“嗯，你看，第四。”

“你怎么第四啊？之前你是第三名的，后来第五名了，但是你现在第四名也算进步了一名。”

“第四名也很厉害了，我觉得很好。”

“我看看第一名是谁，你看，第一名的人的名字里也有一个星字啊，和你一样啊，你也有一个星字啊。那你也可以当第一名啊。你还要加油啊。”

冷眼的画面

前几天和学姐说到这段对白，我表达没想到还会被儿子数落学习强国排名，更没有想到还要求我去拿第一。我从来都不要求他拿第一的，他有什么资格要求我拿第一？！学姐安慰我说，说明他很“要”。要是什么，是进取心？是坚韧？是积极状态？是主动表达？我没有弄明白，但是我想到了另一件事。

以上，孩子比大人优秀的地方，孩子有目标。

大概是去年 10 月，看到很多小朋友手腕上都戴着电话手表，看到电视广告中的小天才、糖猫等广告，他突然说要买，非常坚持要有一块电话手表。外婆从老房子里翻出一个破手表，说是别人不要的玩具，但是模样和电话手表有几分相似，儿子拿到后爱不释手。虽然指针都坏了不能动，但是至少有个翻盖，可以弹开，看起来有几分“唬人”。就这样一直到现在他都舍不得扔掉，有时出去玩还戴着。

同时自去年 10 月开始我们就纷纷约定，参与家务劳动可以获得报酬，当优秀铲屎官、学习有明显进步的时候也会获得一定报酬。约定一开始我们就查找了各种款式的手表，他明确喜欢小天才品牌，而且要双摄像头的，各种对比后他认定了有一款略贵。就这样从一块到五块，一点点积攒至今年 4 月，终于存够了 1 400 元，可以买他心仪的一款电话手表了。

“你的钱足够了，可以买手表了，我下单吧。”

“我想一想。”

“啊？还要想？想什么？”

“妈妈，我发现我最近都很喜欢打篮球，篮球一个要多少钱？”

“100 多块钱吧。”

“我发现打篮球，很容易皮磨破了，就是篮球的皮，可能有点废。我想先不买电话手表了，留着买篮球。”

……

以上，孩子比大人优秀的地方，孩子会取舍。

有朋友说，怎么这么快就攒了那么多钱，是不是我给的零花钱很多。其实不是，当孩子存到第一个 500 元时，我提议 500 元交我保管，一个月后可以变成 560 元；同样还有方案二，100 元交我保管，一个月后可以变成 110 元。一开始他是不同意的，因为每次数自己存了多少，还差多少可以买电话手表的时候，他都激动半天，甚至有一天拿着小钱袋子说了句："钱的味道真香。"吓了我一跳！所以我开始和他讨论存钱这件事，简单分析优劣势后，孩子决定存 500 元在我这里，等下个月凭空多出 60 元这样的天大好事！就这样零花钱变多了。我的初衷，一方面想试着告诉他"理财"是怎么回事，另一方面也告诉他如果你愿意忍耐和克制，眼下你的钱是少了，但其实无形中你在"投资"。

以上，孩子比大人优秀的地方，孩子能克制。

这 8 个多月里，你信守诺言、忍耐克制、愿意舍得，珍惜指针不会行走的坏手表，愿意为了易损耗的篮球放弃电话手表，最近还在每周五元零用钱使用中表现出合理规划。至今那 1 400 元钱依旧躺在钱袋子里，今天我下单买了一款便宜的小天才电话手表。

2020 年 5 月 11 日

幸福的人是什么样子的？

周末的晚上，睡前，我突发奇想问儿子一个问题：

关于幸福的人，你觉得是什么样子的？

他说：

"我觉得是有钱、有爱、有意、有人。"

他的回答比我的'参考答案'超纲太多，我继续问：

分别是什么意思呢？

我悄悄录下了他的原话：

"有钱，不用说了吧；有爱就是有爱的人，有温度的人；有意就是有情意的人，有意义的人，在社会上有用的人；还有一个就是有人，你人得先有，所以有人才是第一个（位）。"

我重复说：

有人，有意、有爱、有钱，是这个排序么？

他点点头。

我继续问：

这个是你自己想出来的还是老师教的？

他说：

“我想出来的。”

这一段 45 秒的对话被我用“关于幸福的人的理解”存在手机中。

一个 8 岁的孩子回答了我的疑问，我也在想心里关于“幸福”的描述是什么样子的，是怎么理解的，成年人那么努力甚至用力生活的意义是什么？追求幸福的‘幸福’究竟是什么样子？

有人

儿子告诉我，你得先有人啊，这个是第一位。如果连人都没了，不在这个世界了，那谈何幸福、何来幸福可言。珍惜生命才是真正的尊重生命。

有意

儿子告诉我，要成为一个有情意的人，我想情意是一份信任和承诺，它饱含着感情和情绪，也包含着一份乐观和眷恋。其次，还要努力变成一个有意义的人，什么在承担这份“意义”的责任呢，是对自己、对亲人，但是儿子说要变成在社会上有用的人，这是小小的社会贡献和一个孩子的个人英雄主义的美好幻想吧。我们可以创造出的社会价值也许很小，但是于我个人而言意义很大。

有爱

儿子告诉我，有爱的人，成为有温度的人是一种幸福。细数在生活里有没有爱的人，有爱的人我的理解是真实存在这样的值得我们去用心对待的人的客体，可能是亲友之爱、挚友之爱、知己之爱，是有血有肉有情感的人。他还说有爱是变成一个有温度的人，就是自己是一个心存善意愿意温暖世界的人，这个“世界”可能是一只小猫或者小狗，温暖给我们带来暖意、亲近感和放下戒备，温暖是一种我们需要的刚刚好的体感体验。做一个温暖的人。

有钱

儿子告诉我，有钱这个就不必解释了，是最令我惊讶的观点。这么点大的孩子就已经直击物质生活对于当下我们的重要意义，我也必须承认，钱可以带来对美好生活的享受，可以令人有安全感，可以象征社会地位、可以增强工作动力……钱就是最显现的“财富价值”，即使我们会说知识就是财富、时间就是财富、人就是财富……这些都有换算过程或者时间成本，但是真金就是真金，能解决很多现实问题。我不是人民币，无法令每个人喜欢我，但是确实世界上绝大多数人，谁会嫌钱多呢？

周末的晚上，幸福的人是什么样子的？

对照孩子给我的答案，我觉得为了幸福，我还要更努力。

2020 年 7 月 6 日

夏令营

你的第一次夏令营就这么快结束了，每次看照片，满满都是我的笑点。不禁我也想起小学，好像是四年级左右，我第一次去夏令营的日子，古镇里的小巷，随处可见的牛粪、石头铺满的小路、好奇那村子里学校的学生怎么都姓孙（以为他们都是同一个爷爷奶奶的后代们），第一次自己洗衣服还有篝火晚会……

你的夏令营，有这么多有趣的事情——

比如你是团队唯一的男孩。我们都没有料到，即将上车才发现这次报名的 20 多位孩子里你是唯一的男孩，还是最小的之一。喜忧参半，我一点点窃喜，因为别无选择你得和男老师住一间，安全方面我松了一口气，可是没有男孩子的陪伴会不会少了乐趣和共同话题？尤其是作为最小的一员之一，看到 5 年级、6 年级的小姐姐们，你会用什么样的方式和她们相处？这些都在我心里画了问号。

比如每天的“今天很开心”。每天晚上我们都会通电话，我都会问你今天玩得开心么？你都会笑着和我说“今天很开心”。记得开营前一天，你问：“妈妈，是不是我去夏令营回来后，你就变老了？”或者时不时重复着说：“妈妈，我不想去夏令营了，我不要表演节目，我不要离开你。”开营前依依不舍的样子和入营后每晚爽快地说：“妈妈，我去洗澡啦，我挂啦。”用“判若两人”真是恰如其分，小伙伴美眉说：“嗯，男人都一样。”

比如接你回家的路上，我充满期待地问：“夏令营里有什么事情是现在回忆起来印象深刻的？”，你想了想说：“每一顿饭都有西瓜吃。”

……

在我眼里有这么多有趣的事，我以为这个夏令营就是完美的。但是当我问你是否开心，你神情略带失落、若有所思地回复我："不开心。"也让我陷入内心的沉思。

"为什么？"

因为回来的车上，有小姐姐乱摸你的头，还说如果你不听话，她就把你的扇子等小礼物拿走，不给你了。她说你的脑子进水了之类的话。虽然我不知道前因后果，但是我能理解那时候你是有些害怕的，即便那可能是大孩子和小孩子交流互动的常见方式之一（吓唬）但是确实真的让你感到不舒服了，因为有一些敌意、冒犯和失礼。你问我她为什么这样对你。

"因为小姐姐认为她这样很酷，她的个子比你高，力量比你大，连大笑的声音可能都比你响，看起来好像很厉害的样子，但是小姐姐没有礼貌，她用吓唬的方式达成她的想法，可能是因为她故意的，也可能因为爸爸妈妈和老师教她的，她忘了。其实她这样做反而不够强，因为真的厉害的人是会保护比自己小的小朋友的，真正强大的人是有正义感的，她们极少极少去欺负弱小。而且如果那位小姐姐平时也这样，她身边很可能是没有真正的朋友的。"

引起我思考的还有"一块钱"这件事。

"哦，你这么说，我想到了，我用一块钱验证了真朋友。"

你和我说，有两个小姐姐在看一个碗，说是很稀罕的碗，你也十分想看看，其中一个小姐姐说让你给她们一块钱，就给你看。你拿出了一块钱，可是那个小姐姐依旧不给你看，还有一个小姐姐就一边试图抢碗，一边说你就给小弟弟看看吧，很短的时间，你看到了那个东西，帮你抢碗的小姐姐还把一块钱还给你了。当你描述这件事情的事情，我想到成年人的世界，我们是否也曾遇见过"一块钱的朋友"可能是因为"一块钱"翻脸，也可能是因为"一块钱"交心，都是友情、爱情的试金石。

还有一块钱，也很有意思。

"妈妈给你了 50 元零用钱。能和我分享一下，你是怎么花的么？"

"20 元我买了这枚纪念币，是银币。"——"非常好！"

"还有 20 元，我买了门卡，房间的卡被我弄坏了，我赔钱了。"——"哦。"

"你是不是想骂我？"——"怎么可能，我没有啊。弄坏了，赔了就好了呀。本来这就是给你钱的原因，遇到困难可能可以解决。"

"还有一块钱，我送给了一个姐姐。"——"为什么呀？"

"我看见一个姐姐到处在问我们的人，因为她想买个东西，但是钱不够，缺一块钱，别人没有给，我就给了她一块钱。”——“你真棒，你帮助小姐姐买到了她想要的东西。妈妈觉得这样很好，这一次我是肯定支持你的，以后遇到这样的情况你要想一想自己的钱有多少，能不能真的帮别人，就是看自己有多少能力，合适的我们就帮，不合适的比如如果需要很多钱，那也可以不给或者考虑是不是真的是需要的、要买的，明白么？这个叫量力而行。总之，遇到困难，想办法解决是对的，还要知道‘办法’也会有很多的。”

在回家的路上，我问你如果明年还有夏令营去不去，你说想去，但是最好是亲子的。于是我们一起做了反思。

“这一次的夏令营虽然妈妈没有参加，但是妈妈突然想到了几点，你看看对不对。第一，妈妈没有做好功课，没有在出发前问清楚有多少人，其中几个男孩，如果知道了我们可以准备更充分一些。第二，你在遇到不开心的事和困难的时候，可以及时告诉妈妈或者选择合适的求助方式，比如房卡的事，你不想妈妈骂你，你可以当天晚上就告诉我，我不会批评你，你也不用想着这个事情，还比如小姐姐的不礼貌，你可以告诉妈妈或者带队的老师，妈妈如果在身边会站出来请小姐姐换其他的更有礼貌的方法和你玩，老师也会阻止他们，你可以勇敢地说出来。第三，如果有亲子夏令营，时间上又可以安排那我们可以报名。那如果安排不出来，还是得你一个人参加的话，你愿意么？”

“我愿意！”

2020 年 8 月 18 日

成为有钱人

某个周日下午锻炼结束和儿子一起打车回家，忘记什么话题引起的，司机开始“传递”理念，和孩子说：“你长大了要成为有钱人。有钱最重要。”

显然儿子被突如其来的“未来目标”“懵”了，左右晃着脑袋，瞪大眼睛，张着嘴巴，还不时瞟我一下，一副迷惑的样子发出“啊？呃？”的声音。司机透过镜子看到孩子坐在后排的表现，继续振振有词地说：“现在说什么节约都是说给穷人听的，让穷人节约，但是富人都在浪费。”

别说孩子了，我也跟着开始"反思"了。

"你呀要好好学习，长大了挣大钱，挣了钱就可以浪费了，不用节约了。"不知道是司机的激情宣泄让我反胃，还是因为道路交通拥堵，我感觉自己有点晕车。

"你现在还小呢，长大了就明白了。广播里说的要节约啊都是骗骗我们老百姓的，那些有钱人都很浪费的。他们有钱买好的东西，享受好的生活，他们就是各种浪费……钱好啊。"伴随着一点点的眩晕，我只想快下车，带着儿子逃离这架绿色充满铜臭味的铁皮车。

下车后，我和孩子讨论起了司机的话，确实是平时或者说一直以来他没有机会接触到这样的关于"有钱人"的认识。

"司机刚才说的话，让你印象最深的是什么？"

"说有钱人都在浪费？在压榨我们？什么意思啊？"

"……

……"

有钱人中，有一些人积累了很多财富，就是有很多钱的意思，但是他们给社会提供了就业岗位给很多想工作的人创造了工作机会；有钱人中，还有一些人有知识、有文化、有视野，他们懂得很多，用新的技术推动了社会发展和进步。

"那司机为什么要骂有钱人？"

因为有一部分的有钱人确实像他说的那样，嘴上说的和实际做的不一样。但是也有一部分像司机一样想的人，他们误以为成为有钱人就可以想干吗就干吗了，以为有钱就可以过上自己喜欢的生活了。

"有钱了也不能保证不生病。"

对，所有人都拥有一天 24 小时，也许呼吸的空气不一样、喝的水不一样，但是一样都会有烦恼、有愿望，快乐的感受和痛苦的程度其实都有相似甚至一样的程度。我觉得能成为有钱人挺好的呀，就是你的钱怎么来的、怎么花的，这个很重要。但是随意去诋毁别人，无论对方是否有钱，都是不对的。

还有一件事，我总是会想起：

有次会议早餐，一位科学家坐在我斜对面，用餐差不多结束了，科学家拿起桌上的一小罐酸奶，用右手从一角缓缓撕开酸奶杯盖，然后我看见他用透明的短短的吸管横着贴在那层薄薄的盖子，把留存在杯盖上的酸奶捋到酸奶的塑料杯里面，再用吸管吸着喝。他时不时看看窗外，也和同桌的其他教授聊天……

以他的成就和地位，在我眼中就是一位有知识、有能力、有品德的"有钱人"。

2020 年 10 月 5 日

我一定要好好学习

周日的下午，小朋友非要跟着我去新校区工作，来回 2 小时的路途，等同于少了 2 小时的作业时间。想着至少这来回 2 小时可以和他聊聊天，我便答应了。没想到晚上又临时接了工作任务，等我回去看收尾的作业只能无可奈何+部分重来。

写着写着，他突然严肃地和我说："妈妈，我一定要好好学习！"

（老母亲的心都融化了！）

"你这么说真好！"

"我一定要好好学习，以后成为老大。"

"哦。"

"对，我成为老大之后，我就要让国家不给小孩子布置作业！"

最近，关于作业的话题又上了热搜，很多省份推出了各类制度，还有热闹的家长群，各地家长都期待着本地出现给家长"减负"的政策。不得不承认，我也是由衷期待的一分子。

前阵子看见一位父亲在家长会崩溃，因为老师说家长每次回复信息都很慢，看起来不关注孩子的进步，家长委屈极了没控制住情绪，蹲在地上哭起来。不得不承认，这样的心酸我也有。

总是看见新闻里孩子因被指责、不理解，因某个应激事件，让父母永远失去了孩子，余生活在自责、内疚和痛苦中。不得不承认，谁都无法保证孩子内心强大。

我对小朋友的态度总是被家里人指责，给我扣上一个"宠坏了"的标签。很多老人可能都这么看这一代吧。老人有多坚定，我就有多不接受。

我们都经历成长，所以我们是能感同身受的，为什么这么多成年人忘记了心里头的那个叫"自己"的小孩，喜欢被爱、喜欢被关怀、喜欢吃到糖、喜欢被称赞、喜欢被信任的那个小孩。可是转眼看看小朋友，在学校会面临各种压力：

人际交往——今天谁和我组队了，明天我被抛弃了，只能选其他的队员了；

师生沟通——和老师说了，让我问另一个老师，可是另一个老师说要问前一个老师；好像在老师的眼里只有那几个好学生；月考失利，奖牌被收回了，老师没说一句安慰的话；

学习成绩——又排名了，从最后的开始倒数，看见了自己的学号；

角色标签——班长和中队委员谁厉害，大队委员可以指挥谁，表现不好小队长被撤职；还有来自无数的别人家的孩子的标本。

家庭情况——家庭结构的变化、隔代的宠溺或者是缺乏共情、频繁变动的养育关系。

孩子只是孩子，他们还未到我们的角色，为什么要孩子知道父母容易不容易？谁定义容易？

强加给他们“懂事”这一针激素，太糟糕。孩子却总给父母“惊喜”这一针激素，太感动。

“妈妈，今天有 1 个好消息和 1 个坏消息，你想先听哪一个？”

“都可以呀，那就先听好消息吧。”

“好消息就是，昨天我口算错了 3 个，今天错了 2 个，我的语文也有一点点进步。”

“天啊，真是太好的消息！那坏消息呢？”

“坏消息就是没有第二个好消息了。”

所以，面对过去的“自己”为什么要去贬低、没有原则的比较、去命令、去怀疑，孩子的“现在”比父母的“小时候”优秀一百倍。

周日的上午，见我回家，小朋友让我进屋把门紧紧关闭。从一堆书本里搜罗出两张皱巴巴的测试卷，低落地说让我替他保密分数，不能告诉其他人。我看了一下两张测试卷的分数问怎么了，他说太差了，都要重新做。我说那就重新做好了。我看了一眼感觉错得不多，但每一处都赋分比较高，所以很容易扣到 60 分以下。但是同一份卷子就是有孩子可以做到不扣分。

讨论了半天，这两页重做得晚上安排上了。

于是就出现了第一段内容。

2020 年 11 月 12 日

关于爱的小事

蒸汽眼罩

临睡前，小朋友突然让我拿一副加热蒸汽眼罩给他（之前给他用过的两副都是我买隐形眼镜送的）隐约记得还剩一副，我翻了袋子临时找到了。他很开心，一边戴着一边往被子里钻，说："那你帮我把音乐盒转一下好吗？转到最里面，就是小王子的里面有只小狐狸和花的音乐盒。我想一边听一边睡。"

"好呀！好呀！"我按照他的要求转着发条，想真是个会享受的家伙。洗漱的时候音乐就已播放结束了，小朋友也已经睡着了。

学习之余，睡觉之前，还能想到用这样的爱自己，是一件好事。孩子能在这样的自爱中珍惜和享受当下，生活的快乐不过如此，如果总是不满足、不满意，那日子就只剩下苦涩了。

没有表扬

因为客观原因，这学期开学我便找了一个临时托管处"寄存"小朋友，等完成作业了再带回来。某日早晨，开车送小朋友去上学，路上他突然皱眉和我说感觉 L 老师（托管出的临时带班老师）好像不喜欢他，我问原因，他说好几个作业他和其他几个小朋友一样写对了，全对，但是 L 老师都表扬了其他小朋友，就是没有表扬他。其实，小朋友当天没有告诉我，过了几天才说的。（中间需要忽略前些天我和 L 老师的因为作业的沟通，我希望不是因为这个原因让老师产生了误会，但是确实之前有发生过一次关于作业的沟通）

"妈妈从来没有听老师说你表现不好的地方或者评价，所以从妈妈的角度看起来，老师并没有不喜欢你。"（但是确实我也不知道老师喜欢他不，所以我也不能骗他说老师很喜欢他）

"那他为什么不表扬我？为什么表扬其他人？"

"所以你觉得老师的表扬很重要吗？"

"当然重要啊。"

“嗯，确实，有时候老师的表扬很重要。但是如果老师天天表扬、事事表扬、时时表扬你，那么你还觉得很重要吗？或者说是真的发自内心在说你好吗？”

“我不知道。”（显然，他有些不确定。）

“所以因为表扬不是常常有，所以表扬才会变得很珍稀，如果每天都有，那就没有那么稀罕了。”

“那L老师是不是不喜欢我？”（在他问出这一瞬间的时候，我甚至冒出的想法是也许是不喜欢我。）

“我不知道她喜欢不喜欢你呀。我知道我很喜欢你呀。我想问你一个问题。”

“什么啊？”

“你觉得我们的血液重要吗？”

“重要。”

“很重要对不对，可以维持我们的生命的。”

“是的，很重要的。”

“好，那你知道吗？人遇到危险的时候，如果血液不够，输血可以救命，就是用医院储存的血，帮助生病的人，输血后可以继续生活，挽救生命，血是从外界输入到身体内的。”

“是的。”

“那你看，我们没有靠输血维持我们的生命，至少现在我们是靠自己的心脏造血，自己给自己输血，我们吃饭、喝水、运动，所以我们可以不依靠外界的血液，我们自己就是一个工厂可以运转。”

“嗯，是的。”

“所以妈妈觉得‘表扬’这个东西就和‘输血’很像，确实有时候我们很需要，它可以帮助我们，但是如果没有别人给我们的表扬，我们是不是自己也可以给自己呢？”

“嗯，是的。”

“而且，我看你经常得到五角星，虽然不是班里最多了，但也是老师给你的表扬，我也经常表扬你，你自己也经常表扬你自己，表扬还是很多很多的。可能L老师不想重复一样的表扬的话，也许她当时正好想其他事情了，所以没有表扬你，很正常。以后你还会遇到很多很多老师，如果要每一个老师都看见、都表扬，那真的挺为难老师的，妈妈也是老师，妈妈也没有办法表扬每一个我的学生，但是我也很欣赏很喜欢他们。”

“嗯嗯，我知道啦。”

关于尊重

周日中午，孩子突然和我说不想去托管班了，我赶紧问发生了什么事，他说老师说脏话，我追问是什么话、在什么时候说的、当时发生了什么事，等等。他说和小朋友们做好作业玩时，原本担心大家要分战队，他不能和喜欢的同学一组，后来大家协商好在一起，所以他很开心，于是他跑去和L老师分享，说“我和H一组啦，老师，我们不分战队了……”

老师说：“哦，关我屁事。”

孩子眼泪汪汪地说：“为什么她要说脏话呢，而且我很高兴地和她说，她还这样。”

我有点想笑，但是忍着，和他表示我会和老师沟通一下，可能有点误会，但是妈妈会站在你这边，于是，我跑去阳台给机构的负责老师打了电话。我想着年轻老师很可能是以开玩笑的口吻说，所以还是多沟通、化解误会，同时也给孩子做个示范。没想到一转身小朋友看着我，我脱口而出：“我可没说L老师哦，我只是想……”还没有等我说完，小朋友就说：“你告状也没有事啊，你告状也不要紧啊。”

我想，确实，妈妈已经为他打电话“投诉”了，他的“委屈”也就消失了。我喜欢身体力行地告诉他：“如果别人不尊重你，看不起你，你自己要看得起你自己，要爱自己；别人都尊重你，哄着你时，你不要把自己当回事，你要看得清你自己。”

真是因为“屁”字么，我想是因为这个字背后表示出的不尊重。所以无论几岁的孩子，让他有自我的意识时，他对“尊重”的需要就是本能。

2021年3月23日

给他一次陪伴的机会

可能是晚饭和同事小伙伴一起吃撑了，快到零点却睡不着觉。最近这一个月，好多次想半夜起来记录几句，懒惰的小人总是打败勤劳的小人，有压力的时候宁可刷刷看几分钟直播也不想去看工作的微信群或者朋友圈，甚至不想发任何照片和文字。

给他一次陪伴的机会

上周发生了一件有意思的事情，我把一些工作或压缩完成、或按下了暂停键，赶在晚上 7 点 45 回家，然后匆匆帮儿子的家校本签字，和他说带他出去玩。于是他带上心爱的玩具、背着运动书包，我拿着雨伞、背着米奇帆布包一起下楼，出了楼道我立马滴滴约了车，司机把我们带去了延安路。

我已经忘记多久没有走过延安路了，下车的时候路上淅淅沥沥有点小雨，他问为什么这么晚出来，我想掩盖一丝尴尬，于是故作神秘说："晴西湖不如雨西湖，雨西湖不如夜西湖。今天是夜晚的雨西湖，很美，我带你去看看吧。"他嘴巴上说好，但是却不愿意往黑乎乎的湖边走，突然说，想吃冰激凌。

于是带着儿子往热闹的地方走，来到东坡路，这一带还开着一些很有特色的小店，一间爸爸妈妈小时候的零食店吸引了我们，朝着店走去时儿子问："我可以买个玩具吗？""当然可以呀，还可以买点好吃的。"

小学高年级到初中，我妈总在我床底下放一个绿色的塑料箱子，都是她买一堆洗衣粉超市顺带送的，刚好可以竖置在床底下。里面装满了各种零食，每次写作业累了，或者饿了，我就会躺在床上吃零食。那时候我最爱喝均瑶牛奶，都不怎么喝水，所以一度胖到成年大象腿的体重。超市货架上的饼干也都尝过，我妈最爱给我买的就是 2+3、闲趣和赵薇做广告的好吃你就多吃点的名字我都忘记的饼干。以至于现在的我都不爱吃饼干了……每次箱子快见底时，老妈就会补仓。好像我吃得越多分数就能考得越多一样，所以每次考试前我就不吃箱子里的东西了，会有负罪感。

原本以为会挑选很多零食，没想到这间大概三四十方的小店被我们绕了两圈都没有选中想吃的零食。"妈妈，你看花花。"他兴奋指着高高柜台上的一个印有花花盒子的明信片，激动地说想买这个，我嗯了一声，他就跑去和店员说："姐姐，你帮我拿一下花花的盒子，在那边，我要买那个。"付钱的时候，我顺带指着一盒小小印着孙悟空图案的"灵丹妙药"，来一个这个吧，里面的小黑丸很清凉，尝一下。

离开零食店，雨也停了，漫无目的向北走。顺着马路，很快就到了 in77，在一个小亭子里挂满了红色的祝福牌，儿子随手翻了几张竟然翻到了一张写着"祝花花幸福快乐……"的牌子，很惊讶地说："哇，你看，这个是写给花花的。"活脱脱的追星少年。

和小少年搭乘扶梯走向地下一层，是一条美食街，吃了冰激凌和成都小吃，吃饱喝足的我们继续往前探索。一边走一边和他说延安路以前的样子，看见庆春路新华书店时他说要进去，可惜已经关门了，我想来从来没有带他去过书店。

而我小时候，妈妈总是带我去新华书店，直到现在我还记得对买玩具极其严苛的母亲，对买书这件事是毫无原则地顺着我的意。记得很小很小的时候，我家就有三本超级大厚书，就像现在谁家有很大的鸡血石、上好的和田玉、无价的翡翠抑或是散发迷人气味的沉香一般，那三大本书至今放在父母的书房里，名叫《辞海》(上中下)，我妈跑了两趟新华书店，花了几个月的工资。那时我眼里的这几本《辞海》，就等同于“知识的海洋”，我以为真有“知识的海洋”这本书，一度很认真地翻看，以为那样就可以考上清华或者北大了，现在想想，确实也没有错，毕竟连一本的十分之一都没有看完，没考上是情理之中，也不存在其他可能性了。

回神间，我们又搭上了天桥的扶梯，好像是第一次和儿子在庆春路的天桥上看风景，我和他解释“车水马龙”的意思，为什么要搭建扶梯和建造天桥，继续向北下天桥时，还看见了城市建设纪念馆的红房子，

好像又回到了中学时代，依稀记得这一片有浙大老校区、有银时代、有米奇专门店（老爸在这里花了几十元为我买过一条特价的米奇背带裤，他催我快点选，我拿起一条玫红色的，说就这个吧！）还记得那时麦当劳的香草奶昔是这个世界上最好喝的冷饮，必胜客的比萨和凤尾虾也是人间极品。

现在这里已经有了嘉里中心。和儿子跑进喜茶，因为有独一不二的可爱广告，加之我又想喝冷饮，恰巧他又想吃冰激凌了。何必想这么多，不如放开一场，我们美滋滋地各自享受。出门时，天降大雨，在屋檐底下足足等了近 1 小时的车，五六个 call 车软件同时工作，却毫无进展，像极了现在工作上的各类竞赛。一点点消磨了我们的耐心。

“真是不好意思，原本以为是开心地玩一下，没想到让你等这么久。”

“没事啊，你不用对不起，毕竟我也看了这么多有意思的东西。别的同学都在家呢。”

“确实，人家已经睡着了……”

原本是想给他一次陪伴的机会，最终变成，他陪我给我一次陪他的机会。我的心里有点酸甜苦辣涩。

2021 年 6 月 22 日

知难而退的本能 PK 迎难而上的勇气

上个月有次陪儿子写作业，他炸毛了，不想写，也刺破了我的情绪气球，真的很生气的那种气！

“妈妈，我真羡慕你，你又有权力，又有能力，我不可能像你一样，我不会做，做不好这些（题），我也不想做。”

在孩子的眼里，权力可能是看见过学生帮我拿快递？是我可以协助小伙伴组织一些活动？是因为学生努力获奖得到了掌声，可以与他们站在一起？还是有时候在电话里帮同事分析问题和讨论对策？这么小的孩子又是如何评价能力的呢？我脑袋里也瞬间闪现了一些联想。

能力越大的下一句，是责任越大？压力越大？权力越大？还是办法越多？

现实生活里，我也有很多羡慕的人，有的是学识或者聪慧、有的是容貌和时运，就好像随着年龄的增长，我已经从羡慕刚入校的学生到羡慕这些孩子的家长们（孩子拥有一张不错的高考成绩单）；再仔细想想，我也会有时羡慕别人的能力，惊人的记忆力、若口悬河的辩论才能、缜密的思维抑或其他。所以小朋友说出无知者无畏的心声，不过就是像无数次我羡慕别人一样，将这一束投射落在我的脑壳上。

“羡慕你的权力和能力！”

前几日，去校区看军训的学生，看见他们身着（比十几年前）质量好很多的迷彩服，有的女孩脸上好几层防晒霜，我还对一个小姑娘开玩笑地说：“哎哟，不错，牙变白了。”今年的 7 月特别炎热，出伏后的气温丝毫没有留情面，下午三四点钟的太阳，比延安路、平海路口的辣妹们要辣多了，没有风雨的日子，学生经受了短暂的几日风雨，实属不易、略微不忍。刚军训时有学生“划水”，恐训，被我们发现了，这么热的天，军训真累，想放松，没错，这是本能。

前几日和学生座谈，提到了科创竞赛的焦灼和烦恼，原本以为是技术难题，后来聊着聊着变成了日常，譬如这么辛苦最后加分有多少、有没有包餐、去比赛了费用谁出？有些问题是信息不对称造成了误会、有的是个人理解存在着偏差，同时也启发着我们做好制度的完善和必要的提前通气。当然，除此之外，我对自己说，理解、理解再理解，包容、包容再包容，支持、支持再支持，这么热的天，PK 真累，想宽松，没错，这是本能。

弗洛伊德关于本我、自我、超我的内容书店里有详细书目解释得一清二楚，我只是想有感而发地轻轻对自己说，把知难而退的本能努力变成迎难而上的勇气。是否能变成不知道、是否可以拥有这样的能力不知道，但是“努力”就好。前几个月，一个来电询问是否有合适的工作可以申报个材料，小伙伴问我有没有，我第一反应是“有！”等电话挂断，两人大眼瞪小眼，“扑哧”一笑，意思是答应倒挺快，东西在哪里？没一会，领导进门，就逮着机会向领导汇报有这么个事，领导“嘿嘿”一笑说：“你定。”看小伙伴特别忙，我唤来兼职的小精灵，这个事咱们俩商量，确定，离上报日期还有两、三周，慢慢来，不着急。

省略几百字……材料顺利上报。

其实在汇报领导前，也有小伙伴问我，这个有啥用？我不知道，所以我就说：“参加了再说，就当见见世面咯。”

（就好像我在一家网红餐厅，进去吃饭前，少有思考这道菜可以补充我哪些匮乏的微量元素，那道菜背后的故事来源于儒家还是《孙子兵法》还是《一千零一夜》等，我来打卡吃饭，为的就是体验，有意思好玩的我就从欢迎光临到欢迎下次光临，没意思不好玩的我就想着一次上当、从此死心、一劳永逸、价值连城。）

这一次带着一份调侃式的迎难而上的勇气，让知难而退的本能“闻风丧胆”一回。想想却有些后怕。

孩子，我和你一样在想、在看、在羡慕，为什么那么多人能做出这么难的题，背出拗口的古文，写出线条优美的字母，你在羡慕别人权力和能力的时候，别人在干什么？是不是这些人都在用一份勇气战胜自己的本能。

2021 年 7 月 18 日

放松的周末妈妈

7 月的最后一天是放松的周六，做了两天合格的妈妈，见了认识 18 年的同学，转眼 2021 年的 8 月来了，日子真快。

最近两日道馆的老师问："这两天都是你送呀？"我不好意思地说："嗯，也就这两天。一年到头也没机会陪他训练。"于是这两天在道馆的 3 小时里我翻阅完一本书，顺便悄悄观察。最近的训练都是体能和实战，上半节课孩子们跑一跑、拉身、模拟，下半场要穿着实战的护具服对打一番，有趣的是不少男孩子都不太敢真打，脚背不敢重重踢向对手的胸口，旋转半身给对方一脚也时常踢不到真人，而是在空气里花拳绣腿。记得有一次，教练把我儿子拉住，让他站着，再把另一个小男孩拉过来，和他说，你重重踢，用力踢！儿子像个木桩站着，等待着小伙伴的有力一脚，我也很期待那一脚。但是儿子纹丝不动，说明对方"脚下留情"了。看着儿子肉乎乎的样子，不免感慨小男孩缺少了"打架"的氛围，光明正大的"打斗"机会放在眼前，也未必能体验到"打架"的热血和乐趣。

说起实战穿护具，我特意装傻，看看孩子怎么做。下半节课开始了，他看了我一眼就自顾自拖起护具背包，我扫视了下道馆包括我只有两三个大人，一位妈妈很熟练地站起来帮孩子穿戴护具，我看了眼儿子半跪在不远处整理自己的装备。从保护四肢的、小 JJ 到前胸后背，因为背后的绑带孩子是无法独立完成的，所以他跑去教练那排队等着教练帮忙整理确认，之后就开始上课了。这过程我看在眼里，微笑在心里。希望你能保持这份独立，善于求助和积极沟通，还有，要慢慢长大。

下课后，和儿子交谈，他问我在看什么书。（训练的时候还在观察我在干什么）我说是关于怎么和孩子成为朋友的书，作为家长该如何改正自己的不足。

"哦，那你学会了什么？"

"保密，我还要好好想想怎么做。"

睡觉的时候我在回忆记住了什么，记住了关键词未来又该怎么做。比如，关于干预和支持，什么时候家长以"我是为了你好"的出发点在干预孩子，不要做什么，以为这样是为了孩子好，但是事实并非如此，因为干预代表着父母的需求，而支持是真正看见了孩子的需求是什么。

还有一个体会也特别深，关于让孩子"拥有"自己的生活。因为儿子正处在思考能力呈倍数增长的阶段，认知发展正在悄无声息地变革，我发现陪他的两天，他的作业完成情况基本是在我的"驱赶""哄骗""吼骂"不同排列组合中完成，但是我上班的时候，他独自在外公的协助下可以把作业基本完成（忽略正确率的前提）。我有些疑惑，想起从道馆回家的路上我们的对话：

"我发现一个很奇怪的现象，我不在的时候，你能自己把作业完成，基本吧。但是我这两天看你做作业怎么这么费劲啊、为什么这么拖呀。是什么原因，你能帮助我一下吗？"

“妈妈，是这样的，你不在的时候我是习惯早上起来先吃早饭，再休息一下，然后完成一点作业，下午呢睡觉或者玩，我会留些作业晚上做的。”

“然后呢？”

“然后你看今天早上，你就让我先写作业，写点再吃早饭，我不想这个时候写。还有中午，吃好饭你又让我写作业，我想看动画片。”

“哦，所以是你的时间安排、作业安排，和我的是不一样的，我们的习惯不同。这两天因为我还带你和小朋友见下，所以就打乱你的方案了。这个倒是比较特殊的情况，因为别的小朋友要上培训班，所以要凑他们的时间。所以你的作业时间肯定就乱了。”

“是的，所以也没办法。”

是啊，你说得很有道理，看上去我在帮你安排更多玩的时间，所以擅自调整了你的作业计划，想着支持你（玩），但实际操作就变成了干预，你难受我别扭，还是得我改！我先改！为了心里的那盏灯，先照亮品质、后看见努力，最后才是成绩。

2021 年 7 月 31 日

人会因为一些事情有所触动

标题的这句话是在师生聚会上恩师说的。

我一直关注初三班主任张英飞老师的各种“动静”，前阵子看见张老师在朋友圈发关于退休话题的照片、文字，当时就想要和老师聚会，和同学们一起祝福老师荣休。心里又多一份喜悦，因为张老师可以有更多的时间陪伴父母、爱人、孩子，还有两只可爱又乖萌的小贵宾和比熊犬；心里还多一份幸福，因为曾经一个个“少年的我们”能因为遇到张老师，如今有那么多的欢笑和美好的回忆。这些所有，让我们在这美好的夜晚变得元气满满，对往后日子充满新的动力和新的感悟。

学渣心里的学霸梦

回想我们这一桌小伙伴，数我初三的成绩最差了，是在班里从 50 名考到 46 名还会被张老师表扬的那种“很多老师眼里”的差。但是张老师鼓励我去探索了许多除了学习以外的其他发现，比如代表班级去跳独舞，因为学习成绩一直在潜水或者说沉到了水底，所以初三学校要组织文艺比赛的时候张老师直接推我代表班级跳舞，现在回想确实是很不错的“策略”，我也算是为最大程度提升班级平均分而贡献了我的力量！我妈妈去裁缝店扯了一块布，让师傅做了小背心+筒裙，我妈用绿色亮片贴纸剪成水滴型贴了一圈同时用绿色的线缝上加固，就这样拿了奖为班级争光。这条裙子和这支舞蹈还陪伴我在大一的新生才艺比赛，我是那届学校的舞蹈之星。早在初三，张老师就为我 4 年后拿下了这个荣誉提前修了跑道。

还好泡饭同学参加了这次与恩师的聚会，帮我作证，因为好多同学都忘记我曾经在初三校运会跑过 3 000 米的事情，泡饭是在 3 000 米终点拿着矿泉水等我的人。校运会很多同学都报了或擅长或喜欢的项目，而我是很不喜欢参加运动会的人，因为小学参加过一次短跑拿了第 6 名，感觉到失落和羞愧，从此就没有参加过运动会项目比赛。初三那年的运动会，报名尾声发现女子 3 000 米没有人报，张老师写了我的名字，之后和我说报上去了。我心里愤愤不平，因为老师没有提前和我商量，没想到跑步那周大姨妈来了，老师很担心我，亲口说让我放弃别跑了。我心里叛逆的劲上来了，想着：就要跑，就要跑，最好跑生病让你愧疚。没想到不但没跑生病，还跑出了体育的高光时刻，因为第 1 和第 2 名都是学校田径队的小伙伴，我跑出了第三名的好成绩。上了大学我们学校体育课和体测一直要求跑 2 400 米或 12 分钟，我从来没怕过，因为 3 000 米的经历已烙印在我的心上，这就是“没有比脚更长的路”但凡能坚持就必定可以抵达终点的最好体会。

整个初三在我们这个文科尖子班里，我的成绩一直没有排在 45 名以前，但是舞蹈和体育是不得不说的有趣话题，直至此时我也依然喜欢音乐、舞蹈和体育，它们是生活里不可或缺的元素。我一直给自己积极暗示，也许每一个成绩上的学渣，可能是某一个领域的潜水学霸，而这一份积极暗示是源于最可爱、最美丽、最具有同理心的班主任张老师。

念念不忘 必有回响

上初三的时候，我还特别喜欢解梦，像小何同学说的一样，可能上学时，我除了上课不认真听以外其他时间都观察敏锐、洞察深刻、体验丰富。我是一个很爱做梦、很爱分析还很爱分享的人，所以每天早上 5 点就要起床，赶到学校先抄学霸的作业（亮同学是这样描述的），抄完作业后静待小伙伴们来，开始玄玄乎乎地自我分析，把前一天的梦好好解读一番。

我还记得我曾经跑去书店买了一本弗洛伊德的《梦的解析》，还安排了笔记本准备摘抄书上的美文美句，因为很多名词无法理解，也没有想象中的美文美句，没坚持几天笔记本就下岗了，书也被打入冷宫。原来理论上的梦的解析和实际的梦的瞎解析是很不一样。虽然没有把书读完，但是依然很爱分析，觉得梦里的神奇境遇和出现的人都非常有意思，每一次的梦都像在体验一种人生，每一个梦好像都延长了生命的时间，每一个醒来回忆梦的过程即是自言自语，但是在诉说的过程又因为被讲述者（我）加工了，而像一个原创故事一样丰富了生活的体验。

提到这一段，我回想起初中那会我特别迷刘墉，除了刘墉的书连他儿子刘轩的事也想办法了解，喜欢他书里分享的点滴，比如给儿子写的信、写女儿成长的经历，写关于如何看待自我成长等的观点。谁能想到初三毕业后差不多过了 10 年，我拿到了心理咨询师的证书，慢慢开始了一份自助、助人的工作，每一次结束了和学生来访者共同工作后，我会不禁回忆这些孩子就是在某一个领域具有潜水学霸气质的孩子呐。每一次和成人来访者咨询结束后，我也时常会涌出一些思考，比如童年的创伤如何面对，人际关系的背后是什么。有学生曾经问我，他在书上看过一段话，意思是幼年或者青少年时期的创伤真的需要一辈子来愈合吗？我不敢苟同这样的观点，确实奥地利心理学家阿德勒说过类似的话，但是我想这句话是在特定语境下和网络传播力的作用下被“曲解”了。我们已经离童年很远了，我们可以保留童心，无论童年是否幸福，在成长的路上，保持一份学习力和积极的心态，用智慧和积极的体验治愈过往、启迪未来，把心力变强，让未来变好，这样不是也很有意义和价值吗？

像老师说的一样，人会因为一些事情有所触动，但是这份触动可能不会即刻变现、得利、成功。“事情里”必定包含着一些人，所以我理解我们也会因为一些人所有触动。无论人也好、事情也好，都是神秘而未知的关系，时间线索会带领我们去往未知的领域。生活的美好就是因为无法预测未来，然，每一个未来不正是因为过往和现在交织其中而产生了反应吗？奇妙而无限的生命宇宙。

有一天，一位初中男孩和老师说：“我好像喜欢上了一个女孩，因为我经常会在楼道、食堂或者哪一间教室遇见她，老师你说我和她是不是很有缘分，我喜欢周末放学时和她一起走到校门口，我们可以道别或者聊天，我太开心了。老师，这是不是爱情呀，我好像爱上了这个女孩。”

看着站在面前的男孩，老师回应道：“嗯，看起来你真的很开心，你的高兴也传递给我一种很好的情绪。我不知道这是不是爱情呀，但是如果你愿意的话你可以试试看，比如你换了一条回宿舍的路，或者你选择另一个方向去往教室或者食堂，这样是不是还会遇见这个女孩。”

男孩家长也发现每次放学都会看见儿子和同一个女孩告别，内心有些纠结，但是也不想给孩子们贴标签，老师和家长说，不必每次都来接孩子，可以来两次，停三次，那三次让孩子自己回家吧。

一段时间之后，男孩面带微信，略显羞涩地和老师说："老师我感觉我和那个女孩好像也不是想象中的那般有缘分，有几次没走之前的路，我就没有再遇见她了，频率变少了，她好像也没有带给我那种感觉。这应该不是爱情嘿嘿。"

会因为一些事情有所触动，人因此成长。

2021 年 8 月 10 日

被扔到九霄云外的家长会

虽然已经过去两周了，但是我仍然心有余悸。

两周前的某天，孩子学校提前通知近期召开线上家长会，我在脑海中确认了时间，还和小伙伴提及过那天的家长会可能得在高速上边开车边听了。

很快就到了家长会这一天，我依然在白天提醒自己晚上这事，毕竟是孩子校园学习中作为父母少数的能积极参与的重要（家长）任务之一。

下午 4 点，我从市区的单位自驾前往单位另一个校区，跨市。和同事简单过了一遍工作后，准备晚上 6 点开党支部的会，因为一位重要的领导要参与晚上的支部会，所以我们格外注意，提前检查电脑、投影是否正常，空调、茶水是否到位，与会人员通知是否全面。我还和同事说，椅子摆放后要自己坐一下，看看脚是否被桌腿给挡了，开会时无论是谁都要坐着舒服点，甚至也要注意摆放椅子的张数和与会人员的座位如何对应。脑子里被开会这个事占据了大半。

6 点准时开会，6 点 30 第一阶段的会议议程结束了，这个议程过后，原本计划中我可以先走，然后打开手机开始线上家长会。但当时我真的把家长会的事忘得干干净净，继续参与第二阶段的会。差不多又过了 45 分钟，我先结束了工作，准备带着同事自驾返杭。路上我们聊家长里短，我先送同事回家。等我到家楼下，拿出手机准备看看错过了什么通知时发现好多家长在群里说感谢、辛苦，还有小红花。我疑惑了下，瞬间感觉自己被击打了。

家长会结束了？！是的！

于是我趁乱赶紧感谢了老师。正准备点开微信去道歉时，看见老师在家长会的群里表达了对各位家长的感谢，还提到了一句，后台都有记录，能看见家长的在线时长。也许老师是对很多家长说的，但是那一刻我觉得她就是在说我。于是第一时间我向老师道歉了，我确实忘记家长会这件事了。

虽然这也不是第一次了。

但是这一次显然我的内疚感更强，于是我在车里哭了起来。难以克制。我难过的是明明提醒了好几次晚上有家长会，我竟然忘记了，明明可以在路上参与的，竟然也忘记了。回到家，还是被发现了我的眼睛红红的，小朋友问我怎么了：

“我做错了一件事情，请求你的原谅。”

“什么事情啊？”

“我忘记参加你的家长会了。”

“啊~”小朋友刚要露出失望神情的一瞬间，收住了叫声，立马改口说，“没关系的，不就是没有参加家长会么，这样也挺好的，老师批评我的话你也听不见了。”

“老师可没有批评你，有两页 PPT 上我还看见了你的名字。”

“真的吗？”

“真的，我可以给你看。但是我还是非常内疚，我觉得特别对不起。”

我们一边说，一边走进了孩子的房间。

我坐在床上，止不住又流下了眼泪，我难以控制，和他一边整理书包，一边在表达我心里的难受和愧疚。他一直在安慰我，说下一次去参加就好了，这次没参加也不要紧的，又不会有什么影响。

“你这么忙，也不可能每次家长会都参加，我不会生气的。”

“你可以抱抱我吗？”

孩子给了我一个拥抱。

原本我想着在车里难过结束，回家就好了，但是确实当我们的悲伤里包含着委屈、歉意、愧疚时，一时半会真止不住。

原本我还想要不就善意的谎言吧，就说我参加了家长会，他也不会知道，但是如果谎言说出口了，我可能更内疚吧，甚至还要掩藏自己的复杂情绪。在车里我想到了之前网络上发布的一篇报道，一位父亲在孩子的家长会上情绪失控、抱头痛哭，因为老师误会他不重视孩子的教育，不在乎孩子的成绩，而事实那位父亲就职于互联网公司，工作繁忙。两周前，我在车里深深共情了新闻里的父亲。

所以还是坦诚告诉他我的失误，告诉他我的无意伤害。至少不需要一层又一层的掩饰与欺骗。

我不知道是否其他家长有和我一样的经历，或者可能也许未来某一天你也会面临相似的境遇。为什么我选择坦诚告诉孩子大人的失误，原因有多个：

我流眼泪的时候我会告诉孩子我的伤心，我气愤地狠狠踢塑料凳子的时候我在告诉孩子我的愤怒，频率不能太多，但是情绪的宣泄和表达是需要的，示范我们每一个人都逃不过喜怒哀乐，成年人都难以保证每一次情绪稳定，更何况孩子受生理发育的影响，所以孩子比大人容易发脾气是极其正常的事。有情绪，要表达。

坦白告诉孩子，我做错了，不是一个满分的妈妈，永远不可能满分。因为我过于专注工作，导致家长会的错失，是我作为成年人没有合理安排好工作与生活，是自我管理或者说时间管理过程中的失误。承认自己的不足，示范我们每一个人都不是完美，作为家长也不要苛求自己孩子完美和优秀。

我见到很多人，对“学生”孩子说，要考第一、要考 100 分，甚至我记得小时候坐在父亲自行车后面和他说期末考试语文数学双百，能不能买鱼片？（因为父亲答应过，如果考试双百就可以买一包鱼片，小时候的鱼片是透明包装，四周一圈大红色线条，金鱼牌）他先没有说话，轻轻“哼”了一声，然后说，考一百有什么的，你应该的呀。很多年后，”学生“孩子长大了，进入了职场成为了一名“职场孩子”，此时父亲却说，工作那么拼干什么 ，哪有那么忙，多管管孩子多顾家里，你们单位离开你就不行吗？甚至前几年有一天深夜，凌晨，我在医院挂盐水，父亲没和我说，听说我到家没进家门，直接开车去医院挂水了，跑来急诊室看我，他说，钱是赚不完的，工作也是有限度的，有些社会工作没必要参与。我只能劝他先回家，我还要一两个小时才能结束。

很多家长在孩子是学生的时候拼命让孩子努力、奋斗，但是当孩子成为职业者角色时却告诉孩子业绩不是最重要的，要学会放下和甚至偷懒，工作中家长让孩子偷的懒，就是学习中家长让孩子放弃的附加题，甚至很多都不是附加题，而是选择题、填空题。这一点对很多女孩而言更加如此，上学的时候要第一名，工作以后却要求以家庭为主，上学的时候要全面发展，工作以后要关注孩子的成长，慢慢地，把自己的梦想遗忘了。

给孩子权力，他选择宽容。我坦诚了错误，得到了孩子的谅解，同时我说：“你可以生气的，你也可以责怪我，我也应该为我的所作付出些什么，比如接受你的批评和生气，你也可以不理我，像以前我生你气时一样。”但是孩子丝毫没有因为这个事情埋怨我，反而一直在宽慰我，甚至把他做的手工拿出来展示以转移我的注意力。我一边说话，看他的作品，一边控制不住地掉下眼泪，一边擦。虽然也不是第一次在他面前流眼泪，但是当下我明明就是一个孩子。

家长有权力时，更多想到的可能是如何通过权力去控制和要求孩子，而孩子有权力时，更多期待和家长在一起共同行使权力，比如玩。

今天码字时小朋友想用我的电脑画画，我说让他先玩，我晚点再写东西，他说：

“你先写，你写好我再玩。”

“那可能没啥时间，我写东西比较慢。”

“我玩好你再写，晚上又要很晚睡觉了。太晚了。”

“没关系，你先玩。”

时间有限，抓紧玩。未来谁也不知道，在每一个当下，体验到生活的乐趣和价值，有温度和人情味。至于卷子这些，有高分当然更好，没有也没关系，十几、二十年后，我希望有机会对你说：

“小时候不也是考得七零八落的，现在工作也一样，你真的努力了、尽力了就行，工作只是生活的一部分。确实有的人努力了可以考满分，而有的人考 70 分也真的是他拼尽全力取得的‘满分’，前者和后者都是一样努力。”

很多事情，都是如此，不苛求、不强求，但是有所渴望和要求。

2021 年 12 月 12 日

无论几分 爱你满分

6:50 小朋友定的闹铃响，7 点我到他的房间，看他已经都穿好衣服了，10 分钟刷牙、洗脸，10 分钟吃好早饭，之后就是催我，催我快点洗脸，快点换衣服，快点出门。我问原因，他说想听 91.8 主持人小学的开场。

我们出发了（比平时出门提前了 20 分钟）当时广播里已经预告了针锋相对的话题，我们都以为错过了开场，有点遗憾。7 点 35 他到学校，等我去单位的路上才发现前面是预告，我们并没有错过开场，于是我独自听着小学的登场和话题开启。这也是这学期他第一次这么早到学校。

今天期末考试。

时间回到周五，一个紧急的工作打破了我们的计划，导致周末我没有办法监督他温习功课，于是紧急之下，周六找了小助手协助。虽然期末了，但是我们依然一边在攻击和防御模式中挣扎复习顺序和内容，另一边又都想一同逃离这种焦虑和恐惧的学习氛围，于是回头看，跆拳道没有暂停，和朋友及朋友家的小朋友一起约会吃饭的计划也没有暂停，甚至买了盲盒、吃网红蛋糕，样样都占据了十分珍贵的临阵磨枪的考前周末。

其实我是不喜欢考前杀猪式复习，从他上一年级开始便是如此，考前不会刻意复习很晚，考前不给条件交换，考试当天也没有仪式感比如吃俩鸡蛋+香肠，等等。毕竟如果这些有用那就早用了。哈哈，关键是这些都是自我安慰罢了，学了多少这家伙心里比我有数。

人死了就不用写作业——消极到积极。

和前几年或者说前几次重要考试相比，今年的期末明显感受到他有一点压力。比如周日中午，

“妈妈，是不是人死了就不用写作业了？”

“是的。”（我内心疑惑，为什么做个作业要用聊到死）

“我真羡慕，这么多作业我肯定是做不完的。要是不用写就好了。”

“确实，人死了不仅不用写作业，好吃的也吃不到，好玩的也玩不了，好看的风景也没机会欣赏。最关键的你知道是啥吗？”

“是什么？”

“如果因为不想写作业就去死的人，比如不想做某个具体工作就去死的大人，这些人都挺没责任心的，他们自己舒服了，解脱了，但是他们的好朋友、爸爸妈妈、最喜欢的老师、家里的宠物，等等，这些人会非常伤心、痛苦。所以那些只是不想写作业或者工作就去死的人，其实心里是很懦弱的，他们心里只有他们自己，没有爱他们的家人，没有考虑到别人的感受。”

“哦”

“你是不是觉得作业很多？”

“是的。”

“那你刚才说肯定做不完？”

“对啊，我肯定做不完。”

“你觉得是你一个小时内做不完、今天做不完还是永远都做不完？不吃饭不睡觉都做不完？”

“我不知道，可能是今天吧。”

“对呀，只是今天做不完，不是永远都做不完，所以还是有做完的时候，只是和自己的目标有差距。再说，真的做不完就算了，可以申请和老师说不做了。前提是你真的努力做了，没有做完，我肯定支持你不做。但是如果因为你想玩手机不做，那我真的没有办法支持你。除非你说你玩好这几分钟，下周你不碰手机，你做得到

吗？能做到，那我们现在就先停一下，先不做，先玩。”

“算了，我先写吧。那我能不能和你商量，有几道题说啊，不用写。”

“当然可以啊，我们是可以一起讨论、商量，一起决定怎么复习的。你有你的权力，毕竟考试的是你，会不会题目自己最清楚。”

我考 0.5 分你还会爱我吗？——爱到天荒地老

周日晚上，我们聊到分数的话题。

“快睡吧，明天还要考试呢，记得我和你说过的话就行。”

“那你觉得多少分好？”

“我觉得你仔细审题了、尽力了，考多少分都好！100 分、90 分、80 分在我心里都是一样的。”

“那如果我考 50 分呢？”

“50 分也很好。”

“那要补考的，老师说我是要补考的人。”

“补考就补考，多考一次，说不定不会的题就会了，没关系，我会陪你的。”

“那如果考 30 分呢？”

“30 分也很好。你说老师说你是要补考的，但是还没有考，老师怎么知道你会补考？所以可能老师是为了激励你才这么说的。虽然我不太赞同老师的做法和说法，但是我能从她的话里听到对你的关注。”

“那如果考 10 分呢？”

“10 分也很好，我也和现在一样爱你。”（其实这个时候我忍住了一个小秘密，我上高中时，150 分的数学卷子我曾考过 9 分，属于蒙的都错了，做的都不会，不能算运气不好，完全是靠“实力”取得的战绩。好像我妈都没有骂我，毕竟那时候我爸妈已经放弃我的学习了哈哈哈）

“那如果我考 0.5 分呢，你还爱我？”

“爱呀，你考 0 分我也会爱你的，放心吧，考多少分我都是和现在一模一样。睡吧。”

我经常会把小朋友逗趣的语言和顽皮的举动记录下来，因为成长很快，孩子的成长如同一棵棵小树，有的枝丫可能不好看、有的树上不会结果、有的树叶会黄、有的就是灌木、有的可能是松柏常青，但是无论怎样，当它们都是种子的时候就已经决定了他们破土的力量与生俱来，就无法改变他们的属性。

“妈妈，我把《童心向党学热词》这本书送给小姐姐了。”

“哦，好呀，为什么呢？”

“因为我看完了，也不需要了，但是小姐姐家有个小弟弟上一年级，可以让他继续学。这本书也很新。”

目前的纸质试卷上是不会考“分享”“爱党”“感恩”“大方”“同理心”但是生活会。

早晨我在办公室看《人民日报》公众号关于奥利奥小妹妹的故事，潸然泪下，下午我在开会间隙看杭州日报刊登的天才儿子金晓宇的故事，感慨系之。

孩子，你来过，便爱你永恒！

孩子，我走了，爱变成永恒！

2022 年 1 月 18 日

写给妈妈的一封信

妈妈：

今天早上在去工作的路上，听到了《萱草花》这首歌，我的眼泪流下来。想到很多小时候难忘的画面。

我推测应该是 1993 年，音乐课唐老师推荐我去参加市里的唱歌比赛，进入决赛后，为了更好地练习，老师提到是否可能家里买一台录像机，在家好好训练。那会儿一台录像机要小 2 万元，我记得你和爸爸商量来商量去最后咬咬牙买了一台放像机，那个年代只有日本进口的，我记忆里好像是万元左右，至少大几千吧。比赛是在电视台播放的，不仅承诺给参加决赛的孩子专门拍摄每人一支 MTV，我还额外收获为赞助商的一款儿童饮品拍摄广告的机会，那个年代对于一个普通的小家庭而言是值得骄傲的事情。那台放像机让我更加珍惜学习音乐的机会，让我知道你们很爱我。上了初中，我依然很喜欢音乐，辗转我们找到了管老师，老师提出的第一个要求是我们需要买一架钢琴，记得那时候有很多六七千元的国产钢琴可以选择，但是你一家家带我去找，从完全不懂这 88 个键的乐器发声原理，到了解了每年还得调音、如何保护，从担心这大家伙该如何搬进我们的小家，到记忆中你果断花了 16 000 多元买了一架进口钢琴。我非常努力地弹琴，周末我可以在琴前一坐就是 4

个小时，每周去老师那检查作业几乎都能一遍过。我非常珍惜学琴的机会，我知道去超市菜场不愿意花 2 毛钱买塑料袋的你在“支持我学习”这件事情上极其慷慨，甚至奢侈。高中时好几位同学家都有台式电脑，我很羡慕，我说我很想买一台电脑，那时我的成绩真的不好，你嘴上不答应但是转身就去朋友那问笔记本电脑的品牌，我的第一台电脑品牌是京东方，你带我坐公交车单程要两个多小时，去文三路的颐高电脑城，我记得很清楚，我们边问边找就近的农业银行，花了 11 800 元。身边很多人都觉得不可思议，这么忙碌的高中妈妈竟然会给孩子买一台电脑还是笔记本电脑。后来班里同学杨 Y 借了我一整套 VCD，我用这台电脑偷偷在被子里用了 3 天时间追完《薰衣草》，边看边哭。回头看，这台笔记本是你对我的溺爱、对我的信任、对我的包容。

而以上小学、初中、高中三个阶段中你的工资仅仅是从几十元、几百元到不足 2 000 元，但是仅仅这三次消费就用了 3 万多，你不吃不喝要多少天？你算过吗？你说你宠不宠我？你是不是太宠我了，而且你也很酷！

今天我也想和你聊一聊我和我的孩子的事情，因为你总是说我太宠他了，而我认为我没有。最近，因为孩子吃面条筷子该怎么使用的事，我们三人又发生了略激烈的口角，确切地说是你和他的争执，我虽然也批评了他但是更多时候我站在他的身边指责了你。这些事情时不时会发生在我们身上，我们相互指责时会说出伤害彼此的话，而那些话说出来便收不回去了，甚至就种在了心田，像蒲公英随风飘零，随尘土安身。而每一次我们又都习惯以沉默对抗，又过了几日好像事情烟消云散，有时我会看见厨房你的背影在微微颤动，有时我看见你侧睡在床上的身影前有手机柔光透出但是你已经累到打呼噜了。

今天没有什么心理学什么事，仅仅是我作为母亲，我想和你这位伟大的母亲分享我的想法。

小时候我害怕和你分开，所以你还记得么，上幼儿园的我为了要和你去街上玩，死拽你的自行车后座，你无奈答应带我去街上，路上我们的自行车摔了，我鼻子被摔开，无麻药缝了 7 针，缝针的画面历历在目，但是我不觉得疼，因为我和妈妈在一起。和妈妈在一起有安全感，所以我要和孩子在一起，当你们发生争执时我不自觉会站在他的身边，因为我觉得这个世界上唯有妈妈是毫无条件理应站在孩子的前面为他挡风遮雨。他做错事了我也会惩罚、我一定会惩罚，我小时候你惩罚我用得最多的是什么你还记得么，是打，很痛啊，所以我暗下决心绝对不能像你打我一样去打我的孩子，如果未来你要替代我去教训他，我可能还是会惹你生气。

现在的孩子和我小时候已经完全不一样了，所以如果你还是像带我的方式管他，总是在他面前举我小时候听话的例子，效果适得其反，一方面不可能复制出男孩版的我，另一方面还可能“毁灭”了一个独特的他。“毁灭”一词有些夸张，但是很可能弄丢一个有思想、有主见的善良的孩子，怕和我对他的期待相距甚远。自他能听得懂我说话起，我就告诉他很多我和他重要的关系，比如“我是他的好朋友其次是努力成为他的好妈妈”妈妈是很重要的权威角色，但是我不希望他害怕权威，他需要尊重权威，未来班主任、老板、上司甚至他的妻子都可能成为他的权威，但是我希望他尊重别人，而不是怕谁，因为人和人是平等的，所以你、我、他也都是平等的；“可以不听妈妈的话但是要告诉我不听话的理由、要有道理、要通过表达影响说服我”，学会沟通、学会表达，不是冷暴力，遇到苦难能宣泄、遇到困难敢克服、遇到挑战善战能勇；“没有很多玩具，需要玩具先尝试自己做”延迟满足，让他学会知足，得到礼物，他便珍惜；“老师说的不全是对的”我很高兴他会告诉我学校里他看见的老师的缺点和一些疑惑，不盲目崇拜和迷信权威，会辩证看待问题，不欺负弱小；“遇到困难学会求助而不是等妈妈来解决”虽然忘记戴口罩不太好，但是他会向校门口的校长“借”口罩，老师放学推迟下课我觉得没错呀，但是站在他的角度看他向校长“投诉”老师延迟下课 15 分钟我觉得也没有错，更何况他是代表不少同学表达心声，这些也是难能可贵的勇敢。

他还小，但是他的能量每一天都在增倍变大，我正值中年，但我的能量是消耗和积累的博弈，你步入晚年，我期待你能多让自己快乐和幸福……也许我给他买的裤子不是最舒服的，我给他选的衣服不耐脏，我一次买的彩纸卡纸太多了，我不会烧糖醋里脊总想叫个外卖省事……这些是我做妈妈的权力，也是我作为妈妈的权利。

如果我给你打分，你肯定是 99 分妈妈，按照你的标准我很可能是 59 分妈妈，但是无论如何，我要的是自己看那 41 分扣在哪儿，而不是你把你的 41 分加到我身上，这样我的 100 分是假的，而你从我心中的 99 分妈妈也会变成 58 分妈妈，我们会两败俱伤。

“妈妈”这个角色，有人参照，却很少人能替代，“妈妈”这个身份，有人拥有，有人拒绝拥有，时代不一样了，让我在我的时代里成为孩子眼里很酷的妈妈，就像我小时候，你打得狠，但是你对我的宠是真金白银，你就是此刻我回望时脑海中那很酷的妈妈。

2022 年 1 月 22 日

期末开奖

寒假的标志是什么？

可以是学校官宣的通知，可以是朋友圈里孩子们撒泼的身影，还可以是家长们晒出的缤纷多彩的各个学校的奖状，家长们会一段段感慨孩子一学期学习的不易，我看见的都是满屏家长们的不容易，所以那些美好的文字，更像成年人给自己的赞歌和新年里美好的愿望。祝福梦想成真，期末开奖了。

如果你是一位鸡娃妈妈或者是期待孩子未来有非凡成就的请不要往下看，会有满屏失望、不解甚至鄙视，过年了，大家都讨个欢喜吧。

英语开奖：优+优

前几天，闺蜜带着孩子来家里，我给她看了儿子的英语单元卷，从第一单元扣 5 分到第六单元扣 30.5 分，随着学习的内容变多，扣的分数也正相关；期末小测 4 次，平均扣分 18 分。考前复习因为我有工作没有陪他，只能让他多读课文、默写 26 个字母。我和他说，你都能成为年级第一，你的期末考试不会差。（关于这个“年级第一”，主要是在非官方的打卡小程序中因为我误解了老师布置作业的时间期限，一直持之以恒督促孩子上传几十秒的朗读英语录音打卡，不小心成为了排行榜的第一）回头看，截至今天是打卡的第 860 天，连续每日打卡 508 天不间断，我要给自己点赞，这个第一其实给我更合理。

面对每一个单元的稳定退步，非常有意义，他经常整一道题都空着，老师批注“漏题了”回来孩子和我说其实是他完全不知道这个题目说啥，他没有漏，就是单纯不会。

面对这样诚实的萌娃，我唯有抱进怀里，告诉他我也时常碰到这样的困难，领导出了道题，我连题目也读不懂，我的是中文字，你的是外国字那肯定更难。谈不上相互抱头痛哭，但是我们俩确实不知所措，相互理解吧。

数学开奖：优+优

我很想不提数学成绩，因为英语、语文、科学，再如何都是小测暂时能及格的成绩，但是数学不是，我想可能是我的基因过于强大，我自小学五年级换了教导主任教数学后数学就成为各科目中那朵“带刺的玫瑰”直至大学二年级，（当然其他科目也都逐渐跟随数学的脚步，中学时代的学习一路荆棘，像沙漠里的仙人掌和仙人球争芳斗艳，我唯有带刺前行）。儿子平时花费了大量的时间在订正作业上，多到临近期末我受不了手抄错题买了一个错题打印机，多到譬如口算这些最后我都不检查了，只想快轰他上床睡觉，而他只想订正结束再央求看综艺节目，哪怕 10 分钟。我也都一一满足了，好像我们俩都在争分夺秒地“求生”。

我想平日考试都能出现不及格，期末再坏也坏不到哪里去了吧。记得考前的周六，我给他安排了一张学校做过的试卷，完成后正确率提升了一些，于是我就说：“你看，这个做得多好！多么好！正确率多高！对的比错的多多啦！就是个小天才。”可能“违心话”说多了，可能我曾经也很恐惧数学课，周日的下午我们好好去 HAPPY 了一下，亲子餐厅、好友约会，极其放松。我耳边飘来一个声音：“平日考试都能出现不及格，期末不至于跌破平日价吧……”我想学习的信心比分数更重要，学校的吸引力比排名更重要，父母的评价比老师的评价更重要，感受学习的乐趣和愿意学习的动力比“第一”更重要。

语文开奖：优+合+优

班主任是语文老师，格外负责，非常耐心，孩子们都非常喜欢也很怕班主任，我们大部分家长其实小时候也一样，儿子对班主任的“权威性”就如当面鼠见猫，背后鼠变虎。临近期末，班主任特别提醒了我，期末要抓紧，好好冲一下，我一边怯怯地回复：“一定抓紧！会好好复习。”一边又愁眉苦脸，单位年终一堆事，翻阅日历和考前复习完美对冲。于是自我安慰，我的孩子成绩进步一些是可以影响班级平均分的，他提高了，班级平均分就提高了，重要性不言而喻。印象特别深的是期末阶段在校听写，每天会有 6～10 个孩子因为听写不通过会要求重抄，我从不抱有侥幸心理，因为每天儿子的学号都会出现在老师的名单中，不仅如此他也肯定不会如期在学校完成重抄，每天带回家“贡品”一般呈在我的眼前。

带着提升班级平均分的使命感，我和孩子商量如何复习，他告诉我：“我要回家做作业，我不喜欢在晚托班！”晴天霹雳！晚托班是我的底牌，他竟然要抽走我唯一的底牌。于是我同意了！对，很怂……因为他和我说晚托班的老师不是很负责任，经常报答案，他不懂题目的真正做法，晚托班的小朋友很吵，大家年级不同作业不一样所以有的小朋友会窜来窜去干扰他做作业，有的老师还不允许他回来告诉我晚托班的情况，还会批评他没有把作业表达清楚导致他回来被我发现很多作业没有做好，于是我和晚托班去沟通反馈的事反而第二天会牵连到他……

我很愧疚。这些工作原本都是我应该完成的，“花钱买效率”是很多家长把孩子放在托管机构的初衷，确实曾经这个办法帮助到我们，但是现在不合适了。我向儿子道歉，告诉他下学期我们不去晚托班了，我秒退了机构的联络群。

科学开奖：良

记得期中考试，我看见儿子在科学试卷“–36”（扣 36 分）旁边写了目标——期末考到班级平均分。我内心是哭笑不得的，因为听说你的科学（男生）课代表，考到平均分，我不知道该说是你目标远大，还是说你的老师内心强大。也不知道期末考试到底考到平均分没，但是见你挺喜欢这门课，我想就不要打（破）破（坏）砂（关）锅（系）问（追）到（分）底（数）了。

考试结束后的一件小事我很感动，科学老师送给孩子几样小礼物，其中有一支笔，笔上印着孩子的名字和一句话。独一无二的小礼物对于一个孩子而言就是一份独一无二的爱，我内心非常感激科学老师，这是一份用心，更是一份对孩子的尊重和对工作的热爱，同样身为老师，科学老师也是我的榜样。

放学路上，儿子很开心地说：“我今天送给 x 老师一个礼物。我悄悄放在她桌子上。”

“是什么？”

“一个老虎书签。”

“我没见到你这几天做手工呀？什么样子呀？”

“你当然不知道，我悄悄在被子里做的，我也要有神秘行动的呀。怎么能让你知道。”

“那你为什么要送给她呢？”

“她送给我这么好的笔，我也要礼尚往来呀。”

“你说得太对了，你也要学会感谢老师呀。”

“我今天还把老师给我的一枚老虎徽章送给 xxx 了。”

“好呀，你们是好朋友嘛。”

“嗯，是的，因为他没有得到礼物，这次，所以我想送他一个，让他开心点。”

我什么也没有说，把他搂紧了一些，我们都很开心。

这一学期的学习顺利结束了，我没有很多期待，未来、下一学期要考什么样，都不要紧，不是躺平，心是平静的、人向前慢慢走吧。

我不知道我的做法是否有意义，我还是愿意分享我的感受，可能可以帮助到一些成绩暂时落后的孩子们的家长：

第一件事，像上周二推送《无论几分 爱你满分》里的内容一样。

第二件事，考试的日子只是一年 365 天里普通的日子。考试前不会因为复习而晚睡，所以看电视、聚会都不会刻意为考试让步，也不会有特别的加餐或者扎堆好吃好喝地“伺候”他。怕是大人很多的“好”背后都有对分数的期待，巧克力和冰激凌在特定的环境会融化，但给孩子的“压力”牌巧克力和冰激凌在特定的环境里会让孩子崩溃。无论分数高低，“巧克力和冰激凌”（及其替代品）是我们的必需品，而不是条件交换的奢侈品。

第三件事，积极暗示和明确指示。考试前孩子说自己会补考，不自信，觉得作业做不完，很抗拒，我把一些可写可说的作业变成了“说”答案，不少需要背诵的作业我让他朗读，很多要默写的作业我又变成了抄写……可能在老师眼里是不合格的，但是作为最了解孩子的妈妈，让他知道学习都是有限度的，吃喝拉撒睡很重要。我很佩服那些能高质量完成作业的孩子和陪伴他们的家长，像歌词唱的一样“我的脑海里 有许多美景 不知道怎么形容给你听”我想也许我的孩子就是那个特别的孩子，需要我和他一起慢慢来，牵着蜗牛散步，一颗一颗数星星。

考试当天早晨，我送孩子上学时没有很多交代，只是说了一句话：“请你在考试的时候一定要做到一件事，仔细读题目，读三遍，再看一看或者画一下题目的关键词，想一想再开始写，可以吗？”

“可以的，妈妈。”

第一天考试结束，我在电话里问孩子今天的考试顺利吗？电话那头自信且得意地回复：“非常顺利！妈妈，我和你说，题目我仔细看了，题目的字我都认识！”

我的心，咯噔一下！好吧，那就让这份“狂妄”的自信和无数狂热的嘲笑成为我们生命的指引吧。

平凡的父母们，不要因为自己的平凡而焦虑孩子的平凡，每一个孩子都是优秀的魔术师。

2022 年 1 月 26 日

冷静看热闹

前几日和闺蜜们在群里热聊，起因是某 00 后冰雪天才少女夺冠引起的讨论，其中一位发了一张网友调侃留言：“谷★★、奥★★、克★★……都有一个共同特点，成长时没有父亲。可见父亲是娃成功路上的绊脚石。”大家七嘴八舌聊起来，另一人说：“有没有单亲父亲抚养成才的？”……这个讨论不能说引发了热议，但是确实是当下大家（或者是妈妈们，或者是一些公众号）很感兴趣的话题之一，毕竟围绕了“教育”“亲子关系”“单亲妈妈”“补习天花板”等关键词。

其实很多年前，在一个好朋友组织的读书会上，我曾经分享过一些个人观点，为此做了一次小小的演讲。我翻出曾经写的讲稿，摘抄几句，再次分解、重组，拼凑成今天的分享：

自古以来就存在的教育现象

在我国历史上有一个重要的教育现象，即寡居的母亲抚育孤子成才，也就是单亲家庭子女成才。比如孔子、韩愈（2 岁丧父），孟子、欧阳修（早年丧父），陶渊明（7 岁丧父）；现当代作家中，鲁迅、胡适、郁达夫、巴金、老舍、茅盾都是从小丧父。外国也是如此，释迦牟尼、哥白尼、牛顿、高尔基都出生于单亲家庭；华盛顿、林肯、奥巴马这些美国总统也来自单亲家庭。据 2014 年的统计，当时我国有 2000 万个单亲家庭，其中 70%是妈妈作为抚养孩子的主要角色。

所以，自古就存在的教育现象，到了特殊个体身上，让很多人后知后觉。因为这个社会缺少不带偏见的正视，所以很多单亲妈妈可能有力量去面对质疑和猜测，但是宁可选择静观其变、不语其乱；因为一部分人不明白真正伤害孩子的不是单亲而是争执的家庭氛围或者冷漠的人情关系，所以宁可勉强迁就、以求保全，其中的一些也可能是明白了但是终有理由不愿面对。

面向未来的联想

今天冰雪天才少女的夺冠引发了很多人的好奇，让我们看看我们被什么所影响，一开始媒体在传递养育者的价值观，如鼓励孩子、不要求成为“完人”、不需要必须上名校、睡觉最重要……

积极心理学帮助孩子更好地成长，看完这些，很多父母可能会运用多表扬少批评的方式，也会缓解一些教育方面的焦虑情绪。其中我很欣赏一个词“情绪稳定”，作为养育者保持情绪稳定难能可贵。

之后，媒体告诉大家，天才少女的家庭支持系统中多位至亲均是名校的校友，对，世界名校的校友。个人纪录片、成长记录影音资料为我们揭开冰雪美少女的成长轨迹。

基因，绝对不仅仅是中美混血这么简单，是家族几代优秀的基因延续，另外像IMG等专业团队的经营，放大优秀基因，吸引巨大流量资源，不少公司会因为签约少年天才大赚一笔，不少公司在排队等着有机会签约，这些注意力经济带来的效益已经为她开始建造更大的城堡。因此，我们看到的不是我们想看到的，而是媒体想让我们看到的。

再者，因为媒体传播力和影响力，我们看见很多文章开始揭开“虎妈”的故事，从一个人到另一个人，从幕前走向幕后，从孩子走向成人。有人说她出生的随手可得就是很多孩子的梦寐以求，因为背后站着的是一位“海淀区父母天花板”的妈妈。这个表述，我有点不确定，是在对天才少女说吗？还是对天才少女的妈妈也同样适用？在像雪花一样的信息从全世界飘落而来，汇聚在我们这些普通人的心里、心底，也让很多父母真正地“冷静”一下吧，这冷静背后希望不是卷起新一轮的焦虑，而是真正正视我们自己，为人父母，我自己，何去何从。

一个小故事

2018年2月14日下午，小男孩和妈妈回家路上经过一个垃圾桶，垃圾桶边上有零散被丢弃的一些垃圾，比如矿泉水瓶、包装纸盒。

“妈妈，我可以拿那个东西么?”孩子指了指地上一个蓝蓝绿绿的玩具包装盒。

“那是别人丢的垃圾。别人不要的。”

“确定是别人不要的么？如果我拿走了会不会变成偷了，他会不会着急？”

“不会的，这个是丢在垃圾桶边上的。如果你真的很喜欢，你觉得你非常需要它，你可以带走。”

“真的可以带走么?我是很喜欢。”得到肯定的回复后，他走过去拿起纸盒，满足地强调他非常喜欢盒子上的图案，是动画片里厉害的超人。

到家后，小男孩脱了球鞋，来不及穿上拖鞋就冲进卫生间，拿着抹布小心翼翼擦拭盒子的正反两面，嘴里还嘟囔着“……垃圾桶捡来的，可能有细菌。”外公问：

“这个东西干嘛用？你说从垃圾桶捡的？扔掉扔掉！”

“不行！我非常喜欢！而且妈妈同意我带回来！”他一边大声说，一边迫不及待拿剪刀朝着中间的圆形纸板方向剪去。

第二天，除夕。妈妈在卧室叠被子，粉色的墙纸、米白色的被子，在温暖晨光的照射下似乎时间都变慢了。4岁的小男孩走进卧室，两手背在身后，神秘地微笑：“妈妈，请你闭上眼睛。”

“好的。我闭上了。”

“你把手伸出来，手心向上，不许睁开眼睛！我要送你一个新年礼物。”他慢慢地、清晰地大声说着。

妈妈收到一张绿色贺卡，中间的图形就是昨天孩子小心翼翼在修剪的纸片，里面画了一颗爱心，替代妈妈名字里的一个字，还画上了一个笑脸。

“天哪，这可是我从来没有收到过的，是这个世界上最棒的礼物了！”妈妈把小男孩拥揽入怀中，很想重重但还是轻轻地亲了他的脸颊、额头和鼻尖。

垃圾桶边上的惊喜一瞥被孩子变成了礼物，他把这份礼物送给了妈妈，让妈妈体会被温柔以待的滋味。

希望每一个孩子都在健康的家庭氛围中成长，衡量的标准不仅仅是有妈妈和爸爸，而是家里充满了爱、接纳、尊重和关怀。每一位妈妈都值得被温柔以待，每一个孩子都值得这世间最好的爱！

也许在我们的一生中不是每个人都会拥有自己的孩子，

但每一个人都曾经是一个孩子，或许现在还是。

2022年2月11日

先适应，再改变

新学期开始了，显然这学期孩子和我都有更好的适应，面对各自的学习和工作。

拒绝晚托——他做了一个我认为大胆、但他认为合理的选择。

开学学校推出了丰富多彩的课后晚托安排，诸如作业整理、作业整理+社团、社团活动至少三种选项，可以组合。为家长减负了，很人性化的安排，给孩子更多的兴趣探索，无论是时间、交通还是金钱的，节约了成本。

“我一个都不要。”

“为什么？”

“原本可以写作业的时间，在学校参加课，回家还要写作业，玩的时间太少了。如果不上晚托，放学回家就可以休息下自己写作业，写好就可以玩了，还可以看电视。”

心里可是一本清清楚楚的账本。

孩子充分表达了自己的观点和感受后，我接受了，同时也约定，如果不能完成学校的作业，或者成绩、作业质量明显下降，就暂停体育兴趣班，他也答应。

值得期待——每天或者每周都有些值得期待的人或者事，是如此幸福。

周一的晚上他非常开心，甚至有些兴奋地睡不着，因为明天就是他最喜欢的周二的课，同时还可以在晚上和关系要好的小伙伴一起上兴趣班，画画刻刻。我问他为什么喜欢周二的课，他说有英语呀。（虽然他的英语 0 基础，考试也不行，但是从他嘴里说出这门课，令我有些意外的同时对孩子也有点刮目相看。）还有……

好不容易睡着，我也离开了他的床。早上醒来发现他跑来我这屋，我道了声：“早上好。”然后问了一个有些自作多情的问题。“你觉得妈妈和其他同学的妈妈有什么不一样的地方？比如你觉得妈妈什么地方比较好。”

“有呀，比如很多妈妈想让孩子学什么班就学了，不管孩子喜欢不喜欢，但是我不想学的你都同意不学，我想学的你也很支持我学。你很听我的话。”

可能很多家长都期待有一个“听话的孩子”，我不是，当可以和孩子交流、对话开始，我就时不时提醒他，他不需要成为一个只会听话、只会服从、只会按照大人要求做的孩子，他需要成为一个能够理解、表达观点、善于观察的孩子。虽然很多时候孩子还没有办法做到，因为情绪控制的能力还在不断提升，但是大部分时候他能明白我说的“道理”是什么。所以我想很多孩子也都在期待有一个“听话的妈妈”或者“听话的爸爸”，那作为家长我是吗？为什么我是、为什么我不是，如果我不是那个听话的妈妈，那么我是什么样子的妈妈，我是不是也真的能够理解孩子的需要、表达我的感受、观察孩子的变化、实现孩子的期待。

当把“理解孩子的需要”慢慢变成日常，这种日用而不觉的能力就慢慢变成了孩子眼中的“不一样”的地方。

新的学期，我好像有一些放松，让自己能够更轻松地去看待一些事。例如：更加坚持并且固定频率的运动；开始注意睡眠时间，可能从 1 点到 12 点半，也有很多次是在 12 点前睡觉，甚至有一次在 11 点 15 就睡着了；中午和小伙伴一起饭后走一圈，大概会花 15 分钟，大家有说有笑很开心；记录每天晚上的梦，看看自己有期待什么、有对什么不满；不去执拗某个问题，钻出以自我为中心的黑洞，更加善意去看也许昨天、也许去年、也许曾经我无法理解的任何事；坚持对事不对人，坚持心中的原则和评价维度，这一句和上一句不冲突，互为补充。

让我遇到了这么好的小伙伴，那人放在业绩前面，让我遇到了虽然很卷但还是喜欢的工作，那快乐放在辛苦前面，既然已舍去，就会有得到，静静等。

2022 年 3 月 6 日

坚持快乐成长

开年买了三本书，虽然阅读速度比较慢，但至少在有序推进，清明假期一口气读了池莉的《和女儿一起长大》当时，儿子问："妈妈你生的是儿子为什么要看这本书呀？"我笑笑说："女儿儿子都是孩子，但看书是学习，妈妈平时学习时间太少了，有机会有兴趣就看一看。"

看完书朋友问我有啥收获，我开玩笑似的认真说学习不够。但我想我依然会坚定几分初心。

坚持快乐运动的初心。线下培训班因为疫情停摆了，坚持了好几年的跆拳道也暂停了一段时间，但运动的快乐不应该被暂停。快乐的运动需要坚持下去，于是 2 月份孩子玩起了滑冰，不受疫情影响，至今可以保持每周两次，每次 60～90 分钟，享受了运动的快乐，在冰上自由奔跑，孩子像一只撒欢的小鹿，像一匹顽皮的野马。无意的一次体验，儿子和我玩了回亲子瑜伽，他喜欢上了这项相对安静的运动，最喜欢的就是单膝跪在我背上尝试挑战新动作，这 80 多斤的大块头可把我锻炼得越来越强壮了。

解锁了一项新的快乐运动，增进了亲子之间的交流和互动，他看见我身体柔韧性变好时，连连称赞，我看见他自信且坚定的目光，炯炯有神，生命在于运动，运动激发生命力。

坚持动听音乐的初心。前两年儿子喜欢周杰伦的歌，比如《听妈妈的话》《告白气球》等，后来听小虎队、周华健、张学友等不同风格的单曲，我开玩笑地说："这些都是老歌呀，我小时候也听这些呀。"他认真地说："这些歌我都没听过，所以对我来说都是新歌。"我喜欢听歌的同时我们聊很多有趣的话题，比如周杰伦和妈妈的感情特别好，小虎队的《爱》是晚会的氛围担当，张学友是四大天王歌坛“歌神”，周华健的经典好歌数不胜数，郝云用音乐表达人生观、调侃社会。最近，儿子又喜欢上了 beyond 乐队，《光辉岁月》《海阔天空》《真的爱你》，每一首听了不下百遍，他喜欢和我聊光辉岁月背后关于曼德拉和美国总统的话题，他也问为什么粤语歌这么好听。每一首歌不仅带给我们旋律、音乐之美，歌曲背后的故事也会让人有所感动和思索。上周末我想推荐一首歌给他，他先是拒绝，又说试试听，我点《夜空中最亮的星》还没到副歌，他说：“我不想听了。”我说：“妈妈想和你多听一会儿，副歌还没唱出来。等副歌出来你听了一遍还是不喜欢那立马切歌吧。”等着等着，听着听着我们听完了一整曲，他说很有意思，想再听一遍这首歌。第 2 天我说你发现了吗？有时候我们做事情和听歌很像，以为不怎么好听，以为这个事情很难，但听下去可能会发现不同、有意思和原来想象的不一样，甚至可能还得多听两遍才发现歌的意境。

唱歌的人可能没有名气，可能就这么一首成名曲，都不影响，好的歌始终会被耳朵发现。

美育教育是我眼中比文化成绩更重要的部分，不能发现运动的快乐、不能享受艺术的高雅，生活会失色，活下去的勇气有时候都会丧失，还有很多运动是不需要花钱的，爬山、踢球、跑步……

爱音乐，不必擅长乐器，爱听歌，不必非要会唱歌。

2022 年 4 月 13 日

这份爱写在六一前，请查收

可爱的小孩：

你好！

学校给家长布置了一份作业，在六一来临之际请家长给孩子写一封信。其实我给你写的信不少，大多都记录在我们的公众号上，其中绝大部分都是以日志的形式展示，而非严格意义上的信。今年，是你的幼学之年，而我快进入不惑之年了，我们呢又都身处实现中华民族伟大复兴的最好时代，正青春、正朝阳，谢谢你我的孩子，因为我知道你热爱祖国、爱护家人、尊重师长、友爱同学，尤其是爱祖国、爱生活这一点特别重要，小小年纪已经有大大目标，今天我想与你分享一些平时很少挂嘴边的话，让你更了解我，感谢学校和老师给我一次与你更靠近的机会。

可能你会问我“幼学之年”是什么意思？它代表年龄，指10岁。数字10在我们的文化里十分重要，大多时候表示着“圆满”，比如我们常说“十全十美”，当你做得不错时，小伙伴会说“十分好”“十分优秀”，甚至街边的便利店都可以叫“十足”，由此可见这个数字很独特，因此，妈妈祝贺你的成长，也期待你能珍惜时光，像这个别有意义的数字一样闪烁着光芒。

可能你还不太明白“不惑之年”的意思，这是妈妈逐年靠近的一个年龄，它出自孔子《论语·为政》：“四十而不惑。”意思是人到中年，也表示着经历过许多事，想明白了许多道理，不会像年轻时那样有困惑了。孔子是中国历史上最著名的老师之一，他的话蕴藏了深刻的意义，既表示妈妈不再年轻、越来越成熟，也表示成年人的进步和智慧，所以如果你有一些困惑，我非常愿意倾听，与你一同探讨。

我们先来谈谈你的目标。最近一次你和我聊天说你在6岁之前想过当警察、成为篮球运动员、科学家等，6岁之后直到现在你想成为一名领袖、领导者的目标没有变过，为此你把未来的大学锚定在中国长期排名前三的大学里。我很敬佩你的目标和梦想，是敬佩，没有一丝嘲笑，尤其是你把你的梦想和妈妈的领导、同事们分享时，让我看到了初生牛犊不怕虎的锐气，我希望你能树立远大的目标，坚持你的兴趣，有目标、有梦想，靠着自己的努力一点点将遥不可及的事变成唾手可得的幸福与追求。不在意别人的嘲讽，但是要虚心聆听前辈的善意提醒，不在意别人的眼光，但是要有一双善于发现美与善的星眸。所以你要像你的偶像一样，正义、善良和勇敢。

再来谈谈你的学习。最近一学期，感觉到你的成绩不是很稳定，但还是有在进步的，这一点很好，为你感到高兴。学习这件事从来就不是一件轻松的事，学习是一件挺苦的事，正因为它有苦味，我们在取得好成绩时说“苦尽甘来”，在做难题时会表现出“愁眉苦脸”，潜心钻研时会说“埋头苦干”……所以别害怕学习，因为妈妈和你一起“同甘共苦”！我很欣赏你积极面对学习和乐观面对成绩的样子，记得前几天背课文，你被自己气哭了，你着急想背诵但是怎么记都是记错的，我一着急、一生气就把书丢给你，让你自己读，不到一刻钟，你就几乎没有差错地完成了语文背诵，那一刻钟发生了什么？我看见你专注地看着书，放慢速度读课文，读了很多遍。你看，学习难在这一份专心专注，难在相信自己可以，难在坚信自己能做到。我看见你有这样的潜能，妈妈希望你能慢慢从“潜水”的状态变成“划水”，多付出一些“汗水”时不时享受到喜悦的“泪水”。所以写作业时要把每一个笔画都写清楚，把每一个数字写挺拔，把每一个字母写漂亮，要尽力，读题目的时候要圈画关键词。

谈一下你热爱的体育运动吧。最近疫情好转，很开心你的跆拳道训练继续开始了，快五年了，坚持下来真挺不容易的，尤其最近这三年，你的辛苦妈妈都看在眼里，但是你的“热爱”像金子一样发光，像太阳一样发热，也激励着我，体育方面你是我的榜样，受到你的影响我最近两年的运动也越来越多了，我们只有拥有了健康的体魄，才可能拥有幸福的人生。期待未来，你有机会尝试和体验更多的运动项目，享受着运动带来的甜美心情。也许暂时你依然只是喜欢某一项、两项运动，不着急，未来会有非常多的运动体验的机会和可能，有机会就大胆尝试、有机会要珍惜。所以不要误认为自己只能或者只会做那些运动，运动能带来无限快乐和释放压力，让我们一起相互加油。

另一个话题是关于艺术，比如我发现你爱音乐、爱美术，虽然你没有因为画画获奖、没上过培训班，但是从入学起你的小报、美术等作业完全独立设计和完成，我唯一参与的好像就是提醒你写上名字。这学期你喜欢并开始学习篆刻，你总说你刻的横线没有其他同学好，有些沮丧，但是老师也向我表扬了你的特点和优势，最近还告诉你可以往将军印的方向学习，将军印是汉官印中的一种，风格独特，古代往往是在行军中急于临时任命，而在仓促之间以刀在印面上刻凿成的，所又称“急就章”。所以我们看待一个人或者一件事，要从不同的角度学会理解和欣赏，而不是用同一个标准或者以“我”的看法来定论。

你还是一个热心为家人服务、认真在班级值日的小朋友，比如我在家吃饭时几乎都是你为我拿筷子和碗，我取出快递后你总会主动帮我拿上楼，外婆采购了瓜果蔬菜你也愿意从四楼跑下一楼再拎上四楼，这些都没有报酬（当然我们也有约定部分有偿劳动）有时候我们的劳动是应该获得报酬的，但是还有一些时候我们不能因“钱”在工作上讨价还价，更不能以“钱多钱少”评定优秀与否，公益、义工是未来你会接触的有意义又有趣的事情，所以现在你还需要继续承担着“认真值日、关心家人、多多劳动”这些责任，我相信你能做到，并且做好。

谢谢你我的孩子，祝福你每天都能感受到快乐，努力向 “德智体美劳”全面发展的目标小跑吧！

2022 年 5 月 30 日

期末小事

在每天的工作和生活中，我们会遇到很多的事情、很多的人，如果细细回忆最近一周，或者是近 10 天，有没有什么人说的话或是自己经历的事情是难忘的。这些难忘的经历、难忘的事、难忘的人说的话，都是值得记录的，所以最近和很多人交流，有前辈也有学生，在这个过程中我在想哪些事情是值得此时此刻我记录下来再去回忆。

第 1 件事，发生在毕业典礼前的一个小插曲。在典礼上一般都会选派学生代表发言，今年我和同事们一致推荐了一位很不错的学生。典礼前两天的一个晚上，我把学生约来办公室一起看稿子，并且请她在我面前把稿子念一遍。在念稿子的过程当中，我提了很多的意见和建议。读完稿子后我跟她聊就业的事，头两分钟的时间里，她跟我的交流中一直回避我的眼神，没有看我。我直接问："为什么刚才聊天的时候，你不看老师的眼睛？"她没有说话，眼泪从眼角滑了下来。我意识到可能我在指导的过程中有一些话过于直接了。我想她很想努力地把一些说好，表达达到我的要求，但是她尽力后却发现当下做不到，为此有一点羞愧。我对一些字、词存在一定要求，如平翘舌，在很短的时间内我们改变表达习惯，是一件非常有挑战甚至是很难做到的事情，哪怕只有我和她两个人在一起，这似乎对她来说也是挺难的一件事情。基于以上种种，那划过脸颊的眼泪让我对学生有一些心疼和愧疚，但是我还是跟她分享了我的观点。老师们一致推选她成为代表，是因为对她的认可，也相信她具有这样的能力和代表性；这份荣耀对她来说是一次挑战，因为这个"难"，如果在共同的努力下把它克服了，那就会收获更多成长，很有成就感，积累一次成功的经验，度过一次难忘的典礼；另外，可能要把有一些字音纠正，把有一些语调改变会让自己不习惯，但从更长远的角度来说，当我们学会去揣摩表达好一篇稿子的时候，不仅受益于我们自己，终有一天会受益于更多的人。

第 2 件有意思的事情，近期我参加了一个学生支部的欢送毕业生座谈会，其中有一个环节大家一起做游戏，输了的学生要接受表演节目等小小的"惩罚"，我突然提出了一个建议，我提议做游戏输了的同学要吐槽一下在大学期间他不是很喜欢的一件事情，跟老师之间发生的事情，比如你最不喜欢某一个老师的什么行为或者曾经说过的什么话……同学们都笑了还发出了“哇”的感叹，因为类似的关于老师的吐槽大会大家都不敢想。但是我想仅仅吐槽是不够的，对于我而言我需要知道，作为老师，说什么样的话或者举止，在同学们眼里属于“槽点”，我还想知道这背后发生了什么。同学们畅所欲言地分享，但是我做了一个小小的加工，每一位同学讲述了某一个老师的些许问题时，我会进行分析，分析这个问题背后我们能看到什么，我们能从中学到什么，我们如何去理解这件事情，如何去理解我们的老师。我会把同学们不知道的老师敬业、奉献的一面，一些细节或者故事告诉同学们，几乎每一个同学听完后会无意识地点头，说明吐槽后，同学们对老师多了一份理解，这次吐槽小会非常开心。我记得有一个同学，她在几位同学之后发言，说的第 1 句话是：“我觉得在我的学习生涯中，我没有遇到我不喜欢的老师或者是老师有什么事情让我非常厌恶，我觉得我很幸运，但如果非要让我提一些小的建议，那我想对某一位老师的某一件事情说说我的看法……”这个同学的发言让我印象深刻，这是一个非常好的示范发言，就是在很多人的场合，可能有我们非常熟悉的人，也有不熟悉的，如果我不参与、不表达，就会显得特别有距离感，但如果我又毫无顾虑地把所有的想法说出来，在不太安全的环境中也不是好的选择。那位同学的表达很好地保护了自己，保护了老师，同时也给大家带来一种高情商的发言。我觉得这个形式很好，未来我还会跟我的学生一起玩游戏、一起吐槽、一起大笑。

第 3 件有意思的事情，是关于孩子。前两天，带孩子理发回家的路上，因为那天特别忙，电话不断，走进小区时我也一直在打电话，门口的门卫手上举着二维码的牌子示意让我扫一下，我左手拿着电话用右手的手指指了指，表达歉意，他也点头了，我就走进了小区。大概走到 50 米远，儿子突然跟我说：“妈妈，你等一等，你就在这儿等我，你打电话吧。”我就看着他一路小跑到门卫那儿，然后冲着门卫深深地鞠了个躬，双手贴着裤缝，鞠完躬他又跑回到我身边。此时我刚好挂了电话，我有一些惊讶：“你刚才干嘛去了？”他说：“我替你去道歉了。”我说：“替我？”，他说：“是的，因为刚才门卫爷爷让你扫码，你没有扫，然后平时外婆送我回来也经常不扫码就直接电瓶车骑进来了。我觉得你们这样做不太好，所以我替你跟他道了个歉，我跟他说，爷爷，我妈妈因为太忙了在打电话，所以没有扫码，但是我们做核酸了，真是对不起。”我以前看过一些新闻，比如小学生过马路有汽车停下来，小学生向司机敬少先队队礼，我也看到有小孩不小心划到了陌生人的汽车，然后把几十块的零用钱放在汽车上或者是写一张纸条向司机道歉，并表示自己愿意赔偿。

总觉得那样的事情离我的生活是有距离的，至少在过去的生活中没有遇到过。但是这一次儿子向门卫鞠躬这件事，对我触动很大，他让我觉得这好像是别人家孩子才会做的事情。但是综合孩子日常的很多表达的内容，我又会觉得他就是这样的孩子，他就是会选择这样做，我非常能够理解和感受到他内心的那些秩序和规则。有的时候我挺羡慕别人家的孩子，尤其是那些成绩特别好的孩子的家长，但是我也很自豪，深深地明白：我的孩子也很棒。

2022 年 6 月 18 日

暑期“酷”短 “扎紧”时间

6 月底迎来了暑期轮休，重在没有规律的“休”但也好过学期中的工作节奏、任务紧迫带来的压力，重在炎热酷“暑”的时间可以有几分自主安排，总之感恩并满足。7 月初开启的工作极其有特色，好在孩子进入暑期，鸡飞狗跳的晚上暂告一段落，我们一起讨论后决定过一个自由且充满活力的暑假，形成一致意见，抓紧时间运动、抓住机会夏令营；自主安排书写作业—不加量、自由安排阅读作品—不加码、自律控制游戏时间—不加密；一张劳动清单、两个考级目标、三次短途快闪亲子游。

关于夏令营我多说两句，每年暑假孩子至少参加一次夏令营，我感受到好处极多，第一个夏令营他在“一夜之间”学会了自己洗澡、洗头、洗袜子，在整团都是女生他唯一“绿植”的团队中学会和姐姐们“同呼吸、共生存”，学会了结束夏令营后对我提要求，体谅我是第一次给孩子报夏令营经验不足，我们共同总结了第二年的注意事项；第二个夏令营充分吸取了上一年的经验，顺利成行，为了玩水安全，还提前学会了游泳，结束活动后他说刚到营地他就把分配给他的上铺让给了小伙伴，有个小孩没睡过所以特别渴望（上铺），他就换床了，学会了唱网络口水歌，学会吃辣。

既然是暑假，就把“假”还给孩子，我回忆自小学到高中毕业，暑假都在玩中度过，上树下江、过家家、抓小鱼，甚至到高三毕业几乎身边同学都去考驾照了，我也一如既往在玩，玩了整整三个月，印象特别深的是收到录取通知书时我住在另一个县城，同学罗★芝家里，当时正吃着西瓜、看着电视。还有同学问我为什么高三暑假你不去考驾照，我说一不开车、二没车开，不着急。工作后，考驾照在规划中进行，4 个满分拿到驾照，20 天后开启“司机”新角色。高三的暑假我还学习了瑜伽课、拉丁舞和游泳，我印象很深拉丁舞要 500 元的培训费，和老妈争执了很久她才同意我去学习，因为那时候在父母眼中这些都是“无用”的。事实证明，并非如此，运动能调节身体的体能、重塑健康的心态，还有很重要的是释放工作压力，至于那百来块的培训费，上大学没多久就通过兼职家教，教小朋友跳舞、主持赚回来了。

把“假”还给孩子，因为“培训班”不一定在传统的课堂中。这个假期我没有给孩子报作文、报奥数、报英语、报编程……有片刻觉得自己“跟不上时代”了，还停留在过去的“老思想、老传统”中，但转念，“双减”的背景下，让孩子变得更有自主决定的能力，有主动选择的机会可能也是眼下我能支持他理解他的最好行动。

支持他就是要多听他说，说他愿意听、能听进去的。上周末和好朋友一家小聚，饭桌上朋友丈夫提到有的孩子大了些和父母有争执，甚至有发脾气不理家长了，说到他家 2 岁的孩子很能察言观色，选择“目标”表达拒绝和反抗。顺着话题，好朋友妈妈问我儿子你遇到过吗，他说：“我们好像没有，有时候我妈妈会向我道歉，我也会向她道歉，道歉了就和好了，就没事了，所以不会不理。”

是的，没做对就道歉，做得好就赞美。

爱玩是人的本能，无论孩子还是长大后的孩子。暑假可以去享受美美的懒觉，可以望着窗外发呆白天看艳阳夜晚瞧星星，可以天天运动大汗淋漓，可以在运动之余享受冰激凌带来的爽哉美哉，可以做很多学期中无法做的事情。上周孩子第一次体验了晚上喝纯正鸭屎香柠檬茶失眠的感觉，第一次喝茶某道的葡萄冻冻冰饮他说太妙了、太好喝了。看着身边的小大人，在物质充盈的时代“饿”一下，延迟满足，有技巧地满足，对孩子有很多好处，容易满足、学会珍惜、感受快乐。

愿假期过后值得回忆的有意思的事情溢出心田，像如今很多大孩子回忆小时候，玩够了，玩爽了。玩够了会发现自己不懂的太多了，玩爽了就想有机会再学习点什么。

学习不是几年的“任务”，一辈子长远。

2022 年 7 月 7 日

成绩可“合格” 心态要“优秀”

期末考试结束已经有 17 天，最近和几位好朋友小聚，大家不约而同讨论到孩子的话题，因为好朋友眼里的我是“不焦虑”妈妈，所以顺着这个话题我顺带小小记一笔。

“提前交卷”

“妈妈，今天我被老师批评了，因为我语文考试提前交卷了……”

期末考试第一天结束的晚上，我回家听到孩子说到提前交卷的事情，不说震惊，但是我确实没想到小学生期末考试会提前交卷，回忆我自己提前交卷还是高中的事情，甚至我在高考数学科目上，经监考老师同意后、在可以提前交卷的时间点，我第一个起身走人。所以听孩子说他提前交卷的事情，我内心还打了个问号“难道这个也能遗传？”

玩笑归玩笑，我严肃地和他说了关于对待考试的态度，他说班主任也提醒教育他了。最后问他为什么要交卷，他说他考完了，老师虽然说要仔细检查之类，但是监考老师并没有说不允许提前交卷呀，交了后老师就让他先出去了，还可以多玩一会。

“多玩一会”

第一天考试，孩子起了大早，7 点 20 就到学校了，因为太早了还在学校门口等开校门。我想第二天肯定不会这么早了，没想到第一天晚上 9 点多他就睡觉了，为了第二天能早起，第二天又是一个大早。两天考试结束了，晚上我问他为什么这两天要起那么早（身边朋友说可能孩子有点紧张，但是我觉得考试周他都每天早早睡觉理论上没有那么焦虑），他的回复让我哭笑不得：

“我要早点去玩啊，平时课间休息可以玩，考试的话就没有时间玩了。我早点去可以先玩，多玩一会。”

“那你这么早去你能玩什么？也没有同学呀。”

“我可以在黑板上写字，我还可以洗手，把手上的水甩到黑板上，很好玩啊！”

“那你不怕被老师看见吗？”

“不会呀，我会等班委和老师来之前‘毁尸灭迹’恢复原样，谁都不知道的。放心！”

确实一早就把今天课间的玩闹 KPI 完成了，我听完孩子的解释又觉得他很好，有道理，所以语文考试提前交卷、在走廊上嬉笑的声音太大引起老师的批评，这些又形成“非合理性闭环”，当然负面结果也很明显，语文考试出现了“合”，没有达到班级平均分。

“成绩可以‘合格’ 心态要‘优秀’”

期末考试前一周孩子们的压力很大，因为很辛苦，要写很多作业，有专项训练卷，有综合模拟卷，孩子们挺不容易。我用的是“孩子们”，因为我看到很多家长为此心疼的同时，默默支持着孩子去面对复习周。我之前也写过，孩子期末爆发了“待评”“重听”“重做”“重抄”“重订”的“一评四重奏”期末交响曲。我立即摆正位置，轻柔“吹拉弹唱”起我的“慈母协揍曲”，记得复习周某天放学后，我带着忐忑的心情，哆哆嗦嗦电话问今天听写如何，他说：

“还是待评，要重听的。”

我很平静。（因为和我的期待一致，当外界现实和期待一致的时候，我们是不会焦虑的）

“妈妈，但是今天错了 9 个，比昨天错得少！进步了。”

这句话像春风一般吹拂进我的心田，这！就是希望！所以考前一周，我们能做的做，实在来不及做就算了，我始终认为孩子学习和我工作是差不多的，总有能为之和不能为之的部分。

期末考试周，大多是自主复习，所以那一周孩子特别开心，不仅能够玩、早睡，还能参加他喜欢的篆刻和运动（反而是前一周复习周他主动和我说篆刻要停课了，否则来不及做作业。）相对愉悦、放松地度过了考试周。从成绩也看出来了，确实语文的分数很低，不到班级平均分，但是数学和科学略有提高，英语与上学期末持平。其实期末的复习成绩都比较“虐”，正式考试相对而言试卷更简单，孩子注意力更集中，所以反而对比复习卷略好一点，至少让孩子保持一些对自己的信心和期待，毕竟咱们要奔着“德智体美劳”全面发展的目标。

“不要小看德智体美后面的‘劳’”

到学校拿成绩单的当天就是暑假官宣的第一天，中午孩子跑出去吃了几只生煎包，电话里也提不起精神，我猜测成绩不太好。中午我回家帮他整理书本，一边聊一边看看他的成绩单，坦白说，我觉得还不错。不是因为他考得多好，有一个合格、有两个良好，但是其他的都是优秀，虽然他不是“全优生”但是对比上学期的成绩，个别科目，或者说个别考察测试点是有进步的。当然，我们也没有回避语文的退步，这与他的平时阅读量和考试的细心程度、写作文的态度是关联的，知道不足也能知道努力的方向和目标，我试探地问孩子是否愿意去上一些学科的培训班，他“拨浪鼓加强版”摇头，承诺想自己多看书来加强阅读，从这个角度看，我觉得也是一件好事情，尊重他的决定。

顺着成绩单，我看见了一张证书，类似劳动小能手，我眼前一亮：

“哇，你还有一张奖状啊，好棒!”

“这个有什么用呀，又不是学习的，不是语文、数学的那种奖状。”

“谁说没用的，你看，右下角是学校的公章，不是班级的，所以认可度的权威性很高，学校的奖状和我给你的奖状肯定不一样，对不对？”

“那也没有用，劳动的，不重要。”

“哎哟，这个不怪你，我和你说说”我喊他来我身边，“你知道吗，以前我们说评价一个学生要从‘德智体’的角度看，妈妈小时候就是这样，会评选三好学生，后来我们又提‘德智体美’全面发展，但是你的大偶像特别加入了‘劳’这个字，所以劳动是非常重要的，现在我们都说德智体美劳，你说它重要吗？”

“真的吗？”

虽然孩子半信半疑，但是我看他的眼神明显放了一点光，提亮了，瞬间露出了微笑跑开玩去了。

谢谢老师们对孩子的点滴帮助和关心，期待孩子在友爱的班级氛围和有爱的家庭氛围里度过快乐的暑假!

2022 年 7 月 11 日

假期又考级啦!

伴随“十一”9 天休假的结束，孩子度过了一个轻松但充实的假期。假期里让我印象最深的事情就是他的跆拳道考试，这次的考级和之前的很不一样，因为要冲击黑带，也是 5 年来坚持学习的一次验收。考级需要孩子写一篇心得，很高兴的是这篇心得 90%都是他的原话。从跆拳道精神的视角谈了自己的收获。他告诉我，有同学的分享是妈妈代笔完成的，我告诉他那样考试的意义就没有了，一时可以欺骗别人，蒙混过关，但是不可能次次实现。我们一级一级地考试、认真对待自己辛苦的练习，这些是应该做的，是你自己应该做到的。我们达成了共识，这次只是入门考试，后面才是更难训练的开始。

回头看平日的学习，如果他能够在学习上有这样的一份坚持和用心，可能文化成绩也会进而一步提升。也许孩子真的有他自己的节奏吧。

礼仪、廉耻、忍耐、克己、百折不屈是跆拳道的五大精神，自从上了跆拳道课，我也在这些方面提升了自己。

刚踏入跆拳道大门的那一刻，我就知道了礼仪的重要性，每一次下课我都会用跆拳道的方式向教练说："教练再见！教练辛苦啦！"这样已经坚持了 5 年，我也会用跆拳道的方式向同学们问好和说再见。

在廉耻这一方面我还没有做到最好，偶尔也会骄傲，但是我还是会努力改正和提升，每一次考级我都会全力拼搏，虽然也有考级不顺利的时候，但是我也没有觉得自卑，并且继续努力考级。

跆拳道训练有时候很辛苦，比如压腿。每一次压腿我都会特别疼，好像腿都不是自己的了，被撕开了一样，但是我一想到"忍耐"这两个字，就会让自己立刻振作起来。有时候如果同学们太调皮，教练也会"收拾"我们，但是挨过一次"棍子"之后我们也学会经历过疼痛之后微笑地面对。

每当夏天大暑来临之时，教练会让我们去大操场跑步，别人都在空调房里，而我们都在烈日下跑步。有人会抱怨天气怎么这么热，不想跑了，但是我觉得跆拳道的五大精神中的"克己"就是鼓励我们不要放弃，要加油努力！

我记得有一次我正准备第二天的考级，但当天晚上我就发烧了，于是我就贴着发烧贴训练和考级，我克服了困难，通过了考级，当时觉得自己很厉害。面对跆拳道的学习，我们会遇到很多困难，但是我们要发扬百折不屈的精神。

跆拳道五大精神给我带来的收获不仅仅限于课内，在课外我也在坚持五大精神，让自己变得更坚强！

2022 年 10 月 10 日

片刻噩梦 一夜安心

周四晚上 10 点多儿子睡下，半夜 12:30 我的房门被打开，"咔"，顶灯被打亮，儿子皱着眉头带着哭腔说："妈妈我害怕，我可以在你这儿睡一会儿吗？"

我笑着说："来吧来吧，晚上就睡妈妈边上。"本正准备睡觉，立刻睡意全无。

"谢谢妈妈。"

"不用谢呀，你把灯关一下，你从高铺爬下来摸黑走进屋，你真能干。""妈妈，我可以说我的梦吗？"还没爬上床他就想分享梦。

"当然，我也想听，你想到什么就说，想不起来的就不用想。"

"我梦见下雨了，我还梦见郭老师了……"

空气一下安静了，我听见儿子在哽咽，问他怎么了可以慢慢说。

"妈妈，郭老师再教我们几个月就不教我们了。"

原来儿子怕班主任不教他们了。

"妈妈，你小学有没有换过班主任？"

我们聊了一会儿关于班主任的话题，我经常听儿子说老师很凶，有时说老师对家长和学生语气差异大，说老师如何严格，言辞间多少有些不满和怕老师，但当老师有事请假没来上课或是其他老师代课时，他回家又会絮絮叨叨担心老师怎么了，为什么没来班级？

突然儿子又哭了，流下眼泪："外婆和你以前都说过生孩子很痛的，那老师受不了怎么办？他疼得受不了怎么办？"

"哦，你也听同学们讨论了郭老师要生小宝宝成为一名妈妈了是吗？""嗯，但是生孩子会不会有危险？"

"生孩子确实挺疼的，妈妈生你的时候医院没有止疼针，只能忍着，但是每一位妈妈生孩子体验到的疼痛是不一样的，医生的技术、医院的条件越来越好了，这些都能保护好老师，最重要的事情是妈妈见到宝宝的那一刻痛都变成了乐，苦都变成了甜，辛苦都变成了值得，这些精神力量都会帮助老师的，所以你放心。我们的身体很奇妙，生孩子的痛在身体可以忍受的限度内，所以一般情况都没有危险。"

我一边勾着儿子的手指，一边不断闪现了生孩子的片段，一边对孩子爱着学校、爱着老师产生了敬意。

生命教育是永恒的、首位的教育主题，没有生命没有"活"力，一个孩子、一个养育者失去了活力，小到一个家庭、学校，大到一个民族、国家就失去了奔赴的方向和希望。孩子小班时，我帮助他了解隐私，确定他学会在幼儿园能独立吃饭和上厕所，我们有个小小的共识——不给老师添麻烦就是帮助老师；中班时，学会适应、做好自我管理，同时在家进卫生间要关门，不允许哪怕家人在内的人不敲门就进入厕所，达成另一个小小的共识——学会对冒犯自己的人（哪怕是家人）说："我不喜欢你这样说。""我不同意。"大班有边界意识，比如私密空间的意识，允许难受时一个人在卫生间流泪或者开心的时候在卫生间放声歌唱，做好上小学后自己洗澡的准备，达成新的共识——在卫生间用不影响他人的方式体验自己的好、坏情绪，不是没有礼貌的表现，相反，是爱自己、尊重他人的行为。

生命是生动的、新鲜的，是天生我材必有用的自我肯定。

2022 年 12 月 3 日

生活配方（一）

我身边女生的手机里几乎都有“美某秀秀”“轻某相机”等 App，日常美食、假期照片用这些软件稍按几个选项就能出大片，尤其是近几年出现的美图配方，一键就能达到出片效果，且系统会给几十种方案，每一款方案还可以进行个性化调整，以达到心中的最佳满意度。

因为工作的性质和特点，我有一些假期，所以今年寒假我也试着给假期生活一点配方：追剧配方、悦读配方、运动配方和说走就走的配方。

追剧配方

工作日和国休假期不碰电视剧是多年的习惯，到寒假就会“补课”，一方面和身边人有些共同话题，另一个原因电视剧的剧情有的很精彩，像“拷贝”了日常生活，仿佛编剧“偷窥”了我们的生活，而生活的剧情又时常远超越了编剧的想象力，酸甜苦辣、各有滋味儿，例如在《县委大院》里，刘昊然演的体制内的实习秘书，那种状态和他身边“老人们”给的建议，在生活里就真实发生，职场新人如何适应环境、学会说话、学说对的话和该说的话，等等，很有学问，工作社交中谁先落座、谁先伸手握手、话中有话，等等，都需要察言观色。因为很喜欢女演员吴越，于是搜到了《加油妈妈》，讲述了不同妈妈们的育儿观、价值观，处处透着女性智慧，电视剧里张雨绮扮演的妈妈与孩子、与朋友的对话，有很多的共情技巧；我很喜欢吴越扮演的妈妈的那份果断和勇敢；董洁饰演的妈妈，她的家庭位置和婆媳关系再次说明原生家庭的影响力，剧里生动展示了什么是育儿焦虑，现实中也比比皆是。《黑暗荣耀》仅仅 8 集抓人眼球，期待第 2 季上映，下一个假期就可以继续刷了。假期也看了几年前的剧，比如《我的前半生》《安家》，看了在杭州拍摄的《纵有疾风起》坦率说有些失望，也看了好朋友推荐的《向风而行》《去有风的地方》，后面这一部的台词很接地气，就是家长里短，听起来很舒服，还有闺蜜用心耕耘的作品《三体》及全民必追的《狂飙》。

这么多电视剧，每一部都仔细看是不可能的，有的加了倍速，有的边听边做其他事儿，追剧配方是“放松”，可以收藏很多很多好听的歌曲，可以通过别人的故事、虚拟的故事，看自己的生活。最近一次和好朋友吃饭，他说他喜欢高启强的角色，因为看见了“人无完人，恶人无完恶”。

我们每一个人也是如此，细细回味“恶人无完恶”，值得反复回味，宽容不纵容，对别人、对自己、对孩子。

悦读配方

每个假期我们团队的“90 后”和我都会开展一些读书活动，基本是至少三本，书返校前或者在线 PPT 分享或者线下交流，同时每个人至少写一篇心得，唯一看上去是没负担的原则就是不限制书的类别，我也看了几本松动一下疲惫的工作大脑，还有几本至今躺在书架上。其中有一本关于心理学的书《登天的感觉》，我还挺想推荐，这本书看起来是心理爱好者的工具书，但是看书的过程中我非常容易被触动。

首先这本书的结构，有相对细节丰富的案例分析，从咨询师的角度写了各种注意事项，心理咨询的专业知识。其次书中的案例几乎涵盖了青少年在校园学习生活中会遇到的各类情景，新生的适应不良、亲子关系、亲密关系、自我认知、性取向等各类话题，后面还有 10 个作者的督导故事。

因为书的副标题是“我在哈佛大学做心理咨询”，所以作者基本以哈佛大学学生的心理问题为素材，第一个故事讲的就是一名哈佛大学新生进入学校后的学习适应不良导致的情绪问题和学习压力，在很多人的认知中，进入哈佛学习的孩子各方面都特别厉害，综合能力也很突出，尤其是学习的能力，面对学习的抗压能力很强 ，否则也无法成为学霸。但是进入哈佛这样的顶尖学校，就随之而来会面临“顶尖”的压力。转身看看孩子，每一个年级、每一个新环境下，他也一定或多或少承载着各种压力，不仅仅是学习，也许有的孩子是面对一场球赛的输赢、有的孩子是一桌丰富饭菜要各种品尝和赞许做得好，有的孩子是徒步辗转各个培训班的孤单路途，有的孩子是试卷、刷题带来的成就感和自我安全感？还有一个故事关于情感，咨询师在启发来访者主动思考时提到了“得与失”“有得有失”“你看见了你的失去，那么你又得到些什么吗”有一瞬间，我想到了我们，我和我身边的朋友们，相互倾诉交流。

我们总会谈到自己的所得所获，但是我们也失去着一些，而我们在抱怨我们得不到的时候，眼皮子底下就站着“得到”。

2023 年 2 月 11 日

生活配方（二）

运动配方

随着年龄的增长，健康是最重要的事，假期的运动量有所下降，1 月份只 12 次运动，但因为一直以来的习惯，体重保持着，体能有下降，美食依然没有少吃，热量摄入很多（我是一个高热量食品的爱好者）。运动带给我和身边人对健康的新的认识，收获对运动美的理解。有些人有“数字焦虑”，只看数字，体重多少，而不在意体型，减了些许水分，减重总是失败；有的人“身材焦虑”，只想瘦，以瘦为美，穴位刺激、呼吸减肥、按摩刷身、生酮疗法，等等，很快也止步在平台期。我的个人感受坚持运动，无论球类运动、田径运动，体型的变化是运动的必然结果，运动追求的目标不是体型，是健康的身体和积极的心态。运动也是和孩子沟通的好话题，这个周末孩子的跆拳道暂时还没有复课，因此，两场篮球、一场滑冰穿插在作业之余，好开心！

说走就走的配方

很多人都羡慕 “说走就走”，有一款 App 提醒我，说我的购票习惯是平均提前 2.5 天，我还想着哪里提前这么多，实际情况常常是说走就走，有时带着孩子走、有时一个人走、有时跟好友走。

因为我是一个“很怕麻烦”的人，所以孩子小我不愿意带出门，大包小包要带的东西多了，影响路上的心情，心情被影响了，风景再美也不香了。现在孩子大了，可以管好自己，还有余力帮助我，成为小助手，成为说走就走的加分项，甚至带着作业出门也能信守承诺完成目标。（可能有人说都出门了还带作业？怎么做、做多少都是和孩子商量的。他是作业的主人，我家这位小主人喜欢每天完成部分，寒假期间包括年三十、大年初一，他都按他自己的安排和计划做学校既定作业，我得尊重小主人的想法，支持他、协助他完成。）

一个人走也很是美妙的，因为我是一个“很果断很怕有遗憾”的人，所以说走就走要么是目的地有朋友，要么是有美景，心情被影响了，境遇再糟也会变珍宝。

说走就走的必要条件是有家人支持，尤其是照顾孩子的事，像我如此散漫（或浪漫）的性格，并不喜欢到异地打卡所谓的必到景点或网红店铺，走一步看一步。有的风景会刻意留在下一次，喜欢的地方愿意多逗留和二刷，有过上午 10 点半还在陌生城市的地铁，立即定了下午 2 点的高铁去另一个小镇，也有过中午 11 点运动、下午 2 点工作、晚上 6 点坐上去远方的火车，比起身边的飞人们，我不算冲动的，我羡慕姑娘们住在珠峰山脚，在海边的无人岛皮划艇或瑜伽，当然我也遇到过被退票、被取消的行程，这些不会动摇不惧山海的奔赴。我也和孩子分享说走就走的心情，感谢他的自我管理，让我安心，鼓励他对未来充满各种期待，比如每个暑假请他享受离开家的日子，以夏令营这样适合他的方式走走看看吃吃，或许未来他也可能说走就走，和志同道合的朋友，或者，独自。

2023 年 2 月 11 日

我的“参宿”

和其他贺岁电影不一样，我好像没有被《深海》的宣传弹窗或者在热搜词条里看见片名，以至于我都没有关注到，仅仅是打开“格某拉生活”的时候看见海报，点进去看一下，又退出来，主动购票的选择给了其他电影。朋友安利我，给我的理由是“色彩”很有吸引力，讲述了一个“抑郁症”孩子的故事，恰巧这俩词对我来说很有吸引力，于是我走进了电影院。

到过二分之一时，我还不知道讲了什么，还有点怀疑朋友的评价，但是又觉得口碑评分不低，应该是有点东西的电影吧。果然，后劲挺足，也许不是每个人看了电影都会热泪盈眶，但是每一个流下眼泪的人心里一定都闪烁着“参宿”的影子，影子悠长，且不是灰色的。

每个懂事孩子的背后，被“讨好、乖巧”包裹，等这个孩子长大了，在工作中可以牺牲自己的时间、变更自己的安排，为了他人或者某些所谓的全局，在情感中可以压抑自己的感受，想爱不愿爱，想恨不敢恨，想逃离怕闲言碎语，每个日日夜夜里都有这个人、那个人、这个领导、那位亲友可以站在某个看似坚硬却绵如云的山顶丢下一堆道理给他，而他，唯独没有自己或者没有想到“我还有自己”。

每个坚持的理由，不是“你值得”而是“请忍着”，有时候我不知道“忍”是什么词性，如果它指向坚持不懈，那又要分析一下坚持的对象是什么，目的是什么，烦不烦啊，要这么多的前缀；如果它指向“隐忍是一种高情商”那我真的会骂。不置可否，我们这些“参宿”啊，都挺能忍的，因为从小到大都被训练（但是往往大人都自欺欺人说这个叫“培养”）

电影里参宿的父亲从心理医生那出来的时候，对她说，你多笑，多笑就会好起来的。如果我是参宿，我听见的是，你忍着，多忍忍就好了。所以我看见很多人的不快乐是因为她太能忍了，忍着的过程里，周围的人告诉她，你看，正因为你能忍所以你最终收获了幸福。她真的收获了幸福么？幸福一定是结果么，但是人的结果最终不是都离开世界了么，为什么那么多人不在乎过程而苦于一个“幸福”的结果，在追求幸福的路上，都不是幸福的，怎么能得到一个沉甸甸的有爱的幸福之果？

不说了，我要好好守护着我的“参宿”们，用爱用心养着，让 ta 们茁壮成长。

“有的时候这个世界看上去是灰色的
不像梦里那么五彩斑斓
可是
就算是这样也一定有些光亮在等着你
哪怕只是些很小的瞬间
也值得你努力活下去”

2023 年 2 月 13 日

孩子，比赛有排序，没有输赢

某日放学，外婆说你一句话也没有说，我没有接到你的电话，于是推测篮球比赛成绩不好。到家看见你趴在床上，流着眼泪，听着电话手表里的三国故事，我稍稍放心了：嗯，这孩子挺有集体荣誉感，也会调节负面情绪。我拍拍你的背、擦擦你的眼泪，有一搭没一搭地和你聊天。

Emo1“妈妈，我没有得分”

嗯，看来比赛很激烈，妈妈能想象到应该也很精彩！

Emo2“我拿到球了，但是没投进”

你能接到球，有机会投射，很难得，好多运动员第一次参加正式比赛，全程坐在替补席，你有机会上场、摸球、投射，起步不错。

Emo3“有同学骂我们，因为我们输了”

看来同学们对你们充满了期待，面对分数和结果，在队员眼里是遗憾和内疚，在旁观者眼里是失望和伤心，看来大家都不好受呀，无论台上台下，对吗？

Emo4“我很难受，被骂了”

对呀，赛前集训，上场比赛，又消耗很大体力，也有一定的压力，说明你有责任感、使命感。结果不如意，所以难受，集训时你觉得挺好，也有提前接触篮球而不是一个完全不懂篮球的人，所以结果不如意，好像在说队员们的能力，你的能力、你们的配合不够，所以难受。

Emo5“那怎么办”

孩子，比赛有排序，任何比赛都会排 1、2、3 名，一、二、三等奖，排名有先后，努力没有先后。甚至可能第 2 名、鼓励奖的人比第 1 名、比一等奖的人还努力呢，但是当你们站上球场、赛场，就是战胜自己，就是一种“赢”。如果你看见对手比你高、跑得比你快，你就不上场了，那才是输，但你们都没有怕！

没有得分，可能是球技还有稚嫩，策略还可以调整，协作合作配合还需要提高，这些多花时间能提升，熟能生巧。所以最难的是意志力、使命感，你们都有。只是技术、战术还不成熟，我看来，你们大有潜力！

至于别人的评价，我们要学会聆听，也要有时候学会不听，尤其是这样的比赛，他们体会不到你们的难处，所以也可能体会不了你们的乐趣，比如收获友谊、更加坚强，面对不喜欢的甚至是恶评时，你们的抗挫折能力会更强。

Happy1“妈妈，晚饭我想吃炸串”

好的，我点份炸串给你，同时你也要吃点外婆烧的晚饭，好不好？

“嗯”

2023 年 5 月 16 日

我们都是限量版

距离歌手 coco 离开已经过了一段时间，不去猜测非议是对逝者的尊重。但事情的发生影响着我的生活，比如生命教育，去帮助孩子认识“自杀”。

这一次，“情绪的影响”难以觉察它的开始，却可以取证于现实。7 月以来，我时常感觉疲惫，也有失落，通过几个“发生”我进行内观，比如健康方面，去医院挂点滴、湿疹反复发作，锻炼过程明显感觉体能不如以前，比如阴瑜伽开始 5 分钟就进入了催眠状态；再看看工作方面，对于明确的工作信号容易选择拖延，提不起精神去做以往认为是令人兴奋的挑战；还有包过度进食倾向和拒绝饭局约见等一些社会支持方面的功能，隐隐约约有说不明的“退步”。

很难说这些事情的发生是受“高温”影响、社会负面信息或如自杀等心理疾病的影响，不可否认，这些确实会引起我的关注，和很多人一样觉察到这些，令人小小沮丧。再进一步去看看我可以做什么？可以尝试或者帮助身边人体验的方法。

当情绪反应发生后，我更加关注“健康”。开始运动，不再上称关注数字，令自己身体愉悦的美食是短期内我的理想清单；更加关注心理健康，听心理课程的讲座、有选择地刷了些积极心理学的视频、看完了《复原力》《认知觉醒》两本书，设定目标本周内再看一本；主动邀约想要见面的朋友，回避无效社交饭局，走进电影院，开通视频 App 的月会员，和朋友微信聊天时仔细听、认真回；离开熟悉的居住环境，换一个屋子待着，或者换一个城市。

好像这是我第一次比较认真地去复盘一次情绪的发生，在继续发展中，给它空间，由它“作”，和它待在一起。

和孩子聊抑郁情绪和自杀发生的事，孩子询问的当下是回复的好时机。家有小学生，正处于充满好奇心，敢于发问却对“抑郁症”“心理问题”“自杀”不明白的年龄段。我不知道身边的朋友如何回复这些问题，和孩子讨论明星自杀、犯罪等。

澄清 1：生病导致了自杀，而非“不想活”导致了自杀。

我没主动和孩子提 coco 的事，但观察他是否关注这个消息，及时作出回应。

一天睡前，我俩躺在床上聊天，他提到：

“我听同学说，歌手李玟，就是参加综艺唱歌很厉害的那个女的，还当过好声音评委呢！自杀了，妈妈，你知道这个人么，为什么她不想活了？”

“我知道这个人，妈妈上学的时候她就非常非常有名，确实唱歌很厉害。虽然我不是她的粉丝，但挺敬佩她和喜欢她的部分歌曲。”

“那她那么有名、那么有钱，为什么还自杀？”

“嗯，说明一个人有钱、有名、有姣好的外表和雄厚的实力甚至是势力，她也不一定是快乐的，甚至她的痛苦远远大于她的快乐，所以她放弃了继续生活。我只是说我自己的理解，她是因为生病了。所以是生病这件事导致了她无法继续面对生活，结束了生命。”

澄清 2：生病是客观事实，“不想活”是主观非理性的念头。

“生病是一件挺痛苦和无奈的事情，她是心理方面和身体方面都有疾病，所以她的困难比我们想象得大得大。生病就要及时、积极地，持续去治病，这一点很重要。”

“妈妈，是不是有个香港的男的明星也是和她一样，自杀的，你知道吗？”

“我知道啊，20 年前了。”

“那我会不会也生这样的病？”

“嗯，这类病一般都是和生活中的困难紧密联系的，每一个人都有可能会遇到艰难的事，考试没考好、辛苦赚的钱被骗了等，这些难题不知道什么时候我们就会遇到，有的人总是会想办法去解决困难，当找不到解决问题的好办法时，她又会去换一个角度看困难，把危险当成考验、当成机遇，即使没解决眼下的事，但是却度过了困难。所以如果总是用这样的想法去生活，大概率，心理的疾病就绕着我们走了，就不会生这样的病。”

“哦，知道了，那万一呢？”

“那我们就要先看看怎么样算生病了，就像你如果受凉感冒了，会有症状，发热、流鼻涕、打喷嚏，是先发热再流鼻涕还是先流鼻涕再发热，热到多少度等，疾病是有对应的症状的，而不是我们自己觉得是什么病或者因为某一个症状就自行判断自己得了什么病，对不对？还要医生确诊过，比如验血等检测下。”

澄清 3：用孩子听得懂、能理解的语言描述并安抚孩子。

“是的，妈妈，那自杀的病是啥症状呀？我想看看我有没有。”

“嗯，之前妈妈看了一些书，上了课，也和很多的家长、孩子聊天，我发现有这么几条，你听着对照一下哈。”

“第一个，吃不下饭。”

“那我没啊，我每天都能吃能拉。”

“嗯，通过，第二个，睡不着觉，可能是前半夜入睡困难，也可能是后半夜，很早醒来，醒来后又睡不着了。”

“那我没呀，我睡觉可快了，除非外婆的呼噜声太大吵醒我，我睡得可香啦。午睡了也不影响我晚上睡觉。”

“好嘞，那第三个，拒绝写作业，不想看书，连最喜欢的动画片和综艺节目你都没兴趣。做任何事情都没有兴趣。”

“那我没呀，我每天都自己安排作业了，我也喜欢看闲书，我都迫不及待想玩倒某派对，还有看手艺人的综艺啊。”

“那你开学了还想去学校吗？还想见同学老师吗？”

“想呀，我想和兄弟们一起玩啊！打篮球啊。”

“嗯，那第四个，如果你有烦心事，你会不会自己想而不告诉任何人，或者你发现没有任何人值得你信任。”

“如果有事情，我会想自己能不能解决，如果我不能，那我会找别人帮我，但是不能什么事情都第一时间让别人帮我。我有好朋友的，我有什么事情我还可以和你说的，还有，有的事情可以告诉班主任的，有的可以告诉同学不用告诉老师。”

“你刚才问我，说怎么样算生病嘛，以上 4 条要同时发生、存在，还有第 5 点就是每天都这样，持续一周、两周甚至更长时间，每天连续都有这些情况……这样才可能医生会说你生病了。”

“哦，我知道了！那我没有生病！”

“嗯，这个是比较典型的也是比较严重的一种心理的疾病，其实现在越来越多的人关注自己的健康尤其是心理的健康。因为心理疾病容易被忽视，但是如果真的严重又不去治疗，会越来越严重，可能就导致死亡了。你想象一下，就好像我们的心骨折了，不能奔跑，但是初期如果有些不愉快、不高兴，我们及时发泄、缓解和治愈，就不会发展成更严重的心理疾病了。”

“嗯，妈妈，我困了。”

“睡吧，妈妈再说一句话哦，我们都是限量版的，生活很有意思，生命十分珍贵。”

2023 年 7 月 31 日

小朋友的脑洞智慧

最近，遇到了一个困难，如何正确理解我们对自己的期待和自我判断、如何评价自己的能力和部分工作价值。当我和同事讨论时，被小朋友听见了我们的部分对话（主要是我的表达）于是，晚上孩子说要和我一起睡觉，因为他有话想和我说。

他说：

当一个人表现很好，在舞台上施展才华，可以直接（口头）表扬他（的才华），也可以给他写一封信，说："你今天的表演真不错，虽然没有拿到好的名次，但是我认为这是一个非常好的锻炼你自己的机会，并且你都做到了。"这其实也是一种认可。认可是多方式的，不一定是想得到的名次。

还有一种可能就比较直白，例如，他不是想得到（别人的）认可，就是想拿第一名，就是要拿重要的名次，比如第四名他就是不要。这里有 2 个重要因素，一是他想得到认可，二是他很要强，就是认为别人没他合适。

妈妈，你可以跟学生说："这个世界啊，你觉得公不公平？"说这件事情。

如果他说不公平，那刚好打到他的手背上了，（因为）那这个事情本来就不是公平的。

何炅说过一句话，花花在一期选秀、选歌手的活动上，他非常喜欢的一支乐队被淘汰了，花花说他觉得不公平，何炅说："其实这个世界啊，它就不是公平的，它如果是公平的，就不可能维持下去和发展下去，只有不公平，它有不对等，反而引发更多的事物。"所以呢，他说不公平那就刚好打手背上了。

如果他说公平，那就打手掌上了，"公平，那你就这样吧!"

还有第三种可能性，他就是说我就是要这个，我就是觉得这个更好的是我的。那就可以拿我的亲身经历举个例子了。你就可以说，我有个儿子，他在二年级的时候去过一次讲台，全校的讲台上演讲过一次关于土壤的故事。当时我是选了壤土，其实壤土是三个角色里非常重要的元素，其他还有沙土和黏土。黏土的台词并不多，而沙土那个角色演的人他必须要有很高的能力，他不适合我，所以我选的壤土，也没有其他人提出意见，就给我挑战了一下。壤土在我看来这个角色是戏的主心骨，你演不好，这整场戏可能就不行了，所以一开始我说我想选一个别的角色。老师说可以，但是你得跟别的同学商量，当时这个难题就抛给了我和王同学，我想和她换，她拒绝了，那怎么办呢，我只能硬着头皮上！好在最后效果还可以。

回去的时候郭老师就说，唉你们演得不错，然后我说其实我不太想演，当时郭老师说："其实你适合演的，你就是不想演。"

这很像你和我说过的一个道理：你不喜欢这个事情不代表你做不好。

所以他可能不喜欢这个名次，但是不代表他只能干这个名次所该干的事情。因为无论第几名，哪怕第十几名，也是很重要的。比如一个球队里面，如果人人就是要当小前锋、大前锋或是中锋，你后卫什么的都不要，那算什么呢，这就不是一个球队了。科比他就是得分后卫！他也曾在不是特别高的等级的球队，但是他为这支球队效力很多，最后，后卫当成了队长！

这种东西它历史穿插的可能性会很大，包括以前的历史也可能，像有些人会嫉妒（别人），比如我们最近学了一篇课文就是《将相和》，将是廉颇，相是指蔺相如，当时他们在赵国，赵国里最厉害的两个人就是他们。当时的赵王得到了一块很稀有的宝石叫作和氏璧，那和氏璧啊晶莹剔透，是无价之宝，但秦国想拿 15 座城去换和氏璧，赵王就赶紧召集大臣，蔺相如说："如果你不去换 15 城，自然是亏的，因为一个宝石没什么用，但是 15 座城可以存很多的兵马和粮草，但是呢，如果你要换，秦王可能不一定真的答应，因为他历来狡诈。"当时蔺相如没有动刀动枪，就是动了个嘴皮子，廉颇很嫉妒他。廉颇是战国十大将军之一，非常能打仗，他已经准备好出生入死。但是蔺相如却做了上卿，官位比廉颇还要高，于是廉颇就嫉妒他。他在嫉妒的时候其实是不知道之前蔺相如经历了什么，当时在渑池会见的时候，他离秦王只有五步远，秦王身边全是士兵，赵国去的就他一个，而且他还是个文弱书生，不会武术，所以搞不好他就被这群人给群殴掉了，就 KO 掉了，就被挂了。但是他当时眼神犀利，说话声音很大，"我离你只有五步远，如果你不换，我就跟你同归于尽。"，当时的士兵想上去但是又傻了，"唉，他怎么那么厉害。"士兵也不敢，都蒙住了，然后秦王怕真的就这样，只能顺从他，因为如果那些士兵但凡有一个没有挨住，他就有可能会被那一个士兵给干掉，因为他是个书生。

还有一次是当时完璧归赵的时候，他借这块和氏璧有点小毛病找秦王说有个小黑点，秦王给他后，他迅速跑到一个柱子边，把和氏璧举过头顶，靠着那个柱子说："秦王，我告诉你，如果你不换，那我的头就和玉一起撞在这个柱子上。"秦王不敢啊，他就只能答应了。

嫉妒这个东西不同人有不同的作用，像廉颇，但当他终于理解这个事情的时候，廉颇就负荆请罪，身上一根荆条，光着膀子就到蔺相如的府里，蔺相如和他和好，然后廉颇意识到他就是比我厉害，我就是没他好，所以他只能继续努力，就努力到最后还真成了战国十大将军。不知道的人还以为廉颇比蔺相如还厉害了。

所以呢，这个故事就是说，你不要嫉妒别人，别人也是靠自己真实的实力爬上去的，他就是有这个实力，假如说这个是不公平，那赵王不可能让一个只动了几下嘴皮子的人直接当了上卿，他绝对是有他的道理的。因为当时的情节是什么呢，他在秦王面前他只要说跑半个字，他表情管理没做好，那脑袋就直接掉到油锅里，所以以为只是动动嘴皮子，实际上廉颇都不知道他差点都动了命，所以这个东西他可能只看得到自己的成就，但是后面他却没有看到别人的成就，他理解了之后他就会犯一种病，就是只看到别人成就，自己的成就都没怎么看到，然后就开始有一些些的自卑，然后开始又突然努力。

就是让他意识到，别人就是比我厉害的，就是很简单的一个事实，你既然觉得比他厉害，你可以跟他正面去较量一下，你可以去比跟他比知识，你可以去跟他比才华，可以去跟他比口才，你可以跟他去比道德。你在比一比的过程中，你自己如果真的比他厉害，你肯定会坐上他那个位置，你之所以没有坐到他那个位置是因为你自己对自己的才华和对自己的名次预期太高，和希望太高，还觉得自己太厉害了，太自豪太骄傲了，所以你就觉得别人如果没这样，你会非常地难受。

2023 年 9 月 25 日

站在十楼看风景

想写字的时候，没有时间或者机会；夜晚在家时又躺着不想动弹，懒得写；不知道有没有人能共鸣到，这种颓废的、慵懒的、带着一点丧丧的、夹杂窃喜的复杂心情，看似掌控着自己却又被生活狠狠拿捏住的限制感，是的，我不太喜欢这种感觉。

好像也不是不喜欢。

不用绞尽脑汁，我就能想到很多有趣的事情，里面有人，比如孩子、比如学生、比如来访者；里面还有事情，比如重要的节日。怕自己记不全，怕自己脑子转得比指尖快，让这些有趣从指缝中就这么大摇大摆地逃跑了，它们还转过头，歪着脑袋，做着鬼脸，用仅有的一根手指头扯着某一边下眼皮，尖声嗲嗲地笑着，是笑我，还是真的发自内心地开心，我愿意相信，都是。

前几天，因为一些小事，和孩子攀谈起来，大概就是考试不及格，班级倒数，我问他考 57 分的原因，他说可能因为老师给了 4 张复习卷，他只看了一张，还有三张没来得及看，所以发挥失常。我没忍住笑着说："照你这意思，看完 4 张，不得考着快 200 分了？"他也和我一起笑，说数学不太好，算不清楚几分呐。我逗他，说："哎呀，真羡慕你，你考这么点分，你的妈妈都没有批评你，如果我小时候考这个分数，估计早就被骂了。"

"因为你的妈妈站在五楼，只能看见五楼的风景，而我的妈妈站在十楼，她能看见更多、更美好的风景。"

我不禁感动。

这几天，我又问他，老师说了萝卜刀（流行在小朋友之间的一种玩具模具）不允许玩了，虽然他没有带去过学校，但是老师也给了家长一些建议。我问他怎么处理合适，他说："老师说的是'建议'扔掉，没说必须扔掉；老师说不允许带去学校和玩，我能保证不带去学校和玩；这个玩具虽然不贵，但是也是妈妈工作赚钱买的，直接扔掉有点浪费，能不能你保管或者放在家里的玻璃柜里，作为一个装饰或者摆件，就隔着玻璃看看，以纪念它的存在。"我非常赞同。

前天，他回家和我说带去学校的一支限量版的奥特曼笔不见了，晚上做完作业后自己在设计"犯罪嫌疑人"搜查令，让我打印出来笔的照片以及和小伙伴电话，一直在进行猜测、推理，这个过程我看见了孩子面对挑战的心理变化。回家时是沮丧，但是时间很短，因为一边抱怨自己"倒霉"，一边已经开始反思丢笔也有自己的责任，比如炫耀了有什么笔、毫无警惕感、有挺多部分是自省，复盘经过后开始推测，包括观察周围人的神态、巧合事件的发生，等等，最后是合理化，虽然丢笔很沮丧，但是友谊更重要，显然炫耀不合时宜，但是经验无比珍贵。今天刷淘宝看见有店铺销售那支丢失的笔，我问他要不要买一支，他说："不用了。既然丢了，我也要有点教训，丢了一支笔，但也得到了很多。"

很多家长总觉得是大人教育了孩子，可是越来越多的时刻，我感受深刻的是孩子在陪我们成熟，我们总是试图控制孩子，以"教育"的名义，但是孩子总是在包容我们，真正以"爱"为使命。

很多家长会问，为什么我的孩子会变成这样？

有时候我说："可能因为你有一个看起来特别健康的孩子，所以你就贪心，要他需要变得更加优秀。"

有时候我说："可能因为你觉得自己的基因棒极了，但是孩子总是不能满足你的期待，抑或你觉得自己不够出众，所以希望孩子一鸣惊人。”

如果自信，为什么会怀疑？

如果不出众，凭什么必须出彩？

一起爬更高一层的楼吧，去看看远方的风景，而不是只盯着眼前的孩子。

2023 年 10 月 19 日

20 元的诱惑

有时，我以为我在空中停下了。就像，我时常以为我在忙碌。

有时，我以为我在奔波中开怀。就像，我时常以为我抑郁了。

有时候，会停摆，然后不停地摆。“兴趣 热爱 事业”这样混为一谈，很有道理的感觉，把自己催眠，享受着。

点上冥想的蜡烛，点开久石让的音乐，点一盏暖橘的灯，看着 00:00 时刻停留 59 秒，冰葡萄汁滑过喉咙，才感受到“夜深人静”的美好。让大脑开始工作，由它愉悦的、发自内心的驱动力——对，就是无数家长都期待在孩子身上启动的一种神秘的力量。

我时常感受到自己有这种驱动力，所以我也时常能看见孩子身上有一点点驱动力。

分享一个最近发生的小故事，也许你也经历过，或者未来你会和我一样面对一次。或许，确实只是或许，对你有一点点帮助。谢谢你，看到这里你还能接着往下看，因为上一句话里我情不自禁有一些自恋了。嗯，就像冰葡萄汁滑过。

周一放学，手机突然跳出 5 个提醒，点开一看是孩子发了 5 条消息，“妈妈，小 H 给了我 20 元”“妈妈，外婆不让我买东西”“妈妈，我想用这个钱”“妈妈，你为什么不回复啊”“妈妈，我可以买吗”

妈妈妈妈妈妈妈妈妈妈，上辈子做牛做马的女人……一半的在这一生成为了牛人，另一半成为了妈。我成为了后者。

顾不得回复消息，我只能直接上电话。

“妈妈，你终于回我了，外婆不让我用钱，是同学送我的，为什么不能用！”

“哦，宝宝，你这么着急发消息给妈妈，是因为你想花钱，而这个钱是同学给你的是吗？”

“是的。”

“嗯，我之前确实没遇到过这样的事情，你能和我说说发生了什么事情吗？”

孩子用行云流水的语调，绘声绘色和我把故事的前情介绍清楚，然后又眉飞色舞地告诉我他打算如何使用这“天上掉下来的钞票”，感觉事故就要发生了！

前情：上周某日放学他用零用钱 20 元买了两支盲盒笔，哥们小 H 挑选的，不料，都是普通笔，两人十分扫兴，哥们有些愧疚，提出愿意用自己的零用钱 20 元弥补儿子的“信任”，以示友谊。儿子欣然答应。

现状：哥们把钱带来了，一张全新十元和十枚一元硬币，十分应景——沉甸甸的友谊和崭新崭新的周一。儿子正打算豪爽消费被外婆制止，而且外婆坚决要求他把钱当场还给同学，于是他只能来求助于我。

“宝宝，妈妈听明白了，这样好不好，因为一方面妈妈还没有确认钱的来源，并且这么一大笔钱妈妈需要和小 H 的妈妈确认一下，所以不是不同意收，是暂时我们先不消费，你留着，保管好，等我回家，好吗？你不需要马上还给小 H。”

“好的，妈妈，那你快点回来啊！”

坐上单位班车的我，终于可以有一点点时间来醒脑刚才发生的对话了。于是我一边和小 H 的妈妈联系，一边开始了一场“干预”。

“宝宝，你在忙啥呀？今天在学校过得如何？”

常规客套一番，切入主题。

“妈妈听到你刚才急切询问我花钱的事情，我想着可能你还是挺着急的，所以现在我们有点时间可以讨论这个事情，你能单独在一个房间，和我说说话吗？”

“好的，妈妈。”

“首先，妈妈已经和小 H 的妈妈联系了，她也在工作，所以也不太清楚这个钱是谁给的，至少不是他的妈妈给的，这个不要紧，因为可能是外公、爸爸、奶奶等等，都有可能，确实我们这些妈妈第一次遇见这么有趣的事情。妈妈感觉小 H 很善良，也非常信任你。”

“是的妈妈，因为他答应给我的。”

“嗯，所以他也很有信用，这一点和你很像，对吧？”

“是的，妈妈为什么我不能用 20 元？”

“嗯，是暂时不能用。因为即便是他的零用钱，对于现在这个年纪，如果他要给你一笔 20 元，我们家长都认为不是小数目，所以他有自主权决定如何支配，但是父母是有知情权了解钱的去向。现在父母不知情，这一点不太合理。但是你们之间的交流，我觉得合情。”

“嗯，因为我想再买 2 支笔，上周抽的没价值。”

“嗯，妈妈很理解你。盲盒笔的乐趣就是能够遇到好运气，抽到价值高的笔。但是妈妈问你个问题，盲盒笔是不是还有更大的概率就是抽到的是普通的，我记得你和我说过有的笔是几十支，甚至几百支里才有一支？”

“是的，妈妈，很难抽的。”

“所以妈妈认为，当我们决定要去买盲盒笔的时候，我们是要有买笔的能力的，包括有这个钱，获取金钱的能力，更重要的是要有接纳结果的能力，就是开盒之后我们拿到的就是一支普通的甚至重复的一支笔。自己主动选择了，要有能力接住好运气，更要有能力用平常心面对不理想的结果，是不是这样？如果只想着抽到好笔，那就会不断想买，侥幸并且带着赌博的心态，如果不能接受抽到普通笔，那我们适合去买盲盒笔吗？”

“妈妈，这支笔不是我抽的，他想弥补我。”

“嗯，那你让他帮你选择哪一盒的时候，你是不是也是自己选择了，让别人帮你决定笔，这一个决定？需要妈妈重复说吗？”我非常慢、温柔且有重点地说，“你选择了。”“让别人帮你决定。”

“是的，我是这样。”

“那妈妈想问你，你现在认为没有抽到好笔是因为同学的手气不好，还是换成任何人都可能这样？”

“任何人都会这样。”

“所以，任何人，包括妈妈抽，或者你自己抽，对不对？”

“是的。”

“那你觉得小H需要为这两支笔付出他的零用钱吗？这个里面他到底有没有责任？”

“嗯，好像没有。”

“他这么信任你，所以你觉得他是值得交往的好朋友，他热情帮你，但因为没有抽到好笔产生了一点内疚，妈妈相信那天你也安慰他了，因为你也是个大气的孩子，很可能你会说没事的。妈妈觉得这个钱你要考虑一下，因为他在试着为他的决定付出些什么，但是在妈妈分析后看来，你似乎还没有考虑在这个事情里你需要去承担什么？你觉得他是必然要付出 20 元才是证明友谊的体现吗？你们可以用其他的方式么，聊天、一起运动、玩等，是不是用其他的方式更能体现出友谊的价值，当然我不否认 20 元的交易也是一种体现。”

“嗯，妈妈，我知道。但是如果我把钱还给他，他会不会反而被他妈妈知道之后被骂了，那他更委屈了，本来想帮我，还自己付出了钱又被骂。”

“不会被骂的，妈妈保证，我保证会和他妈妈好好说，确实他的动机是好的，这样的情况是因为你们俩不太清楚这里面发生了些什么，你们俩都很好。所以我会努力说服他妈妈，你放心。”

“妈妈，那我这样会不会被外婆误解成我是‘贪官’，就是感觉我很贪。”

“当然不会呀，我已经和外婆说了，让她不要管这件事情，这个事情是我和你一起面对、解决的，和外婆没任何关系，你告诉我了，就是我们俩一起商量。而且妈妈非常非常感动，你这么信任我，非常非常钦佩你前面同意不马上花钱，先回到家，也非常非常开心你现在和我聊了这么多。”

“那我明天把钱还给他吧。”

晚上回家前，我在楼下买了一包薯片和一瓶饮料，作为奖励。因为还有一个原因，12 月孩子有 50 元的零用钱（用于购买零食和喜欢的任意东西），第一次开启一个月 50 元，他一激动前 10 天就花完了，所以周一面对“雪中送炭”般的 20 元，实在难以抗拒诱惑，我当面和他分析了这一点原因，他点点头承认。

“所以妈妈特意买了你最喜欢的口味的薯片和饮料奖励你之前的思考和决定。第一次拿到 50 元，确实没有花钱的经验，所以这个月我们可以感受下。什么叫未雨绸缪、什么叫计划赶不上变化。还有就是当别人有 100 元、150 元，而你只有 50 元的时候，是不是真的你的快乐就比别人少很多？你都可以慢慢感受。这样下个月，你会比这个月多一点点花钱的小本领哦。”

上个月，我写“泼天的富贵”，万万没想到孩子立马就感受了这泼天的富贵。

不知道那个家庭里的孩子和父母如何讨论这 20 元，我相信是一场智慧和温馨的对话，就像现在循环的旋律。

2023 年 12 月 13 日

是孩子 也是老师 养娃很有趣（一）

“孩子真的非常不错的。”

最近，我沉浸在这一句话的喜悦中，毫不谦虚，十分感动。

起因是我和孩子商量，如何安排期末复习阶段的时间，他说想自己安排。我也这样想。因为这个时段也是我的工作总结季，还有不紧急但很重要的事——运动、和好友约会，忙忙碌碌的成年人的生活。要平衡好工作和生活，挺不容易的，这里需要一个省心的孩子来加持。巧了，我的孩子就是这样省心的孩子。还记得前几天，好友在他的工作室笑着说，像你这样的妈妈确实不多，没见你着急。

不知道是我自我催眠，还是被周围朋友们催眠了，有时候我也有点孤单，在“放纵”孩子的路上多少有点孤身只影的氛围感，这一年，我仍然坚持——给孩子很大很大的空间，如果我的内心是海洋，那么我给孩子的空间有宇宙那么大。

期末时间对于孩子而言是充裕的。

我想给他打印老师的试卷，他笑着说：“妈妈，老师说那个是学有余力的同学完成的，我余力不足，先不做了。我自己看书吧。”行，自己看。

我想让他在温暖的屋里玩玩静音篮球，他笑着说：“妈妈，你答应考试前一定让我去玩一次蹦床的，还有三天就考试了，这个周末是最后期限了。”好，赶紧去。

……

不少妈妈有很多次会以“我想”“我希望”开口和孩子对话，但是抵不过孩子的他想、他希望。于是就要相互拉扯一番，很多时候父母会盛气凌人地赢，孩子心不甘情不愿地输。小事上，比如吃喝玩，我基本都会赞同孩子的选择，稍微大点的事上比如涉及钱、交友站队等方面，我会和孩子交换观点、理解他的选择，绝大部分的时候会支持他的决定，但是倘若决定之后可能会面临的“危险”或者“残局”，我会陪着他，让他独自承担。

这一年，孩子写了匿名的“控诉说明”投递到学校的邮箱，他希望纠偏同学们不喜欢的老师的个别行为。前后他纠结了 2 个礼拜，还请我和另一个同学的妈妈（电话中）帮忙修改措辞，最终他以他个人的决定选择了投递。这个过程，他学会了理性表达诉求、客观反映问题，了解了如何先抑后扬地批评现象，还学会一式两份，誊抄的时候他说万一有人添油加醋，他就把另一份拿出来对照，正式文件好像都是一式两份或者三份。

这一年，孩子收到了 30 元来自同学的礼物，其中 20 元退还了（因为对方家长不知情），另有 10 元（在和对方家长沟通后）收下了。对此，他学会了金钱是不能作为礼物在日常生活中随意赠予和收取的，也因此了解了压岁钱、红白喜事金、捐赠基金、奖学金等为什么可以直接赠予和接纳，顺便还科普了反腐倡廉。

这一年，孩子成为了班级推选的少代会代表，乙流复检阴性后就立马到学校唱歌、投票，仪式感满满。虽然在班级里未承担任何学生干部的职务，但是他热爱班级、团结同学、热心助人。我开玩笑说“你准备给你的小兄弟们准备啥惊喜呀？”

他立马严肃地说：“妈妈，他们是我的好兄弟，不是小兄弟。”真的，听到这句话，我脸红羞愧。

这一年还发生了很多有趣的事情，他写了20多首诗歌，坚持英语30秒打卡1595天，差一点担心好兄弟受委屈要和女同学打架，不到一周又和好兄弟“翻脸”……

我给他很大很大的空间，他展示给我非常精彩的一年。期末，他对成绩的估分还挺准确的，没有侥幸心理，该良的良，该优的优，惊喜的是考试结束他坚持打球、抄写古诗，他说运动和写字都属于休息，惊喜的是他知道成绩后写了一篇《杂文》以表达内心的复杂情绪，惊喜的是平时的数学都是5、6、7开头的，期末考了80，惊喜的是语文的基础部分满分，其他扣分也不多，老师说他真真切切地看到孩子的进步，关键语文学习的小宇宙整整燃烧了一学期，惊喜的是英语成绩虽然不高，但是老师说“不是每一份努力马上就会有结果。但是每一份努力一定会有回报。”孩子悄悄和我说，下学期想在英语上多努力一点，我完全支持，因为我等着一句话等了好多年了。

惊喜的是老师说“孩子真的非常不错的。”

热泪盈眶！

在没有经过孩子的同意下，父母只是带给了孩子生命，

但是孩子却用简单、真挚和毫无条件的爱，日复一日、年复一年地教给我们生命如何成长。

2024年1月31日

是孩子 也是老师 养娃很有趣（二）

寒假是带娃出门溜的好时机。孩子返校日一结束，我们就带上行囊赴东北一游。既响应国家号召，为振兴东北献上小土豆的绵薄之力，同时也开阔眼界，看一看真正的雪地、雪山、雪景。

“北国风光，千里冰封，万里雪飘。”彼时诗词是文字，油印在墨香浓的课本里，此时身临其境，不禁感叹，雪的晶莹剔透、雪的层次覆盖、雪的绵软蓬松，雪与冰的刚柔并济，大自然的神奇力量让我们见识过大海的伟岸，雪山也能激发人包罗万象的本能，给予生命不畏酷暑严寒的向上精神。

可能东北人的豪迈与气候有关，屋外太冷，内心须热烈，雪层厚，脚步须有力，不知山林里何种野兽出没，因此，跑山采遍山珍宝物、撸起袖子加油干的力道就涌上末梢神经。一路蹒跚驱车去天池，70 余道转弯口，一边向上看是越来越厚的雪，一边向远望是广阔的原始森林。大脑浮想联翩有什么动物、植物在森林里，我和同行的朋友说，看这个风景想到了动物大迁徙，肯定也十分壮观。坐雪地摩托上神鹿山时，我仿佛是张艺谋电影《悬崖之上》里的人，左右两侧大片白桦林，悠长的雪道的宽度刚好够雪地摩托开过，一路逆风飞扬，膝盖感受飕飕的寒冷。

一路的快乐不仅源于风景，也有很大一部分来自孩子，这次出行的组合中有三个未成年的孩子，分别 14 岁、12 岁和 6 岁，每个孩子个性鲜明、聪慧伶俐。大孩子政治、历史的知识相当丰富，我开玩笑说坐在副驾驶座位上时我没怎么听清楚导游的讲解，但是世界政史我听了不少，小的孩子嘴巴特别甜，学习能力强，很会察言观色，三个孩子在一起偶尔有点小插曲，但整体上很团结、有爱心，我想聊聊我观察到的可能可以帮助到提升父母表达的小技巧。

把“你不要”变成“你可以”。比如“你不要夹菜挑来挑去”，变成“你可以先看准再夹离你最近的这一片菜，如果转盘动你可以先压着桌板，这样你就能很快吃到美味的菜。”用有利于孩子吃到更多美食的角度，提醒餐桌礼仪。

把“你快吃”变成“吃好后我们就要去……”比如“我们吃完就要去玩雪了”“等我们吃完就要去买好玩的纪念品了”“等我们吃完早点去散步，夜宵就可以继续撸串了”用后续期待引发孩子思考并由他决定现在的吃饭速度，由我们主导孩子变成孩子主导自己。

把“你不要……否则我就……”变成“你不要……否则就会影响你……”。孩子不能配合父母，在旅行中，最终其实是影响孩子自己的体验感，因为父母始终拥有决定权，所以用你不怎么样我就怎么样是失去父母公信力的表达，因为无论孩子怎么做，实际我们都能“怎么样”。因此以你不怎么样就会影响你自己的事，把你的作用地位影响力放大。既给孩子权利，也让他有压力，以此明白自己对自己的行为负责。

允许孩子生气。在旅行中我有两次跟孩子有不同的意见，我也充分表达了自己的想法，也有顺着他回应的时刻，但是他始终都有一些内在的冲突矛盾，这个是由他自己引发感受到的，并不是我带给他的，在这个时刻虽然我也很生气，但是我可能会选择上厕所、洗手、跑开等其他方式，让自己试图离他远一点，并且给他几分钟的时间，让他自己去消化，这个过程对于父母而言会有一点难，因为我们此时也有了一些负面情绪。但是允许孩子生气，给他时间空间是挺重要的，因为当孩子感受到父母的情绪变化时他其实也会去思考。不会用太久的时间，孩子因为有其他的需求要和我们交流时，可能自然也会提到甚至孩子会主动向我们进行道歉。

旅行，是一种特殊的亲子黏合剂，也时常被用于友谊、爱情的“小考验”无论是什么关系，一段旅途，我们要照顾好自己，还要顾及身边人，所以——

有时候是我们在照顾孩子，一定也有很多时刻我们被孩子照顾着。

2024 年 2 月 11 日

第一次领队记

12 月中旬，一则东北游的广告引起了我的注意，因为儿子很早就说想去东北，于是我开始打听有意思的景点和靠谱的旅行社，说干就干，不到一周的时间订行程、组团友、交钱心安，我成为了本团的领队。

我们团的组成有三户家庭，一组成员是我刚工作时的前辈和她的孩子，另一组是我 17 年前带的学生和他的妻子、孩子，四大三小简称“葫芦娃土豆团”。这次选择定制，开启了自由行+传统游模式。在组团的过程，我特别关注几个点：一是团友们需要相互理解、互相帮助，不计较。二是团友对领队需要信任，有商有量，不武断。整个 6 天的相处中我们充分达成一致意见，没有任何争执和不悦，安全也充实，累并快乐着!

作为领队，我还需要考虑有未成年人和学龄前的孩子，订了中午的往返航班，最大限度保证孩子们的晚上休息时间；其次需要和接送司机对接，请旅行社安排了分别到三家家门口的接送机服务，减少拖家带箱的奔波，在东北的近乎 5 天行程里，我们选择包车，优点是安全和私密性得到保障，缺点是路途时间长，但优势远大于不足。因为地域广袤，我们不想拖着二三十斤的箱子赶高铁；再次每到一家宾馆，都需要确定好早餐地点、第 2 天早上的集合时间；之后临睡前结算好当天的消费金额，公布群里便于 AA，我们选择正餐自费，遇打车等提前未划明确的支出项目，大家都是抢着付钱，所以不计较不算计、不怕吃“亏”，有缘出行人——比景重要；安全永远第 1 位，因此旅行社为我们购买了安全险，团友也根据自己的需要自行购买个性化保险；最后领队还需要和地接导游沟通，比如有一天我们要安排滑雪和温泉，因此我向地接导游提出第 2 天行程的顺序调整，早上由 7:30 出发改成 9 点，次日中午的雪村饺子宴变成晚上，部分参观可以减少甚至减掉。要考虑团队大小，随情应变。还要和旅行社沟通，提前购买各景点门票，包括自费项目（我们认为值得但必须体验的比如雪地摩托等）节约了不少在当地旅行的时间。在内容上，兼顾“研”学兼备，参观展厅、走入朝鲜族村民家里访谈交流、其中有三天导游同行，都帮助孩子们更深刻地理解了文化和感受入乡随俗。

写在最后的是感谢，感谢团友们的配合，我们从抵达延吉的第一餐、登上天池的第一景、顺着爬犁下长白瀑布的时刻、在万达滑雪结束的比“耶”、感受神鹿山顶峰的严寒、窝老白山雪村炕上包饺子和最后机场候机兵分两路返程，7 张合影既是过去十几年的友谊见证，亦是未来的新启程。感动于最后一天早晨，7:20 没见到最小的孩子来餐厅，我和司机说 7:30 出发不了，可能得 7:45，因为小朋友吃饭比较慢，没想到他爸爸妈妈调整安排，妈妈陪小朋友在大厅等我们，爸爸匆匆早餐后打包了一点吃的给孩子和妈妈路上吃，为的是能够在 7:40 之前出发去机场。

一路上，我们相互提醒，把人财物都管好，及时反馈和回应，大家都积极搜地点和探店。确实也有一点小遗憾，比如因为不了解实情，时间考虑还匆忙了些，过分担心天气，暖宝宝着实带得太多了，遗憾也是“必经”之路，第一次以这样的方式相对临时组团出行，对我们都是幸福的挑战和美好的回忆。最后我们些许疲惫，但也收获颇丰地平安回家！

期待再出发

2024 年 2 月 12 日

在电影里看见了“不敢想象”的自己

曾经，贺岁电影一度是冯导的“专属名词”，如今，动画片、励志片都是贺岁档的“专属名词”，而不是某一位导演的姓名，这是影视的进步，更是大众审美的进步，文化的进步。

几乎是在 24 小时内，我看了《热辣滚烫》《飞驰人生 2》《第二十条》《非诚勿扰 3》和《三大队》五部电影，除了《非诚勿扰 3》会走神，其他电影都挺吸睛。不是刻意贬低非 3，只是，20 年、30 年过去了，如果我是一个小小的缩影—— 一枚中国普通女性观众，我想从我的视角中，感受到的是：爱情诚可贵，生命价更高，若为成长故，两者皆可抛。

《三大队》属于补课，它看起来有点像电影版的《漫长的季节》，甚至有点串剧《狂飙》，因为一个执念、一个执我是主角的悲壮色调，虽题目是团队，实际团队的灵魂靠一位主演在演绎。非常惊喜里面有演员王骁和高叶，真的非常喜欢他们俩的表演。《非诚勿扰 3》是刻意点播的，可惜内容过于简单了，2024 年了，光给观众“爱情”是远远不够的，时代的变化、男女性社会分工、自我价值、性别认同一直在悄然无息地变，虽然没有决定性地颠覆，但是差异确实发生着。就连《非诚勿扰 3》里的舒淇，也“抛家”10 年，为的是自己的理想和事业。可惜，格局还是太小了些，很多篇幅局限在卿卿我我中。

另一边，有一位网友在热搜留言时说“看热搜，一半讲女人搞事业，一半是男人搞是非”他说得很片面，因为是限制在娱乐行业的圈圈里，但是话糙理不糙，在“娱乐”版块，凭话题热度确实没有夸大，女人们在精进专业和事业。

看《热辣滚烫》，关于自我成长，看见了一个人的蜕变，从过度牺牲、奉献，到先安抚好自己的心、照顾好自己的身体、追求自己的梦想，再谈苹果要不要给朋友。抛开营销、减肥、团队等我们要复杂化、工业化电影的部分。贾玲击中了我的心，因为她的角色出现就是一个传统教育下“姐姐”的样子，中国女孩的样子，可是要变成素质教育、精英教育下的“我”的样子，新中国女孩的样子，是需要付出超我的毅力和努力。拳击比赛，2 分钟一回合，搏击人生，超限时精彩。

看《飞驰人生 2》，关于自我和解，看见了要给自己一个交代，本想回避热爱却直面困难，创伤可能会“摧毁”一个人一阵子，但是经历更会愈合一阵子的创伤。张雨生的《我期待》就是男主重回赛道的答案，不知道有没有人悄悄躲在角落自怜自己的委屈，有没有人想起不敢面对某件事、某个人、某一时刻的自己，有没有人在他人毫无觉察时叹了一口气，有很多的事情呀，我们都想知道答案，但是有的人敢面对答案，有的人始终没有做好准备，没关系，不枉活过、来过、拥有过，“热爱”滚烫烫的，把自己融化且点燃吧。

看《第二十条》，关于自我成就，看见了尘世间每一个平凡、庸俗的小我，时常在胆怯、纠结、不相信中，胆怯领导、制度、环境，纠结选择、观点、表达，不相信自己的坚持、沟通、决定甚至照镜子时还要练习的表情，像极了每一个看电影会流泪的自己。通过自己的努力，推动生活、生态环境，把不可能变成可能，把世俗过往变成新标准，理想，理想主义，一直都在！一直都有人信！一直都有人在践行！实话，实话实说，一直都要！一直都有人说！一直都有人在坚持！

上课时我常说：“心理活动，时时刻刻发生着，因此，每一个人都是心理学的实践者，这一门学问，我们日用而不觉，不自知却有自己的方案和逻辑框架，既然用了这么多年，我们都挺好的，说明有用，如果想更幸福、快乐，更能帮助自己或者别人解决一些小小的困惑，那我们继续学一点儿就行，贵在坚持和实践。”

今年贺岁档的几部热片，不知道除了共情之余，有没有在哪几秒、哪几分钟，治愈了你自己，让我们向某些“自我成长”“自我和解”“自我成就”又走近了一点。

“热爱”滚烫烫的，用勇气和毅力，把自己点燃，永恒灿烂。

2024 年 2 月 13 日

故事联想记忆法

明天约了刚工作时带的几位学生一起小聚，想到他们都已为人父母，不少都是二孩父母了，引发我的“灵机一动”，想和年轻爸爸妈妈们分享帮助孩子记忆的一个方法。先声明，以下办法仅仅是我的探索和在我家小朋友身上试验得到的一点经验，不一定适用其他孩子，但是也许，可以帮助到一部分人，我叫它“故事联想记忆法”。

记得孩子在刚上小学时，有一项学习内容是背韵母、声母、整体认读音节表，记忆犹新的是还在学习整体认读音节时，“zhi、chi、shi、ri、zi、ci、si”非常容易记忆，但是“yi、wu、yu、ye、yue、yuan、yin、yun、ying”总是记不住，当时我也挺着急的，用了很多鼓励式教育，可惜收效甚微。于是我想到孩子都很喜欢听故事，那编个故事试试看，而且要把孩子和他身边的人（比如同学、父母）编进故事里，刚好他的姓名中有一字发音就是其中一个，于是有了下面这一段：

一 yi 天夜 ye 里，月 yue 亮很圆 yuan，小昀 yun 宝宝想去小吴 wu 同学家玩游戏机，可刚出门迎 ying 面遇 yu 见了妈妈，妈妈不同意玩游戏，但同意他们一起听音 yin 乐，他非常开心。

很快，孩子便一边自言自语讲故事，一边就写下来了音节，我和他说，在学校时要心里默念故事，并在家进行了一遍默念默写，顺利完成。

等到孩子大一点，学校会开始要求背诵古诗，有的古诗很容易记忆，但是有的可能对孩子有一定难度，如果纯粹按照古诗的内容去让孩子理解，可能有的孩子立马消化不了，如果遇到时间紧、任务重、学前背等情况，帮助孩子先记住比深刻理解含义可能更能解决眼下问题，于是我试了下故事联想的方式，例如之前我们遇到的一首诗：

《鸟鸣涧》

[唐]王维

人闲桂花落，夜静春山空。

月出惊山鸟，时鸣春涧中。

第一步：帮助孩子抓容易理解的关键字，我们抓了“人”“山”“月”“涧”。

“这首诗，展现了人和自然的关系，有相融的美景，你看，有人、有山、有月亮，还有小溪，等等。很美，仿佛我们出去玩会看见的场景，所以我们把第一个人看成自己吧。”

第二步：从容易理解的字到可迁移的熟悉的场景，我们抓了“桂花”“春山”“惊”“鸣”。

“我猛一眼看，还以为桂花落是桂花路呢，这几个字相似，你记得吗，老家有条路就叫桂花路。”

“是的妈妈，我记得。确实很像。”

“是啊，我小时候闲着没事就喜欢去桂花路，哈哈，这一句挺像呀，人闲桂花落”我用夸张的语音语调重读了一下，“下一句也很有意思，你看，时间到晚上了，夜静，春山很像是富春山居图的春山缩写，春山空，没有人的意思嘛。你念一念，想一下画面，夜静春山空。所以晚上，月亮就要出来了，简单两个字就叫‘月出’，你看，月光太亮，都惊吓到了山里的鸟呢，月出惊山鸟。所以鸟儿边飞边说‘快跑！我们换个地方休息、找个小溪去尝尝山泉吧’时鸣春涧中。”

“有道理哦。”

第三步：一边创造联想画面，一边要重复、加重地复述、朗读和背诵，加强记忆。

可能这样的方式对古诗的理解会有偏颇，但是若以“记忆”为目的，是可以顺利帮助孩子记住，但若时间充裕之后还是要从传承传统文化的角度让孩子诵读名家诗篇。

家长是孩子的第一位老师，也是陪伴孩子、终身的老师，学习之路不易，让更多元的学习方式比如记忆的技巧，帮助我们和孩子更好地相互理解和交流吧。

2024 年 3 月 1 日

成为孩子值得信任的朋友

“成为孩子值得信任的朋友”一直是我作为“母亲”角色的座右铭之一。

首先，成为孩子的朋友就需要花很大的力气。每一个孩子都不一样，每一名家长也不相同，因此，怎么可能一样或者说用一样的方式养育孩子，我对自己的要求，是先成为孩子的朋友。

可以交换零食，以前都是我给孩子买零食，现在孩子有自己支配的零用钱了，他会时不时给我买零食，有辣条、糖果、薯片、果冻等，我从最初的珍惜有点舍不得吃，到现在不拒绝、不客气，经常会吃到“奇怪”（陌生）的小零食，我会说“我还不习惯吃这个，因为我小时候没有见过呢，但我愿意尝一尝。”口味不同，让我们学会尊重“朋友”和“我”的不一样，不妨碍我们把自己认为好的给对方，同时学会了“我以为的好”并非“你需要的好”，把“正常”和“正确”区分开。作为家长，示范给孩子“我尝试”“我探索”，身体力行告诉孩子，我也有很多没见过的世面和胆怯的时刻。

可以分享喜好，孩子小的时候我会带他去看儿童剧，大一点之后我们一起看话剧、演唱会，一起做公益活动和旅行，分享喜好的过程我发现他不爱看电影，但是我喜欢进电影院，他发现他迷得不得了的歌手不是我的菜。喜好不同，让我们学会理解“朋友”和“我”的不一样，求同存异，各自安好，建立一点边界感和尊重意识。作为家长，在法律框架下，不嘲笑孩子的动作、不鄙夷孩子的想法、不控制孩子的行为，尝试去喜欢他的音乐，去理解他的世界，去走进他的宇宙中心。

可以提前沟通，某日晚上我有一个工作需要持续使用手机 1 小时，离工作开始不到 14 分钟，孩子突然提出想要玩游戏，我表达可以玩，但是只能 5 分钟，或者如果是 10 分钟时间，但有个前置要求是时间到，我需要拿回手机，立马中断游戏。如果可以做到，手机就给他。他说希望能至少保证 10 分钟的游戏时间，但是不确定是否会超时，根据经验他很难在 10 分钟结束游戏，他也不想被中断，所以很纠结。我明确给出了“5 分钟”方案、“10 分钟”方案和“今天不玩，明天可以奖励到 15 分钟”的方案，他最终选择了第三种。作为家长，帮助孩子延迟满足需要很多技巧，另一方面，沟通就是管理的理念悄悄告诉我们，管不住孩子=孩子不听话=

教育效果不佳=不善于和孩子交流=不理解孩子的悲喜，逆向思维，理解孩子的喜怒=打开交流的空间=让爱成为教育的底色=孩子把家作为避风港=自我管理和能力的提升。

然后，努力成为孩子信任的人。我想从“秘密”开始，前提在不伤害他人、不自伤的基础上，是在法律框架下的“秘密”。

可以交换秘密，日常生活里常见一个现象，面对信任的朋友，我们愿意多说一点，包括主动暴露个人隐私，如死党、闺蜜，同样如果谁对我们开放了他更多的个人隐私（信息），我们和对方在工作或者生活交际里大概也会是常联络、较信任的人。家长总是期待孩子遇到难事或者好事时主动告诉家长，如果家长也以礼回敬、适当交换秘密，会拉近我们和孩子的距离，甚至可以设计秘密，若孩子对家长的工作、爱好、交友等一概不知，那也许有的孩子就认为他的成绩、兴趣、朋友也无需让你了解。

可以保留秘密，有一次和孩子闲聊，他很想了解我手头的工作，我试探地问他能否做到保密，比如不告诉班里的同学，不和家里其他人说，如果憋不住他只能回头再和我聊这个秘密，他思索了一下说做不到，怕自己忍不住会告诉同学。我说那我就只能暂时保留秘密，等工作结束后我才能告诉你，因为这个秘密不涉及生命安全也不违法。保留秘密是给自己心灵一块自留地，哪怕是成年人，扪心自问，我们遇到那么多事，尤其是工作、情感上的难事、苦事、伤心事，都会事无巨细、一五一十告诉父母么？己所不欲勿施于人，己所欲亦勿施于人。

可以保守秘密，我曾经为孩子保守过不少有趣的他认为“天大的秘密”，比如他写了一首很不错的诗，但是只能给我看不能分享给其他人；考试后把皱巴巴的卷子展开后请我签字，绝对不能让家里其他任何人知道分数；还有一些是同学的秘密。除了主动爆料的，也有我发现的秘密，比如在学校和同学们上课画画、发现书包里有生涩构图的“简笔情画”，等等，而这些我不会主动提，也不会毫无根据地猜疑，而是另找时间“轻描淡写”地聊聊。现在我们之间仍然还有一个秘密，需要我帮他保守。保守秘密真的挺考验家长，但是正因为矛盾、因为纠结，甚至哭笑不得，才促使我们成为孩子信任的对象，才可能发展出彼此信任的情感和友谊。

最后，我们如何“值得”，如何配得起“值得”二字？

有一次，广播节目讨论离婚、不婚不育等一些社会问题，孩子问我怎么看。我说结婚是为了幸福、离婚也是为了幸福、那些不结婚也没有打算生育孩子的成年人也是出于对自己的认识后作出的选择。选择也没有真正意义上的绝对的好坏或者贵贱之分，只是在作出选择的那个时刻或者时间段里，大人作出了认为更适合自己的一个决定而已。比如未来，我们会看见有的孩子是两个成年男性或者两个成年女性抚养长大，也有三四个孩子是唯一的父亲或者母亲以及保姆带大，世界很大、变化很快，未来的生活社群什么样子，我真的不知道。我们再看看过去，我国历史上有寡居的母亲抚育孤子成才的教育现象（之前《冷静看热闹》篇中我有写过）。除了这些现象以外，当我们聚焦家庭时，能否把“家庭结构”用“关系模式”的视角带入，例如经验主义可能告诉我们婚姻幸福的人，他们的亲密关系建立得相对稳定、完整且愉悦感也充沛和富余。那再看未婚人士，他们的幸福感同样也可以来自稳定、完整且愉悦的关系或其他资源的支持，此时，“家庭”就被弱化了，而“关系”就会上升到相对更重要的位置，为此，我在思考为什么很多年轻人不愿意谈恋爱或者不婚，过去“家庭”往往和“幸福”“安全”“保险”这些词关联，而现在偶尔也会看见“家庭”和“家暴”“财产”“骗婚”等关联，所以我们要切换思维模式去面对“老生常谈”。我始终相信，生活之所以美好，是因为值得，是因为我们会思考生活，而不仅仅是生存活着！

“成为孩子值得信任的朋友！”

“成为学生值得信任的老师！”

“成为来访者值得信任的伙伴！”

2024 年 4 月 17 日

与孩子讨论榜样，等种子发芽

流量现象榜样——爱生活——消费、自尊引导

孩子期中考试前，我带他去看了一场演唱会，是在他心里排名前三的歌手之一，这是我和他看的第 5 场演唱会。坦白说那个周末我过得有些忐忑，一是重要考试前休息太晚，二是复习时间压缩但又不能影响难得的一小时篮球运动，三是考试周的作业比较多，有学习压力。

和孩子充分交流后，我们决定根据现场的情况可以考虑提前离场，稍早些回家，也达成了坚持运动不看电视的一致意见，最后明确了这个周末只完成课堂作业，多阅读来自主复习。

信任和监督做个加合，所以我们如约而至去看了演出。出地铁到演出场馆的一路，我们看见很多商贩在售卖一些周边，比如环保袋、灯牌。我问孩子要不要也买一个，他坚决说："不用了妈妈，看演出已经花了那么多钱，这些东西我们就别买了，座位上有荧光棒的啦。可能很多人会为他疯狂，但是我就觉得他只是一个正常的普通的人，只是特别会唱歌而已，我知道很多人会因为看见他鬼哭狼嚎，但是我不会。"

每一次跟孩子去类似的活动，我发现特别有意思的现象就是他非常冷静，以至于我会在演唱会中间反复向他确认是不是不喜欢这个环境，不喜欢歌，每一次孩子都否认，并表示他喜欢这个环境，也觉得歌很好听。但是在我看来他好像更多是在认真地观看和思考，所以每一次活动结束后回家的路上，是我们能够交流的绝好机会。

比如我们会讨论关于"影响力"，一个人在某个领域能够有很大的影响力，可能和天赋有关、和他的执着努力有关，也不否认机遇的重要性。有时候我们会讨论"注意力经济"，因为这些流量、这些现象级的明星背后都有一个注意力经济学的原理，所以注意力可以变现，这也是为什么现在越来越多的人想要有自媒体号或者平台，想要通过造势来获得经济收入。我们还会聊歌手的经历故事，比如李荣浩从小城市走向大舞台，集制作人、歌手、词曲作者、乐手等这么多的角色，出品好听的歌，他的太太是来自中国台湾的演员、歌手、主持人，引出了一些关于情感的话题。看任贤齐和周杰伦的演唱会，我们就会聊到"才华"，一个人如何去甘于享受寂寞、如何看待别人对自己的冷眼、如何认识自己的坚持不懈，在聊周杰伦的时候也会讨论到妈妈独自抚养儿子与《听妈妈的话》背后的酸甜苦辣、幸福与不易。我们还会在地铁上观察陌生人，比如有没有让座、衣着打扮，有很多有意思的分享。每次去坐地铁，我都需要孩子来判断如何转站、应该在哪里下之类的，锻炼一点生活能力。

这些话题是我们在对流量现象榜样的思考和表达，延伸到讨论如何去爱自己和热爱生活。

红色教育榜样——爱祖国——信仰、价值引导

今天和一位喜欢的、也是一直在从事教育工作的杨姐交流，她说她之前做过一次调研，面对一群青少年（小学和初中生），她问孩子们的一个问题，长大后想做什么？不少孩子告诉她，长大后想去做网红，因为既不用那么辛苦地学习，又可以赚到很多钱。听到这些回复，她心里有失落，所以她更想把如何在孩子心里埋下红色的种子、埋下科学梦想的种子的教育事业坚持下去。

我特别赞同她说的话，和她的交流也使我深受启发。于是我想到平时是如何跟孩子讨论热爱祖国这件事，机缘巧合，孩子一直有在关注爱国主义教育的一些活动，比如慰问抗美援朝老兵、听对越自卫反击战功臣报告，他也会参与一些公益活动，有的是干体力活，也会主动捐赠零用钱……他很愿意做这些事情，我也非常鼓励他去做和这些有关的事。在家里，他很喜欢听故事，虽然他的电话手表型号低、价格低、功能简单，没有华丽的按键，也没有开通支付功能，但是这些都不影响他用电话手表听故事，我留意他喜欢听的最多的故事是关于历史、政治的，偶尔也听米小圈。听故事、听报告、身体力行参加公益，都可以帮助孩子植入对传统文化的自信，民族的自豪和爱国主义的激情，在他的心里播撒一粒小小的家国情怀的种子。

红色教育榜样可以是行万里路，在旅行中收获，也可以是看万卷书、听万首诗，发自内心热爱祖国的知名山川和不知名的溪流。

目前，我还在进行“身边的榜样—尊敬他人和家人—关系引导”的尝试中，通过阅读，待有点进展和体验了，我再记录。

2024 年 4 月 30 日

和小孩斗智斗勇，需要耐心、经验和技巧

五月刚刚开始，就显露出忙碌的开篇序。

一边是因为孩子的期中考试出结果了，另一边是遇到 4 位中学生家长和我聊发生在孩子身上的变化，她们有些不知所措。

先来看看我的逗趣小事。

小事一：“我帮你把反馈都写好了”

儿子学校在假期开展了一项实践作业，让孩子们在假期提前为母亲做些事，可以是表达孝心的劳动，也可以是写一封信。到了假期最后一天的晚上 10 点，他把这张黄色的 A4 大小的反馈清单拿了出来，让我签字并填写反馈信息。

拿到清单，我毫不犹豫签字，然后笑着问他：“这反馈信息我可真填写不了，你也没有为我做啥，我反馈不了。”

“妈妈，你别急，我把内容写好，你抄写上去好吗？否则我就只能交白卷了。”

他有点兴奋，夹着一丝试探，看我没有立马回复，又露出了一点沮丧。

“你先写内容，我根据你的内容再决定要不要抄。然后你这周还是要完成这一项作业，可以用其他方式，当然也可以补写一封信给我，因为学校的要求是围绕母亲节的主题，既然节日还没有到，就有机会和空间完成。”

不到五分钟，儿子递给我“答案”，让我抄写上去。

“儿女感恩心，藏在信 feng 里。

与其千万金，不如一 feng 信。

母亲谢谢你，儿子我爱你。”

我笑了，愉快地抄写。

假期结束，又恢复了日常学习。下班回到家，他和我说：“妈妈，你去床上看看。”我进屋一看，床上整整齐齐、从小件到大件，依次有两双袜子、运动裤、短袖 T 恤、长袖 T 恤，都是我的衣服。他说他叠的，问我厉害不厉害。我说：“超级厉害!”

其实我们并没有讨论以什么形式“补”作业，即便他把衣服叠整齐铺在床上，我也没有和“母亲节作业”联系在一起，他也没有问是否可以作为作业。但在我心里，他已完成，我也反馈。

小事二：“进步了 10 分，虽然没有及格。”

假期有一项数学作业，提前完成期中试卷错题抄写，仅仅是抄写错题。

此时《年会不能停》电影片段里的几句台词浮现眼前：

“问题的关键就是找到关键的问题。”关键问题是卷子没有带回家，所以作业没法完成了。

“情况具体是怎么样的，还要看具体的情况。”数学考试没有及格，确实还得具体分析，我没有因为他的不及格生气和批评，他觉得考得很差，在班里倒数，我说：“但是同样要看到进步了 10 分，虽然没有及格。进步就是非常好的趋势，是认真的态度。不要纠结分数，要看见这次比上次往前走了一大步。”

如果说某一门科目孩子表现很“糟糕”，那我觉得确实存在分数不够漂亮、排名不够理想的情况。但是问题的关键是为什么会“糟糕”，有可能是该门课程的学习天赋不够（常念叨的基因），有可能是学生和任课教师的关系黏度不够（常念叨的师生关系紧张），有可能是对于学科门类的兴趣点未真正挖掘出来（常念叨的没开窍，也可能不开窍）……原因是多种多样的，存在学生不够努力的情况，但是不努力一定不是唯一因素。成年人的世界几乎每天都可能遇到“我很努力但是没有得到正向反馈”的情况，孩子的学习于他们而言就类似“工作”，也存在努力了没有获得感。

和 4 位家长的交流是很有意思的——一次次留言和一个个电话。有一个孩子至今我都不知道长什么样，因为某一次讲座她听了我讲的内容，我要离开她的学校前，她和一些同学上来问我要了电话，过了好久才找到五一的机会加我的微信，因为有好几位孩子都陆续加了我的微信，所以我没法把人和名字对上，微信里她吐露了很多心事，包括家人带她去医院就诊的经历，她最后提出了一个请求，让我和她妈妈打个电话，务必告诉她妈妈，希望妈妈能多和她聊天，她不喜欢被忽视的感受，我答应了，和她妈妈聊了挺久。有一个家长通过她爱人的校友关系，辗转联系我，了解了家庭和孩子的基本信息后，我向家长简单解释了“心理咨询”的概念，通过电话作了一些澄清和科普工作，不知道后续孩子的情况和家庭的决定，但特别希望能对暂时处于困境的他们一点温暖。有一个朋友，他想让我帮忙介绍咨询师，出于对他和孩子的保护我没有过多询问孩子的情况，因为言谈间我觉察他说的“朋友的孩子”可能是自己的孩子，印象深刻的是当我询问，孩子和家长的关系如何，他肯定地说挺好的，都很好；我问家长是否有可能有传递一些压力给到孩子，他肯定地说没有的，学习方面是孩子自我要求比较高，家长是没有要求考第几名或者全优这些，我又小心翼翼表达，那有没有一种可能，家长没有直接表达，但是比较委婉传递了这些信号，比如家长说“某某阿姨的孩子，保送了呢”“你看你的表姐，考入了最好的高中”“你还记得某某叔叔家的小哥哥么，他现在已经提前录取了某个学校”，电话里沉默了一下，他略有低落地说：“嗯，这样的情况是有的。”我松了一口气，至少家长能够觉察，家长的自知是非常重要的能力。最后一位家长和前面的三位一样，都是初中生家长。

每一个孩子都是独一无二的，所以孩子身上的问题、表达的方式、性格状态的呈现等虽然都有共性，但是各有各的特殊性和不易，正如那句话，人与人的悲喜各不相同，所以我们看见的人与人的创伤也各有纹路。

这一条条的纹路在我看来也是对生命的歌颂，每一次的嘹亮怒吼，有张有弛，美丽无比。

让我们成为有趣、有魔法的父母。

孩子和我们分享快乐，快乐就会加倍。

孩子向我们倾诉烦恼，烦恼就会消失。

2024 年 5 月 7 日

观摩小学语文课，从名师身上学方法

最近孩子的学校开展校园开放日，让家长有机会走进课堂，看孩子们的课堂表现。在这次开放日活动中，我不仅可以看到儿子课堂上的表现，同时非常幸运，还有机会听了一次省特级名师的课。

孩子放学到家后特意和我强调，这次语文课和平时上课是一模一样的，老师没有刻意着装、没有特别表现，就是平时上课的样子和状态。

孩子们心里都有一盏明晃晃的灯。

通过短短 35 分钟的教学，我发现语文老师的授课理念非常值得我学习，所以我也很想把我看见的、令我有所启发的片段分享给身边的人，给想要提升自己课堂教学能力的老师们，无论你是小学老师或是其他阶段的老师们。

我看见“以学生为中心的课堂”“以孩子为核心的关注”和“以文化为轴心的教育”。

以学生为中心的课堂，是把课堂还给了学生。比如课上，老师让学生轮着读课文，让近在老师眼前或者思想开小差的学生回答问题，鼓励学生发散思维，不断联想。老师是老师，学生是学生，但还有很多时候，学生成为了班里其他同学的老师，所以我看见很多小老师，此时，学生是老师。这种以学生为中心的课堂，至少有一半的时间是孩子们在发言，所以课堂上有很多的孩子都有表现的机会、发言的机会。学生在一堂课上，既是聆听者、观察员，还是启发者和讲述人。

以孩子为核心的关注，是指老师关注到班级的每一个孩子。有几个细节：

老师要求全班同学朗读，但坐在教室最边上一列的最后一排的那个孩子没有把书拿起来读，我看见他在做自己的事儿。全班诵读一遍之后，老师倡议让全班同学再读一遍，他特意强调了，因为他看见了谁和谁没有拿起书，所以这一遍是其他同学陪着这两位同学一起读（其中一位就是我看见在开小差的孩子）。老师说完之后，我特意观察了坐在最角落离我特别近的那个孩子。他缓缓地把书拿起来，一开始也没有张嘴，而是把脑袋靠在书上，书是立起来的，挡住他的视线，但是过了一会儿，他的眼睛离书本越来越远、越来越远……嘴巴也慢慢动起来了，虽然此时第二遍诵读已经结束了，但是他的行动有所改变。

我关注到一个孩子，在上一节课堂，几乎是全程睡觉或者看杂志，但是在语文课上，孩子非常积极、专注，他总举手发言，老师也点名请他回答问题，坐在教室最后一排的他非常投入。还有一个孩子，他在上一节课上，拿着尺子举手，同样他在语文课也拿着尺子举手，老师风趣幽默地跟他说："你不拿着尺子我也能看见你举手。"那个孩子立马就把尺子放下，把手举得高高的，老师就点名请他回答问题。这些以孩子为核心的关注，给到了孩子积极的暗示与正向的肯定。

我还观察到，每当第一排的孩子回答问题时，老师就会让孩子转身面向教室后面，而不是面向黑板，目的是让全班同学都看到他的脸，听清楚声音；当最后排的孩子站起来回答问题时，老师就会要求班级的其他同学都看向他，给了回答问题的孩子全班的关注。

让孩子被关注、被看见，这示范了什么叫尊重。

最后，是以文化为中心的教育。上课铃响，老师说："今天的这堂课跟以往有一个地方是不一样的，我们首先要请所有的同学全体起立，向后转，请向坐在最后一排的家长们问好。"

"叔叔阿姨早上好。"孩子们微笑着齐声高喊，边喊边鞠躬。老师再让他们向后转坐下。

这小小的举动是在教孩子们尊敬长辈、尊重家长，是传统礼仪、是文化自信。课堂上借着课文有孩子拿"皇军""杨贵妃"等特定历史背景和历史人物作为造句的对象，对于原则性问题，老师鲜明指出了不恰当的地方，一个是当场就讨论和澄清，另一个是邀约孩子当天下午时段单独交流，让孩子先反思。家长能感受到，这既点拨孩子不恰当的地方和做法，同时也保护孩子的自尊心，并且并没有放弃教育的机会。

整个课堂十分热烈，老师教得享受、投入，孩子学得认真。我记得有一次家长会，语文老师和我们说他非常享受站在讲台上、他非常享受孩子们对他的那种崇拜，这一刻，我十分羡慕他，羡慕他的学生。

2024 年 5 月 21 日

把每一天过得像儿童节一样开心吧

某个周日，我参加喜宴，带回一个装满零食的礼盒。

用时两天吃光零食。

第三天，空盒子和三袋垃圾并列躺在地上。

“儿子，帮我一起把垃圾提下去哦。”

“好的妈妈！”说完儿子拿起空礼盒出门了。

“我很需要你帮我一起处理这些垃圾，可是看见你拿着一个，我感觉我要拿的好多哦。”

“妈妈，我拿的才是分量最重的！”

“你那个明明是空的。”

“妈妈，有句话叫礼轻情意重对吗？你去参加的婚礼带回的礼盒装的不是零食，是满满情谊，所以礼盒的分量是很重的，我不能把空盒子和垃圾放在一起拿下去，我要慎重处理它。”

我：词穷……

六一前我组织了一个小小的聚会，把朋友们聚在一起闲聊。

朋友是不是自己的镜子

不知道这一年聚在一起的人未来会不会相聚，可能会，也许不会。就像很多年前相聚的朋友，有的现在便不再碰面了，能走一段路、经历一些事、交换彼此秘密、把祝福放在心里，这些都很美好，想起来也都很快乐。朋友是自己的镜子，自己也是朋友的镜子，谢谢有机会照镜子，也要努力对得起镜子外的那个看着我的人。

有一次，学生问我：“老师，我不知道我是一个什么样的人。我很难描述。”

我也有过这样的阶段，现在慢慢清晰起来了，我看见的世界是什么样子的、我喜欢的身边的人是什么样的、喜欢我的人是什么样的、我如何评价我自己、我如何被评价，这些加起来，好像就是我。

不生孩子是不是更快乐

好像在小家伙不会说话的时候确实带给了大人很多快乐，当孩子开始有自己想法时，快乐就一点点隐形了，还是有，但是会时不时藏起来，所以很多人觉得孩子不可爱了，养孩子的日子不如之前快乐。生孩子其实挺疼的，但是相比养育孩子的烦恼，生孩子的“绝望、痛苦”就不值得一提。例如，不知道未来孩子体验的世界是不是如小时候一样和她说“世界很美好”。

所以生孩子没有什么快乐不快乐，无法掌控有孩子的生活是我们面临的很大挑战。

孩子的学习和快乐，似乎随着年级越来越高，就很难平衡；

养孩子的理想愿景和囊中羞涩，是绕不开的现实，不需要平衡，少数人不为钱犯愁，相比赚钱，降低预期是快速平复心情的办法；

成年人的工作和生活，谁教他们如何平衡？一边数落老人唠叨、一边需要长辈帮助，否则中年一代怎么去保持运动频率和追求自我个性；一边烦恼公司的“破事”、一边要激励团队“靠谱”，否则如何在人情世故的夹缝中喘息；一边焦虑孩子的分配生活计划、一边安慰自己身心健康最重要，否则如何说服自己亲子关系和情绪稳定是新时代父母的制胜法宝。

不太喜欢“为母则刚”，母亲就是母亲呀，小时候理想中的母亲好像是柔软气质、温柔个性，轻柔话语，像吸水的海边、天边的云朵、棉花糖，可是现在的母亲不少是“狮子座”“老虎座”或者“爱工座（作）”。

有没有愿望清单

前阵子，一位学生妈妈问我有什么好办法激励孩子学习，我提到了“愿望清单”，试试能否提起孩子的目标和兴趣。小朋友好像都会有愿望，比如长大了想成为科学家，生日的时候希望得到一条公主裙之类的。可以给 10 个名额或者更多。

相反，有一阵子没有想过自己的愿望了，某个阶段性短期的愿望是有的，比如要在三个月之内减肥 3 斤，要在下个月吃一顿大餐。但是人到中年，“惑”是少了很多，随之“盼”也没有变多。儿童节过去了，可是要童心不泯，是时候给自己列五个、十个阶段性愿望了。毕竟成年人的内驱力很多时候不如小孩儿，大概会出现——既没有儿童的纯真，也没有少年的梦想，没有年轻的气盛，还没有成熟的睿智。

快长大，像孩子一样。

2024 年 6 月 1 日

怎么办，“爱游戏小人”和“爱努力小人”同时需要我

前天我在朋友圈激动地写下“孩子和我的对话是非常非常非常非常值得纪念的”。

有朋友就开玩笑地留言说要坐等内容。

其实是一件小事，是无数家庭都会面对的孩子成长过程中的一件小事，是无数

孩子都会开启自我成长的小事一件。

1. 预感失眠 对话 120 分钟

“妈妈，今天的语文作文我没有写的想法和动力，所以你帮我和老师申请晚几天交，好吗？”

一个爱写作文的少年，突然出现不想写作文的情况，是一个很明显的信号——有情况!

“嗯，如果你真的不想写，那我去申请说明一下，我们晚点交，没问题。除了这件事情以外，还发生了什么吗？白天发生了什么？”

“没有，我就是感觉很累。”说着，突然哽咽。

我暂停了所有事，看着他，和孩子趴在床上，开启了对话。

他说突然感觉很累，说身体里“想玩的小人”和“想努力的小人”打架了，打得很累，他都不知道怎么办了。

我问他是不是以前这两个小人轮着出来找他玩，但是这次一起出来了？他点点头。

隐隐感觉，一个熟悉又陌生的“自我”，昂首挺胸，戴着类似弓弩的小武器，贴着小猪佩奇的文身贴，戴着和脑袋尺寸不合的大帽子，向我们迎面走来。

对话中看见了他的矛盾，很期待自己积极所以想努力，但是不想长大、想玩的小人使劲拉扯他，令他有些痛苦，他说是“内耗”。

“内耗”二字从小学生嘴里说出来时我有点想笑，于是瞬间我想换个词回应，却没有找到，必须承认，用词十分精准。

“如果我不交作业，语文老师一定会生气，不喜欢我的。”

虽然我努力表达了，老师有自己的观点、原则和内心的评价体系，是很棒的老师，他不会因为你一次作业晚交或者不交而否定一名学生的。可是他似乎还不相信我说的。

我看见了他很在意信赖的人眼里的自己，他想通过把作业做好来证明自己的学习、也证明老师的眼光、证明他的努力能配得上老师的“眼神”，所以相反的，也十分害怕因为没有做好就被老师嫌弃和失望。

“我觉得有点孤独，甚至感觉脱节了。”

他发现社交这件事开始有挑战。

非常清晰地看见，除了成绩本身带来的压力以外，也有来自师生关系、同伴交友的压力；当孩子问我，学习不好就没有用了，上不了好的学校了……说明社会舆论的压力也来了。

2. 迎接“忐忑”稳定“不安”

一边是孩子语言里的自我否定，一边是父母的不断肯定。

有用吗？当下无用。

怎么才会有用？耐心等一等

再等一等

再耐心

再耐心等一等

第一步——观察

第二步——顺从

第三步——寻求帮助

第四步——试图干预

第五步——观察

第六步——调整对策

第七步——第一步

……

第二天一眨眼就到了，我喊孩子起床，他压着嗓子说：

“妈妈，我头疼，我嗓子疼，我浑身疼，好难受。”

第一步：摸摸他的额头，没有发烧。

是前一晚俩小人折腾的！

第二步：我主动提出请假一天吧。

快速用请假平台请假一天，虽然是病假，如实写“未去医院、浑身无力”。

第三步：和咨询师朋友们聊天

从第三、四、五方，给自己一个稳定的拥抱，植入关键词“感受孤独是青少年的主旋律”。

主动和老师沟通，发生了什么，家长做了什么，期待老师予以一点点关注。

第四步：作业打折完成，鼓励放松。

愿意说—好过—不想说，我很烦—好过—别烦我，需要你-好过-你没用。

不仅要“干预”自己、孩子，很重要的是和家里长辈交流。

第五步：接孩子放学。

看他脸上带着笑，想要吃零食，享受自主支配零钱的快乐。

第六步：协商补作业的计划和近几天的安排。

作业可以迟到，不能无故缺席；游戏仍然继续，但不肆意妄行。

第七步：继续观察。

“妈妈，我给你推荐一首歌，你听的时候注意声音别太大。”

“好的！感谢啊，正缺歌呢！”

“很有意思的歌，叫《放个大招给你看》。”

“大招”来得毫无征兆！

成年人，很容易说出比如相信自己、肯定自己、超越自己、接纳自己，等等，可是青少年的世界，第一步不是相信，而是怀疑。

孩子，先找到自己，大概率找一个和家人眼里不一样的自己，然后，好好认识自己，重新和自己交个朋友，也许不喜欢自己的这里、那里，是的，不喜欢自己的这里、那里，然后再逐渐，逐渐在一段可长可短的时间里，或许依靠自己，或许通过世界，慢慢喜欢自己。

找到自己—认识自己—喜欢自己，

要花一段时间和力气。

之后再，

相信自己—肯定自己—超越自己—无法超越时接纳自己—享受自己，

和世界说晚安！

2024 年 6 月 7 日

写给外孙的信

外公常给孩子分享一些生活琐事，有时候是说、有时候是写，但是这次的信显得格外正式和认真。起因是期末到暑假期间，观察发现孩子玩得特别欢，导致学习上有明显放松，其次是孩子的情绪有时焦躁、有时不安，如暑期杭州的气温，外公耐心观察了几个月后，选择在 7 月 1 日给孩子写下了这封信。字里行间是厚爱抑或是严管，像是对孩子说，也像对我说。

昀，见信好：

自2023年8月至2024年7月，我收集了你部分作文及诗篇，关注你这一年来的成长和进步，总觉得还有很多话想与你交流，为此，我特意将你的作品装订成册，作为一件礼物送你，珍藏纪念。

借此机会，我再提点建议想法与你共勉。

一是快乐生活与学习。快乐自己找，微笑不用钱，却比钱更重要。你正值青春期，人生有两个生命周期要靠自己正确把握。一个是少儿青春期大约七年左右；一个是老来更年期大约五年左右。身心、心态将发生一些无常的变化，会偏激、偏执，严重时还会不由自主。这是客观存在的，需要每个人自己去调节，十分重要。宋朝林逋《省心录》记载："耳不闻人之非，目不视人之短，口不言人之过。"苏东坡说："吾上可陪玉皇大帝，下可陪卑田院乞儿。"眼前见天下无一个不好人。唯有此境界下，事就都能通融。

二是正确树立世界观、人生观和价值观。尤其是人生观不能自我独尊，人的生存和发展都要借助外界环境的力量，要寻找适合自己的发展的广阔空间。其次要审时度势，顺势而为，可谓"好风凭借力，送我上青云"。有了成绩和进步千万别沾沾自喜，而应更小心谨慎。有训道：善游者溺，善骑者堕。你在学习文化阶段，我希望你用更多的时间和精力专注自己的学习和快乐的生活。屈原说："尺有所短，寸有所长，物有所不足，智有所不明。"认清自己所处的时代环境和位置，才会真正懂得世间变幻莫测，唯有人品可立一生。

三是正确对待私和利的关系。一个人最忌太过圆满。总有圆有缺，福不可以享尽，利不可以占尽，分给他人几分，如此人生才叫圆满。

四是要学会谦虚，懂得感恩，有苦有乐叫人生。谦和能遇到贵人，人慈就必定有福星，在和同学的相处中要有"厚德载物"的胸怀大志。你追我赶，相互学习，相互借鉴，相互较劲，从而实现共同进步，向对手学习是一种胸怀、一种勇气，也是一种能力，在竞争中要海纳百川，汲取养分，那么凡事就有战无不胜的可能。

昀，你是幸运的，生长在当今时代，我在你年龄相仿的时候已在家务农了，不是我不想读书，而是没有这个条件。

希望你快乐健康地成长，外公、外婆只能陪伴你的学习期，今后的路要靠自己走，走得稳健，走得敞亮。我们不求回报，只求安心。

此致

外公

2024年7月1日

“制造”遗憾，珍惜“遗憾”

有一个遗憾，很快就“满月”了。时间退回至月初，带孩子逛街，他看中了一个篮球，我看了一眼大概300多元，在我的认知里不值得买，于是我自作聪明地引导他选择了另一个 100 多元的篮球，孩子点头，我眼里的他是“兴高采烈”。现在回想，也许兴高采烈的是我，甚至还有点沾沾自喜。

前阵子，孩子提出特别想去室内篮球场打球。某日下午，我顺着点评 App 很顺利地找到了一家很大的专业室内篮球场，木质地板、黑橙色装修，很有街头篮球的氛围，空调给力，体验感很不错。我们前后去了三次，我发现三次他都带着另一个橙黄色的新篮球，而不是月初新买的红黑色篮球，于是我问他原因。

“妈妈，这个篮球是真皮的，如果在室外打很快皮就会磨破，这个篮球场很好，用这个篮球手感特别好，打得开心。你给我新买的篮球我以后有机会在室外打，或者在家打。”

我恍然大悟，一是为什么孩子“执拗”要我找一个室内篮球场，其次瞬间理解了为什么他在选择篮球的时候有自己的标准。而我作为外行，只会看大小、颜色和价格。月初的我，省了200元钱，但此刻的我留下了超过200元的遗憾。好在我及时找到篮球馆，陪孩子打球，买运动饮料，打完球一起吃炸鸡……用点点滴滴“弥补”我自己内心的那点遗憾。懊悔用成年人的“局限”看另一个逐渐成年的人。

另一个遗憾，是今天早上发现的。因为去外地工作，在路上1个多小时的车程中我选择听歌打发时间，一首一首歌播放，无意听到两首说唱歌曲《飞跃经济舱》和《巨人》，这两首都是儿子很早前就力荐我的，虽然听过但我没有仔细听。今天在车上，悠闲地靠着，降噪，沉浸在音乐中，我一下从“局促、真空”的环境里找到了“氧气”。

之前我听过《经济舱》，积极的小人物。孩子说《飞跃经济舱》升级了，人数多了，内容也不一样，坦白讲之前我的回应是“嗯，对的，是好听的”，但是我没有真听，没有听进去，今天听时我被打动了，“孩子别紧张 生活不是竞技场”“面对着人潮汹涌 脸上带着笑”，我们喜欢音乐，因为有时音乐可以保护怯懦，小而不被重视的个体可以在旋律中飞入云霄，变得伟大。小时候的我，以为飞机的头等舱票价贵是因为可以先抵达终点，后来我知道了，无论头等舱还是经济舱，一样时间抵达。

《巨人》这首歌围绕母亲，从孩子的角度理解母亲，表达爱——母爱和致敬母爱。在听歌的一刻让我真有点“无地自容”，我给孩子的电话手表留言“妈妈在去开会的路上，我听着《飞跃经济舱》和《巨人》，发现很有意思的歌，而且很感动，很有内涵和深度。”一直没有“已读”，趁着中午休会，我电话孩子告诉他我认真听了歌，感觉很不错，我问他：

“是不是这首歌写到了你自己的一些感受？”

“是的，妈妈。”

“那我再猜一猜，里面的一些歌词是不是也是你想对妈妈说的话？”

“对呀。”

所以，爱，是被看见。

2024 年 8 月 27 日

谁说不是呢！

月初出差，去北方城市。感受到秋天的味道，干燥的空气、能扬起沙尘的风、绿黄渐变的白杨树叶、空旷马路上行走的身着薄羽绒或厚风衣或夹棉外套的陌生人。新鲜的街景，没有平地高楼起，像电影里的老旧火车站一样的场景，螺丝、铁轨、绿皮火车，岩石、被灌溉线围绕的绿植和来自五湖四海的精神。

临近上旬，在南方城市。手握一杯普通拿铁，因为白色线勾勒的可爱企鹅印在明媚蓝底色的纸杯上，咖啡的香也更香。清晨穿过马路，与车来人往并行，随导航觅见生煎包的铺子、落胃的豆浆和汤粉、柔软的面皮与酥脆的底，人生的满足就是这落袋为安的幸福。没有财富密码那红绿色波折带来的焦灼，也没有心电图导联线测试到的麻木。

在这些美好的秋野中，一眨眼，迎来孩子的生日，从预产期知道这孩子星座与我的星座关系“难以描述”，到落落大方的少年强调生日不吃蛋糕，就和好友相聚。一眨眼，迎来我的放手之日。

“你真的不焦虑吗？”前几天，朋友问我。

我笑着说："真的还好，没有那么焦虑。"

我知道朋友们的关心，是因为我家小孩哥总是考出不及格的分数。

但是朋友不知道：

周一我洗车后就遇见周二的大雨，我说："哎，我笨呢，昨天竟然洗车了。今天下雨，白洗咯。"

孩子说："妈妈，那至少周一你的车特别干净锃亮。"

谁说不是呢！

接他放学，还没见到人，他就用同学的电话手表打我电话，问能不能把他全部的两百多块的零用钱都用来买橡皮。我说行呀。

到了文具店，他仔细挑选、询问老板是否有整盒的未拆封的橡皮，老板说今天没有，我赶紧接上："那请老板准备两盒，明天下午来买。"

孩子说："等等。"停顿几秒后又说，"老板你好，这样，我不需要那两盒橡皮了。谢谢啊。"

回家路上我问为什么不买了，他说："钱还有其他用，先不冲动了。"

谁说不是呢！

生日前两天，正吃着饭。

突然说："妈妈，我今天看见 xxx 被俩同学欺负了。然后我看他挺难受的，后来我找了那两人给 xxx 道歉了，他们还不错，真的道歉了。"

"那你不错，做了好事。"

"对，我觉得我有责任做这个事，而且 xxx 也接受了他们的道歉，他们也听进我的建议。我想周末玩的时候邀请 xxx 一起可以吗？还有明天我想带块家里好吃的饼干给他，可以吗？"

"当然可以啊。"

"还有，我的这次考试，57 分，我还挺认真的，怎么这么差，你会不会不喜欢我了？"

"你先认真订正，不会的标注出来，明天问老师或者同学。只要你是自己考，没有看别人，没有乱写，那接下来就是把不会的题弄明白。还有，我当然不会不喜欢你，你考多少分我都是喜欢你的。"

"谢谢妈妈！"

谁说不是呢！

2024 年 11 月 15 日

发现一个好东西

电影是测试一个人“共情能力”的好东西，是否能与任意其中的角色感同身受，不一定是主角，也可能是配角或者没有台词的小人物角色。人物的性格、形象、语言，她（他）的职业、经历、故事，源于生活的素材，更接地气的表演，小概率情节或者人物关系的衔接，营造出满满氛围感，提供充足的情绪氧气，传递良好的价值观。

好几位朋友推荐电影《好东西》，我就走进电影院看看，虽然之前完全不了解剧情、不清楚人物关系和角色，但我能大致猜到，所以没有很大的惊喜，也不失望，挺好、值得、不错、享受！

这部电影的婚恋关系是当下时代的缩影，不是主流但比例有所增加，哪怕其中几分钟的“谎言关系”——两个妈妈+一个孩子的家庭模式，直面它的存在。随着时间推进，曾经影视作品中呈现的是媒妁之言、爱情至上、女性不能没有男人，彰显女性奉献美；后来逐步变成爱情很重要，家庭琐事、婆媳关系、girls help girls，家庭也很复杂，彰显女性隐忍美；再往后看到很多爱情神话，有爱当然很美妙，但是“我”更重要，现代都市剧一定有一个“寻求自我”的女性人物角色，彰显女性独立美；近些年，《耀眼的你啊》《加油！妈妈》，不仅在谈恋爱，还有事业，还有爱的能力，包括接纳爱、拒绝爱、失去爱、守护爱……彰显女性重构能力之美。

很幸运，我们身在中国；很幸运，国家发展平稳；很幸运，从小就听到“女性能顶半边天”；很幸运，所处的时代可以争取学业和就业机会；很幸运，可以选择单身或结婚；很幸运，有机会选择生育或者拒绝；很幸运，结婚和离婚都是为了追求幸福；很幸运，可以自在表达和书写；很幸运，还有很多很多的幸运。

我最喜欢的电影片段是小叶给茉莉播放各种声音，交织着两条线：

第一层叫看见：一条是“想象中的生活”，一条是“真实的生活”；

第二层叫感受：一条是茉莉现实作文中“我不再幻想”遇见了音乐世界里“我尽情幻想”，一条是铁梅新闻事业中“坚持理想”遇见了柴米油盐里“面对现实”；

第三层叫联想：一条是源于动物属性的快乐本能，一条是来自高级动物的自律控制。

我很喜欢这一段的拍摄，加上其他的剧情和内容，我看见一位可爱的妈妈站在孩子身前，为她抵挡一切风雨的样子，是真实、是迷人。电影如人，难有完美，其中也有我心里的“小遗憾”，但不妨碍是一部呈现了时代背景下女性关于自我、爱情、家庭、亲子、教育等，这些十分有意义的讨论，当大荧幕可以传导不同命运发展，以开放式结尾留白，让观众在茶余饭后可以讨论一二，那就是“成功”的标志之一，世界的精彩是因为文化的多元，人活得精彩是因为经历，拨开云雾遇见晴天。

2024 年 12 月 24 日

多一个“答案少年”，少一个“问题少年”

最近，在一次谈话中，我发现了生活中常见的一种现象，或者说是对孩子的认识。比如在部分家长眼里，觉得自己的孩子有很多的问题（其本质可能是不良习惯或者说毛病），我们曾经也看到一些社会新闻提到某些“问题少年”。姑且不说那些确实存在问题的青少年，我想从另一个角度来谈我对这些孩子的认识。

首先在我接触的“问题少年”中，往往真的很多人存有困惑，有很多不知道该如何解决的、现实的、具体的问题，这些问题汇聚得越来越多，并且没有人及时去关心孩子的心理，没有人有效帮助孩子走出困境，那这个孩子就很容易成为家长眼中的“（行为）问题（糟糕）少年”，同时是我眼中的“（心理）问题（困惑）少年”。

随之而来，总说“问题少年”，但很少有人对孩子用“答案少年”来评价。我眼里的“答案少年”就如这个孩子有很多的办法，有很多的经验，如果孩子有很多的解题办法和学习经验，他可能就会被叫作“学霸”，所以若孩子在社会活动中有很多解决问题的好办法，有不同求助的渠道，那他就很可能会成为“答案少年”，而不是“问题少年”。（我说的“答案”不是局限在学习领域，而是更广义的生活系统中。）

我相信这个推测是有一定正向价值和积极意义的，给到作为家长和作为老师的我们一个启示：我们可以多培养孩子解决问题的能力，使他成为“答案少年”。这个能力需要我们去启发他，启发他去思考，而不是直接给他答案，撬动他对自己的认可，而不是以贬低、讽刺、嘲笑等刺激他的内心。

之所以有时间来写这段话，因为今天是本学期孩子最早上床睡觉的日子。学期开学初，孩子还是 11 点甚至更晚的时间睡觉，学期过半，我设立了“奖睡金”制度，将孩子从 11 点以后上床睡觉调整到 10 点之前上床睡觉。

今天不到 9 点他就上床了，我问他原因，他说因为今天没有作业。我说那你明天考试，今天可以多看一会儿书吧？他说那也不差这一会儿了吧。

突然我觉得孩子说的是对的，我说的睡前再看一会儿书，叫作临时抱佛脚，而他的考前不必多看书，就是在回答我的困惑。此时此刻他就是一个自信赴考的“答案少年”，而不是一个考前焦虑的“问题少年”。

用相同的方式，我反思这一学期我对他学习的态度是不是也发生了些化学反应，比前几年更加放松。举两个学科的小例子：

第 1 门是英语，开学初他的英语成绩经常不及格。前一段时间我无意发现他有一张英语试卷上了 80 分，我就趁他睡着，悄悄在卷子上写评语“加油！你是有天赋的小天才！”最近的一次考试，他突破了自己上了 90 分，我又给他留言了“我就说你是个学习语言的小天才！”与其说这两张卷子上的留言是给他的，不如说是我在自言自语。

第 2 门是数学，毫不回避地说他经常考不及格，在班里，这个成绩是属于尾巴，但我会用自己的方式给他加油，他也会用自己的方式给自己鼓励，比如“进步 10 分（相比上次）”（小测）。因此我发现在某阶段，他的数学是有进步的，可能不稳定，但是他没有因为自己数学考不及格就绝望。甚至在前两天，他又考了不及格，在别人眼里是不理想的成绩，在他嘴里是“还可以，还可以”。令人惊讶，惊讶的是他对分数他有自己的理解，那就是有自己的“答案”。

2025 年 1 月 13 日

新年和“伤痛”不期而遇

年前，再一次自定义出行，和新老朋友、小朋友一起去南方，吃了潮汕火锅、新鲜生腌、糖葱薄饼，看朋友们亲手做红桃粿、广济过河拆桥，在南海出海品蚝、海边看满天烟花，这些不错的画面都抵不过一次异地就医的体验。

旅行途中一日，从某地乘车一小时抵达市区，小朋友突然感觉身体不适，脑袋冒汗，为了不打断原有计划，我果断叫了车去市区医院急诊就医，一边和医生描述经过一边陪着做彩超，最后配了点益生菌离开医院。

有一个插曲值得回看，B 超医生一边操作一边说："你这个妈妈，出来不能随意吃东西，这样不称职，我出去外地都是吃得很简单的，不敢尝鲜……" 离开医院的途中，和儿子聊了很多，其中有一句便是针对医生的这顿输出的聊天，我问："哦，刚才医生还提了一句，说我不够称职，你觉得我是不是他说得那样？"

"当然不是啊，你称职。"

年后，某个晚上孩子和我说身体有些不适，根据他的描述，我说观察一下，因为长身体的年纪，如果感觉很不舒服我们就去医院。第二天白天孩子没有提到不适，还逛街吃饭，晚上又提到了和前一天一样的情况，我就挂了次日上午的号。

去医院科室，第一位年轻医生非常耐心和专业，专业表现在她自述不擅长无法判断，于是推荐了一位主任医生。我一搜竟是个全国大专家。刚好专家当日出诊，他简单了解并建议做个检查，特意交代找哪一位医生。

医生业务精湛，他一边仔细询问一边操作，同时还不忘对我解释，其中有几句让我似曾相识，他说："你要挂急诊的，这个情况你这个妈妈不称职，哦，也不能说你不称职，还有爸爸不称职。结果让医生看哦。"

专家看了后说："可以呀，挺细致。其他医生还不一定有这个技术。嗯，孩子不用吃药的，没太大的事，先回去好了，不放心可以过几天或者下周再复查。"

离开医院回到家，我和儿子又聊了，其中又有一句是针对医生的这顿输出的聊天，我问："哦，刚才医生提了句，说我不够称职，你当时心里啥感受？"

"当然不是啊，妈妈，你很称职。"我说那我可以告诉家里其他人吗，他使劲摇头！

"你是不是害怕我说了，比如长辈们还有你爸觉得我不称职？"

他点点头。

"我觉得我称职，你也认可我称职，那就不用担心。如果被误解了，那是对方不了解情况，不理解我，是对方的问题，不是我的问题。可能是对方的心胸不够开阔，对方的见解狭隘，对方没有足够强大的内核，等等，如果很早通过一些事能发现对方是和自己'无法共情'的，不说就好了，刻意隐瞒有时是不刻意的友善。"

我会尊重他的摇头，因为那时孩子在保护妈妈。虽然他保护的方式方法略显稚嫩，但在人们总喜欢赞颂母爱的背景下，此时更应赞颂孩子！

成长总会经历"伤痛"，生活不断教我们如何处理琐细的"伤痛"。比如女明星的突然离世。小学喜欢买磁带，9 块 8 承载的青春是跟着哼唱，轻轻展开又慢慢折回的歌词页，仔细看磁带里歌词第一页关于她们的个人档案，星座、小名、艺名、出生地、幸运数字、最喜欢的美食……还有当时令人眼花缭乱的各种照片，都好像是昨天才发生。很惊愕，惊愕故事的收尾和大众的评论。

我也有很多疑问：

先天基因是不是影响健康的因素？除此之外在年轻时身体是不是有耗竭、过劳、过度伤害？

若是 88 岁、98 岁、108 岁呢？如何判断生命的质量，生命不可承受的轻是什么，是年龄还是戛然而止？

当金钱的数字放在爱面前时，到底是给对方很多钱是爱，还是面对爱人分文不取（给）是爱？标准是因为性别还是时间上限，多重设立又同向而行？

到底谁知真相，时间才刚刚按下起始键。

事情是变化的，人也是，观察和思考一直在。

2025 年 2 月 7 日

陈素群，有点东西！

无意点开《小小的我》，起初想看看脑瘫娃“我命由己不由天”的经历，但从外婆陈素群出现后，我的注意力就自然转移到了这位女主角身上，被演员毫无痕迹的出演和角色充满智慧的养育深深地吸引，不自觉地发出声，感叹：“这外婆太棒了！”“真的好值得学习！”如果电影叫《外婆》，也可以。

我看见电影里这位表面顽皮、内心深爱孩子的外婆，联想到了生活中很多嘴上深爱、语言无力、行为伤害的养育者；我看见电影里那位内心敏感、外在倔强、执行坚定的少年，联想到了工作里遇见的那些内心敏感、外在执拗、行为麻木的孩子。

外婆身上有很多值得我们学习的地方，和心理学、和家庭教育、和养育者视角相关。

陈素群，有点东西呐。

学她的积极乐观。外婆的出镜从喊刘春和的名字开始，推着箱子走进家门，箱子里装满了五颜六色的丝巾，在孙儿面前摆弄着丝巾，畅想画面和臭美，那笑容是自恋，是热爱生活，是用丝巾遮盖创伤的勇气和为母则刚的力量。谁会不喜欢积极乐观的人？可能那些自怜自哀的人会有一刻厌恶，心想“为什么我不是积极乐观的？”反过来也表达出积极乐观的需求。如果要养育一个积极乐观的孩子，作为养育者自己要做到积极乐观，或朝这个方向努力。

学她的淡定沉着。外婆看见培训机构不能接纳春和成为兼职老师，便说这个机构很快会“黄”，她一路跟踪和观察以为春和被咖啡店面试淘汰了，便说这个咖啡馆不行，老板眼光不行，不去也罢。她的安慰虽然轻描淡写，但是她会保持稳定的情绪，明确表达出对春和的满意和肯定。比如陪春和面试在他试讲时，外婆一直录视频，眼里是满足，她和春和一样，没有理会“童言无忌的伤害”，向合唱团的老友介绍孙儿、为他过生日时眼里是自豪，表现得落落大方。如果要让孩子淡定沉着，作为养育者也时常需保持淡定、自信，随时可以“不以为然”随时可以“任性洒脱”。

学她的包容尊重。春和就公交车上的遭遇写了一封投诉信以维权，正好被外婆看见，外婆一边和他分享自己的观点，她认为写信也不会有什么结果，春和说：“写信就是结果。”她便不再说什么。春和梦见雅雅，醒来发现遗精，外婆本想进屋喊他起来，还没有靠近便被春和要求出去，她悄悄出去，安安静静吃饭，等春和洗床单的间隙确认了下，学校是有教青春期生理课的，便表示不多问、不多说了。养育者当然可以表达自己的观点，也可以向孩子询问内心疑惑，但是表达观点后不要求孩子必须遵照执行，仅仅作为思想交流和碰撞，询问疑惑收到的回复无论好赖均接纳不再评价和质疑，这样的尊重很难得，这样的养育方式是稀缺品。

学她的撒娇示弱。老年合唱团临时缺一名鼓手，春和被外婆“盯”上了，软磨硬泡、嘘寒问暖。可爱的老人自然有可爱的办法，不以强势、不以金钱去控制和达到目的，发现春和想圆梦大学的需要，将自己的需求和孩子的需求找到结合点。蹲着向春和提出请求，点开手机想让春和选感兴趣的鼓的类型，外婆望着春和说：“外婆需要你啊。”说话时变得更加温柔、慈爱，甚至还有撒娇的做做样子，这些使倔强倨傲的春和也心软了。电影里是情节需要，生活中如果养育者总是一丝不苟、谨言慎行，那偶尔撒娇示弱也可以成为一种反差，就像春和写信一样去理解，“反差也是结果，也有效果。”孩子听见、看见、感受到被养育者需要着，是多么幸福而暖心的事。

学她无条件袒护。春和妈妈在医院保胎时视频询问家里情况，当时春和没有复习，但是外婆说他在看书，很辛苦，之后找了借口匆匆挂断电话，为当时春和做自己喜欢的事情打掩护。乘公交车时遇到突发情况，春和摔倒，外婆被司机的一句话瞬间点燃（愤怒），她感受到孩子被歧视、不被尊重，立即与司机争吵不休，要求司机道歉，也不在乎陌生人的指指点点嚷嚷，为春和的心灵遮风挡雨。为了挣学费春和跑去咖啡店打工，被妈妈知道后外婆没有辩解；因为排练错过了推拿理疗，被妈妈训斥时外婆坦诚是自己的失误。这些都是“无条件袒护”的具体做法，也因为有养育者的爱，即便有困难、深处绝望，但爱的最后那根稻草便是外婆。

学她创造条件助恋。雅雅与春和在公园相识，第一次因为飞盘，第二次因为鼓。在卫生间的洗手池相遇，雅雅问他有没有电话，他说用的是电话手表，没有微信。雅雅走后，外婆出来，看着春和笑说自己腿都蹲麻了，他连雅雅的电话都没有要到。原来外婆是不想当电灯泡一直在厕所躲着。回家后不久外婆就把备用手机给春和，重点就是为了让春和能和雅雅联系上。情窦初开，是堵还是疏，其实堵也堵不住，疏也未必有结果，自然而然是初恋情感最美好、最原始的状态，春和与雅雅便是如此，自然相遇、自然交流、自然失去。

学她的克制放手。剧情中的三次“克制”很触动人心，第一次是春和要去咖啡馆参加面试，他要求自己去，虽然面试成功后和外婆说他早就知道外婆跟着，但是在家里，春和提出要求时外婆的反馈是允许，克制了很多的劝说和说教，让人看着既心疼，也心痒，可能也是因为一点心疼和不安所以外婆还是悄悄在身后守护，此时的外婆是可爱的。最后，春和拿到了师范大学的录取通知书，那一晚外婆没有喋喋不休或者奔走相告，而是享受地跳着独舞，泪流满面，雀跃是母亲为孩子，是母亲为孩子的孩子，不失为一份特别的“克制”。影片最后的场景，外婆一边陪着未来的刘老师，一边听春和说请外婆放手，真正帮助他圆梦大学（理想中的大学生活），外婆落泪点头允诺，此时的外婆是慈爱的。

有的家会伤人，有的家是退路。

2025 年 2 月 17 日

致 谢

2018 年暑期，我送老爸去杭州某医院，路上闲聊时他说："感觉社会经济发展快，生活越来越好了，但有时人和人之间好像缺少了一种最简单、最质朴的感情。"当时我既没有怀疑，也没去深究，我想社会有所谓更科学的科学和越来越智能的生活，还包括我们使用芯片的技术也许有时比用"心"思考来得更频繁和专业。

"聆听鑫声"是 2007 年我工作初始的心愿，逐步积累了 30 多万文字，其间我曾经有过停更，但属于放而不弃，从未丢失表达的欲望，依然在积累、学习和思考。因为有学生、同事帮助我，因为我时而困惑时而不惑，因为被老爸的话点到了，因为我的初衷就是那份与学生最简单、最质朴的感情——初心就是想和学生说说话，哪怕就几个学生看见、哪怕我写的文字就影响了一个学生或者同事，都可以。没有居高临下，有的是建立在人和人之间最平等的关系，尊重每一名学生的人格。

有朋友说给学生写信，学生毕业了，这些对学生、对你来说还有意义吗？我想会有的，不仅在意识层面，也会在潜意识层面，或者只要"有过意义"那便十分美好。对我的帮助就是，写的过程及写完后这么多年回过头看见那些生涩，甚至肤浅的表达，我还是有很多感动，那些日子和日子里的感受其实一直在滋养我的坚持和真诚。写书不是我的目标，更像是需求导向带来的惊喜，因为和学生在一起总会发生各种有意思的事、和同事一起讨论工作也很有意义，所以它也不过是十几年工作的一角缩影，一篇篇"瞬间"组成了一段段珍贵回忆，致敬最平凡的我们，热爱这平凡的生活！

感谢我的学生们！"听学生所想、述老师所思"是最初的用意，在药学院学生的帮助下，这些文字曾张贴在学生宿舍公共空间的留言板，还记得学生杨萍萍和我说："金老师，你可以发布到人人网呀，同学们每天都会上网。"因此，受到她的启发，后续我发布至"人人网"平台，再到近些年的微信公众号。媒介和平台在变化，始终不变的是"观察 思考 表达"，从简单的初心逐渐成为师生共同成长的加油站，因为始终和学生在一起，这一份守望使我拥有了很多日用而不觉的坚定力量，陪伴我成为一名幸福的思想政治辅导员。

感谢我以辅导员身份所工作过的浙江工业大学药学院和生物工程学院。沈寅初院士帮助青年教师成长的故事数不胜数，提携后辈、言传身教；郑裕国院士二十多年雷打不动开微早会，严谨治学、激情求解，他们拥有长期主义者的定力和执着，是我们的榜样！

感谢我的领导和老师们！当我怀着忐忑之心提出出书的想法时，学院、学工部、研工部、团委的各位领导都给了我热烈的鼓励。工作以来，在学院和职能部门历任领导的悉心指引下，我逐渐从“探索者”成长为“笃行者”，前辈们一次一次耐心的指导，成为我攻坚克难的勇气和坚守初心的动力。同时，还要感谢人文学院的老师们，七年的求学时光里，你们教会我的不仅是工作中脚踏实地的准则，更有坚守理想主义和人文情怀的美好憧憬。这份精神滋养，成为我在实践中探索“兴趣赋能工作”的价值感，体会“自我成长”的意义。学校给予辅导员们的支持，不止于口头的鼓励、平日的关怀，更体现在每一个重要的时刻。

感谢我的同事和小伙伴们！整理文字是烦琐、细致的活，在这过程中泮佳佳、杨苏琦担任了分类、梳理和校对的工作，付出了宝贵的时间，感谢生工学院学工办的辅导员们给予我及时和积极的反馈。

感谢我的家人！家人的理解与支持，尤其是儿子为我提供了许多思考和写作的素材，让我既能平衡好工作与家庭，也促使我坚定了完成这本书的决心。

此外，我还要感谢彭蕊老师，您一直默默关注，每次与您谈心我都能学习到很多处世哲学，感谢李东雷老师，我的动态更新里总有来自你的鼓励，感谢卢瑞霞老师和大学好友陈蕾，你们给了我很多信心和支持。感谢编辑社团队，是你们使得这本书以最好的面貌呈现给学生和读者们。

最后，我要感谢读到此页和此行的你！这本书是我节选出的一些特别想记录的文字内容，希望它能够为更多学生、家长和大学辅导员们带来一些启发。愿我们能从中看见或熟悉或相似的画面，找到属于自己的美好记忆，继续努力向前。

再次感谢所有支持！

金 鑫
2025 年 2 月 27 日

▲第二届“新时代·中国说”大学生讲师邀请赛团队合照

▲带领学生参加竞赛

▲带领学生参加讲座论坛

▲ 陪同学生参加竞赛

▲ 生物工程学院学生工作团队合影

▲ 药学院 2012 届校友返校合影

▲ 与党支部学生党员的合照

▲ 与毕业生的合照

▲ 与校友的合照

▲ 出差与学生相聚

▲ 参加校友聚会

▲ 与同事、学生聚会

▲ 在学生婚礼上的合影

▲ 学生与小朋友的互动

▲ 与学生聚会

▲ 与同事、学生出游